Job?

나는 **정보보안** 전문가가 될 거야!

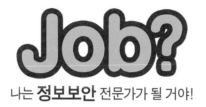

Job?

나는 **정보보안**
전문가가 될 거야!

강지선 글 | **시소** 그림 | **임희석** 감수

Special
09

국일아이

차례

직업 탐험
워크북

나는 **정보보안** 전문가가 될 거야!

등장인물

강수호

커서 탐정이 되고 싶은 초등학교 5학년 남자아이다. 늘 탐정에 대한 생각뿐이라 친구 우주의 말도 대충 흘려듣다가 말다툼을 하게 된다. 그런데 갑자기 수호의 스마트폰이 이상하게 작동한다. 그때 미스터 X라는 수수께끼의 사람에게서 전화가 오는데….

정우주

보안에 관심이 많은 초등학교 5학년 남자아이로 수호와 같은 반 친구다. 아빠처럼 정보보안 전문가가 되고 싶어서 정보보안에 대한 공부를 많이 한다. 수호와 다퉜지만 금방 화해하고 미스터 X의 사건을 해결하기 위해 수호를 적극적으로 돕는다.

강박사

치과의사며 수호의 아빠다. 수호가 보안에 대해 무관심한 채로 스마트폰을 다루는 것을 염려하고 있다. 운영하는 치과의 시스템 점검을 위해 정보보안 전문가의 도움을 받던 중 아이들이 치과에 방문하는데….

정준수

우주의 사촌형으로 사이버포렌식 전문가다. 수호와 우주에게 디지털 증거를 조사하는 과정을 보여준다. 수호의 스마트폰을 분석해주고, 미스터 X에 대한 실마리를 찾도록 도와준다.

정대표

우주의 아빠로 화이트 해커이며, 사이버보안 관리사다. 여러 분야의 정보보안 전문가들이 소속된 회사를 경영하고 있다. 수호와 우주가 정보보안 때문에 다투는 것을 보고 수호에게 정보보안의 중요성에 대해 가르쳐 주기 위해 강박사와 함께 비밀스러운 계획을 세운다.

추천사

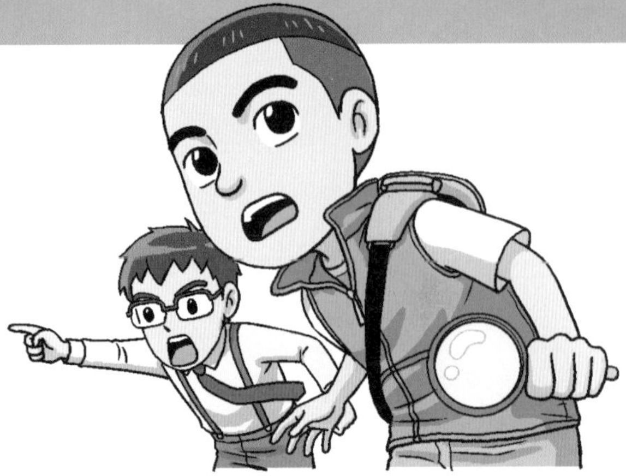

꿈을 찾아가는 꿈나무를 위한 길잡이

허영만 화백이 그린 만화《식객》이 한국 음식 문화의 품격과 철학의 깊이를 더한 '음식 문화서'라고 한다면,《job?》 시리즈는 '바라고 꿈꾸는 것을 이루기 위해 줄기차게 노력하면 반드시 꿈은 이루어진다'는 교육 철학을 담은 직업 관련 학습 만화입니다. 어린이와 청소년들이 만화를 통해 각 분야의 직업을 이해하고, 스스로 장래 희망을 설정하는 데 도움을 주는 진로 교육서이기도 합니다.

꿈과 희망은 사람을 움직이는 가장 강력한 에너지입니다. 꿈과 희망이 있는 사람은 밝고 활기찹니다. 그리고 호기심과 열정이 가득해서 지루할 틈이 없이 부지런합니다. 특히 어린이와 청소년들에게 꿈과 희망은 삶을 긍정적으로 바라보게 하는 가장 강력한 버팀목 역할을 합니다.

어른이 되어 이루는 성공과 성취는 어린 시절부터 바랐던 꿈과 희망이 이뤄 낸 결과입니다. 링컨과 케네디, 빌 게이츠와 오바마, 이들은 어린 시절에 꾸었던 꿈과 희망을 실현하기 위해 노력한 사람들입니다. 삼성을 일류 기업으로 이끈 고(故) 이병철 회장이나 우리나라 경제 발전에 초석을 다진 현대그룹의 고(故) 정주영 회장도 어린 시절의 꿈을 실현한 대표적인 사람입니다. 꿈과 희망 안에는 미래를 변하게 하는 놀라운 능력이 숨어 있습니다. 꿈과 희망을 품고 노력하면 바라던 것이 이루어집니다.

어린이와 청소년들이 스스로 미래를 준비할 수 있도록 도움을 주고자 기획한 《job?》 시리즈는 우리 사회 각 분야의 직업을 다루고 있습니다. 어떤 분야의 직업을 갖고 사는 것이 좋으며 가치 있을지를 만화 형식을 빌려서 설명하여 이해뿐 아니라 재미까지 더하였습니다.

그동안 직업을 소개하는 책은 많았지만, 어린이 눈높이에 맞춘 직업 관련 안내서는 드물었습니다. 이 책의 차별성은 바로 여기에 있습니다. 단순히 각각의 직업이 무슨 일을 하는지를 소개하는 데 그치지 않고 사회적 측면에서 바라본 직업의 존재 이유와 작용 원리를 적절한 용어를 사용하여 어린 독자들의 이해를 돕습니다. 자칫 딱딱할 수 있는 직업 이야기를 맛깔스러운 대화와 재미있는 전개로 설명하여 효과적인 진로 안내서 역할도 합니다.

이 책이 어린이와 청소년들에게 세상의 여러 직업을 깊이 이해하고 자신의 미래를 여는 데 도움을 줄 것이라 기대합니다. 아울러 장차 세계를 이끌 주인공이 될 어린이와 청소년들이 직업과 관련해서 멋진 꿈과 희망을 얻길 바랍니다.

문용린(서울대학교 교육학과 명예교수)

작가의 말

정보보안의 세계 속으로

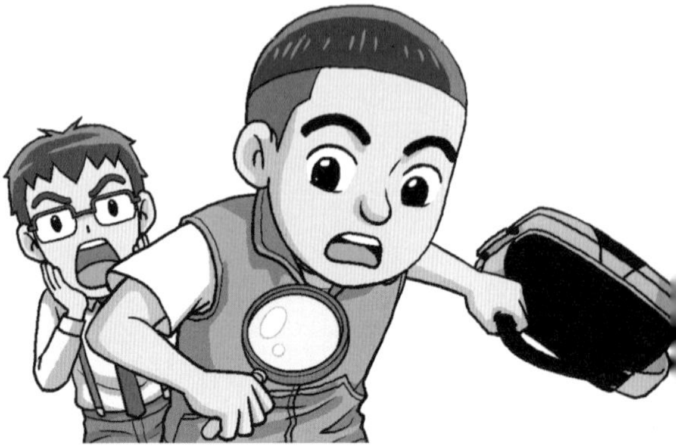

정보보안은 정보의 수집, 가공, 저장, 검색, 송신, 수신 도중에 정보의 훼손, 변조, 유출 등을 방지하기 위한 관리적, 기술적 방법을 의미해요. 간단하게 말하면 정보를 여러가지 위협으로부터 보호하는 것이에요.
젬알토(Gemalto)의 연구 결과에 의하면 하루에 5백만 회 이상 데이터 유출 혹은 침해 사건이 발생한다고 해요. 1초에 68번이 일어난다는 것이지요.
이렇게 사이버 공격은 점점 심각해지고 정교해지고 복잡해지고 있고 이로 인해 기업은 물론 개인도 많은 피해를 입고 있어요. 그래서 점점 더 중요해지는 것이 정보보안이랍니다.

어린이들은 정보보안과 별 상관이 없다고 생각할 수 있지만 스마트폰 사용으로 인한 정보유출은 생각보다 심각한 수준에 이르렀어요. 스마트폰은 우리의 생활을 놀랍도록 편리하게 만들어 주었어요. 그런데 만약 누군가가 나쁜 의도로 내 스마트폰 속 정보를 훔쳐본다면 어떨까요?
물론 스마트폰을 안전하게 보호하기 위해 지문, 홍채, 얼굴인식 등으로 잠금 설정할 수 있어요. 또한 비밀번호를 복잡하게 만들어서 보안을 철저하게 하지요. 하지만 우리가 앞문을 철저히 지키고 있어도 뒷문을 몰래 열고 들어오는 사람이 있기 마련입니다. 인터넷이나 네트워크를 통해서 침입하는 사람들이죠. 그들은 우리가 미처 눈치채지 못하는 사이 조용히 정보를 가져가거나 망가트리기도 합니다.

이런 피해는 날마다, 시간마다 발생하고 있어요. 그래서 그 문제를 해결해주는 사람이 필요한데 그분들이 바로 이 책에서 소개하고 있는 정보보안 전문가랍니다.
주인공인 우주와 수호의 모험을 따라가다 보면 다양한 분야의 정보보안 전문가를 만날 수 있어요. 여러분이 이 책을 읽고 사이버 세상의 경찰관이라고 불리는 정보보안 전문가에 관해 관심을 가지고 꿈꿀 수 있는 계기가 되기를 기대합니다.
그럼 지금부터 함께 이야기 속으로 들어가 볼까요?

글쓴이 **강지선**

해커가 나타났다!

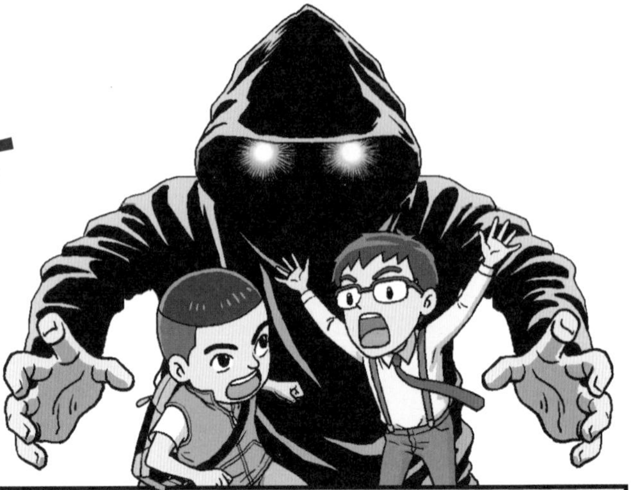

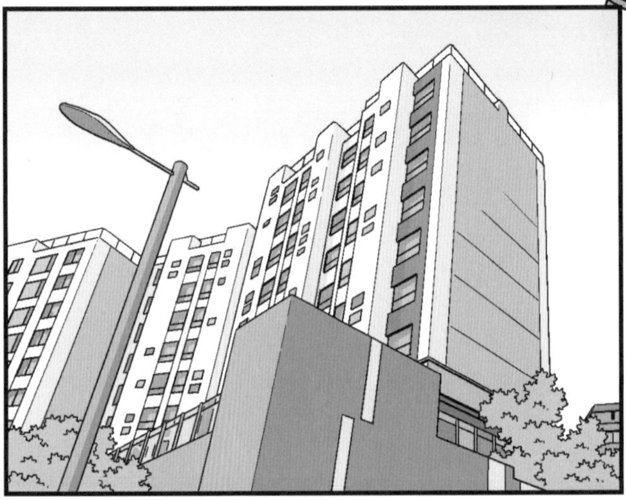

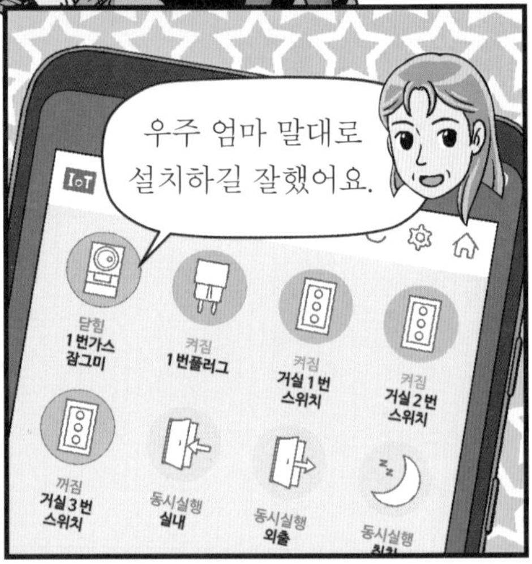
우주 엄마 말대로 설치하길 잘했어요.
IoT
닫힘 1번가스 잠그미
켜짐 1번플러그
켜짐 거실 1번 스위치
켜짐 거실 2번 스위치
꺼짐 거실 3번 스위치
동시실행 실내
동시실행 외출
동시실행

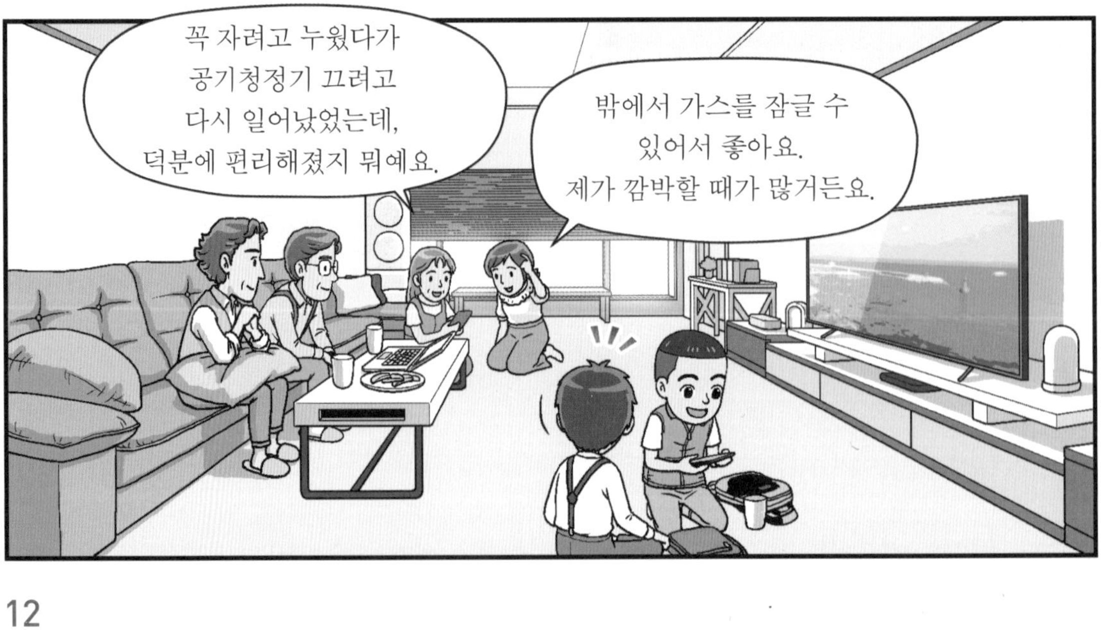
꼭 자려고 누웠다가 공기청정기 끄려고 다시 일어났었는데, 덕분에 편리해졌지 뭐예요.
밖에서 가스를 잠글 수 있어서 좋아요. 제가 깜박할 때가 많거든요.

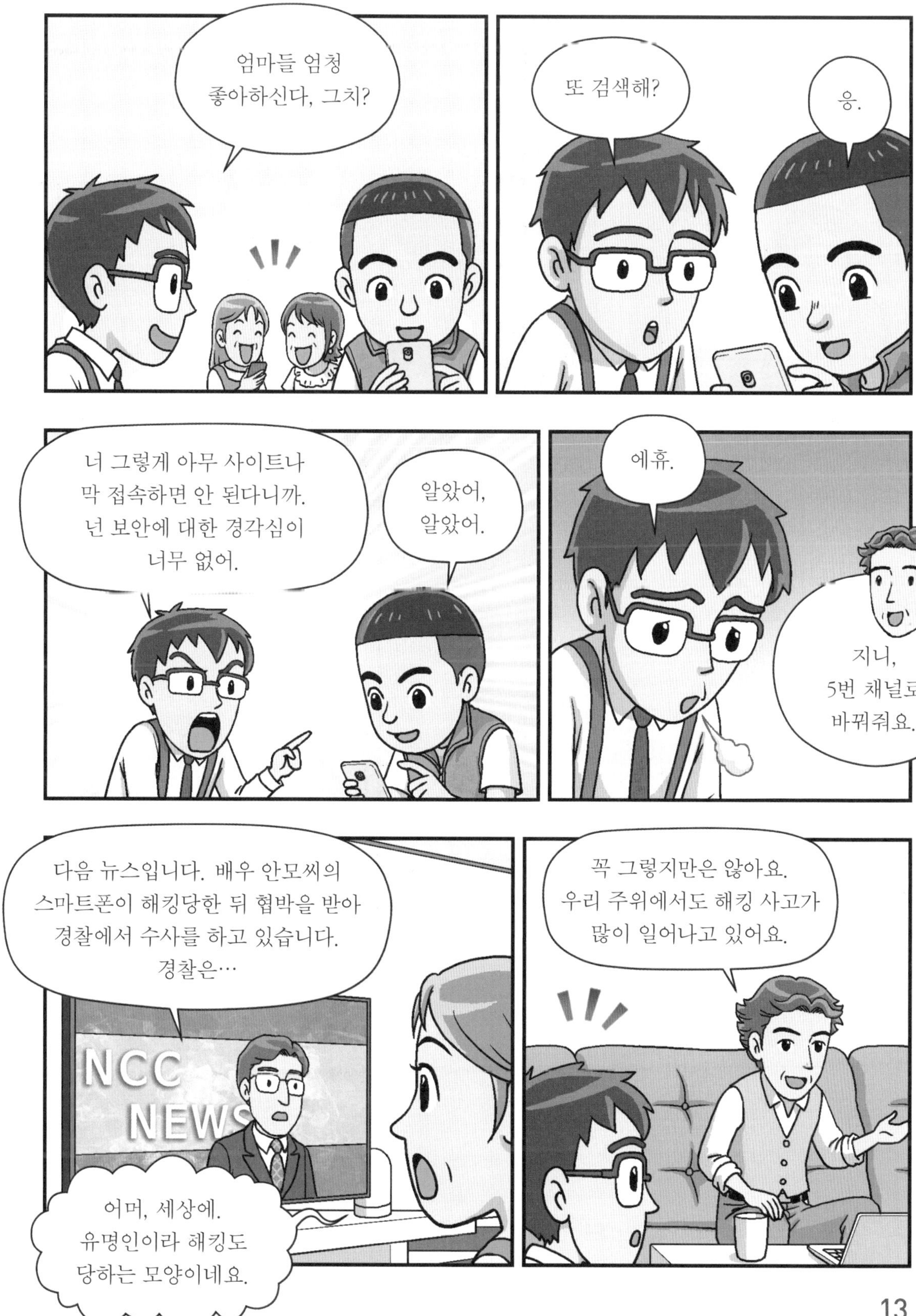
엄마들 엄청 좋아하신다, 그치?
또 검색해?
응.
너 그렇게 아무 사이트나 막 접속하면 안 된다니까. 넌 보안에 대한 경각심이 너무 없어.
알았어, 알았어.
에휴.
지니, 5번 채널로 바꿔줘요.
다음 뉴스입니다. 배우 안모씨의 스마트폰이 해킹당한 뒤 협박을 받아 경찰에서 수사를 하고 있습니다. 경찰은…
NCC NEWS
어머, 세상에. 유명인이라 해킹도 당하는 모양이네요.
꼭 그렇지만은 않아요. 우리 주위에서도 해킹 사고가 많이 일어나고 있어요.

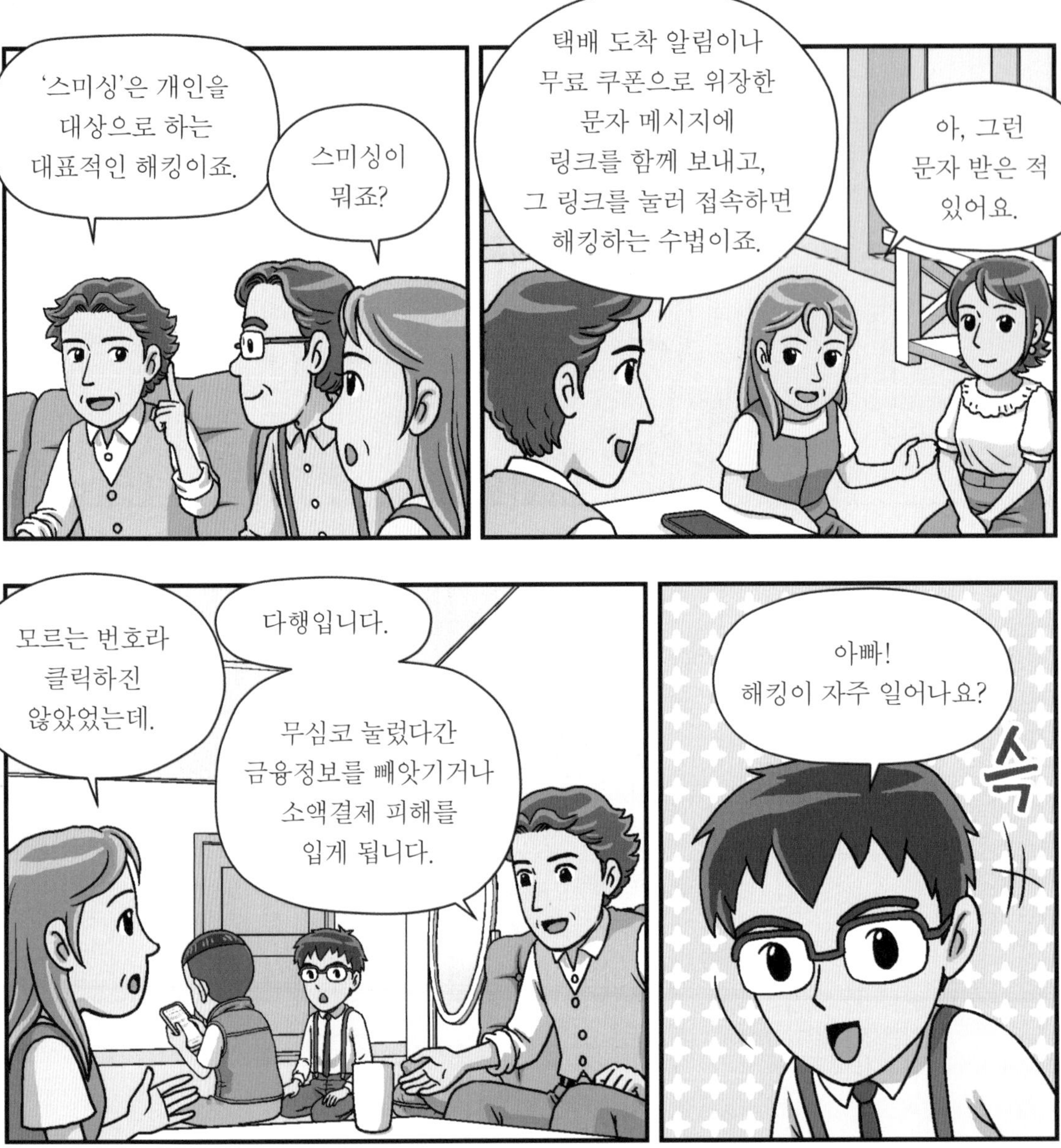

'스미싱'은 개인을 대상으로 하는 대표적인 해킹이죠.
스미싱이 뭐죠?
택배 도착 알림이나 무료 쿠폰으로 위장한 문자 메시지에 링크를 함께 보내고, 그 링크를 눌러 접속하면 해킹하는 수법이죠.
아, 그런 문자 받은 적 있어요.
모르는 번호라 클릭하진 않았었는데.
다행입니다.
무심코 눌렀다간 금융정보를 빼앗기거나 소액결제 피해를 입게 됩니다.
아빠! 해킹이 자주 일어나요?
슥

해킹과 해커

다른 사람의 컴퓨터 시스템에 무단으로 침입하는 것을 해킹(hacking)이라고 합니다. 해커(hacker)란 원래는 컴퓨터에 대한 깊은 호기심으로 몰두하는 사람을 말하지만, 근래에는 다른 사람의 컴퓨터에 접근해 그 컴퓨터의 프로그램을 망가뜨리거나, 정보를 빼내서 이익을 취하는 사람이라는 뜻으로 사용되고 있습니다.

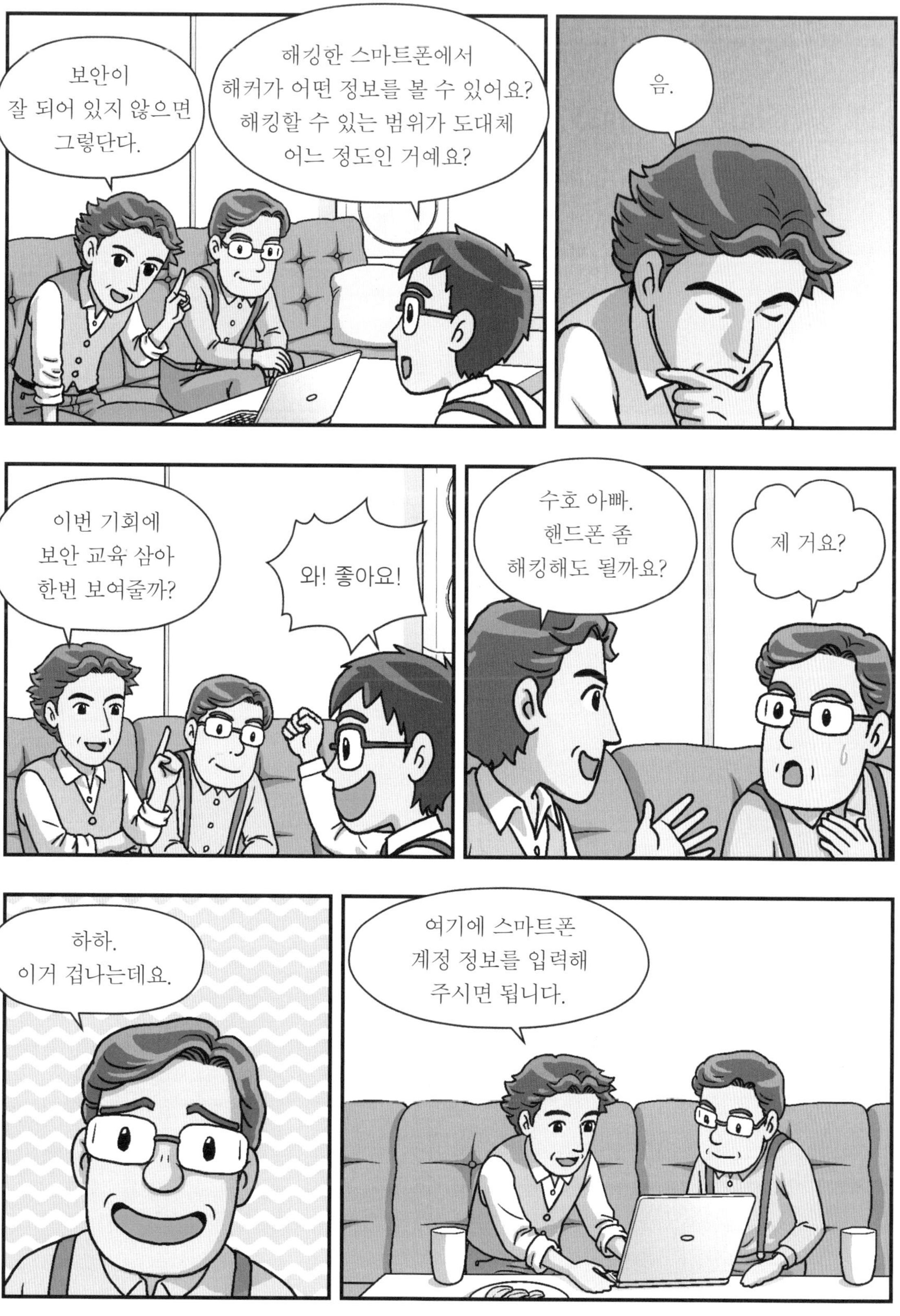
보안이 잘 되어 있지 않으면 그렇단다.
해킹한 스마트폰에서 해커가 어떤 정보를 볼 수 있어요? 해킹할 수 있는 범위가 도대체 어느 정도인 거예요?
음.
이번 기회에 보안 교육 삼아 한번 보여줄까?
와! 좋아요!
수호 아빠. 핸드폰 좀 해킹해도 될까요?
제 거요?
하하. 이거 겁나는데요.
여기에 스마트폰 계정 정보를 입력해 주시면 됩니다.

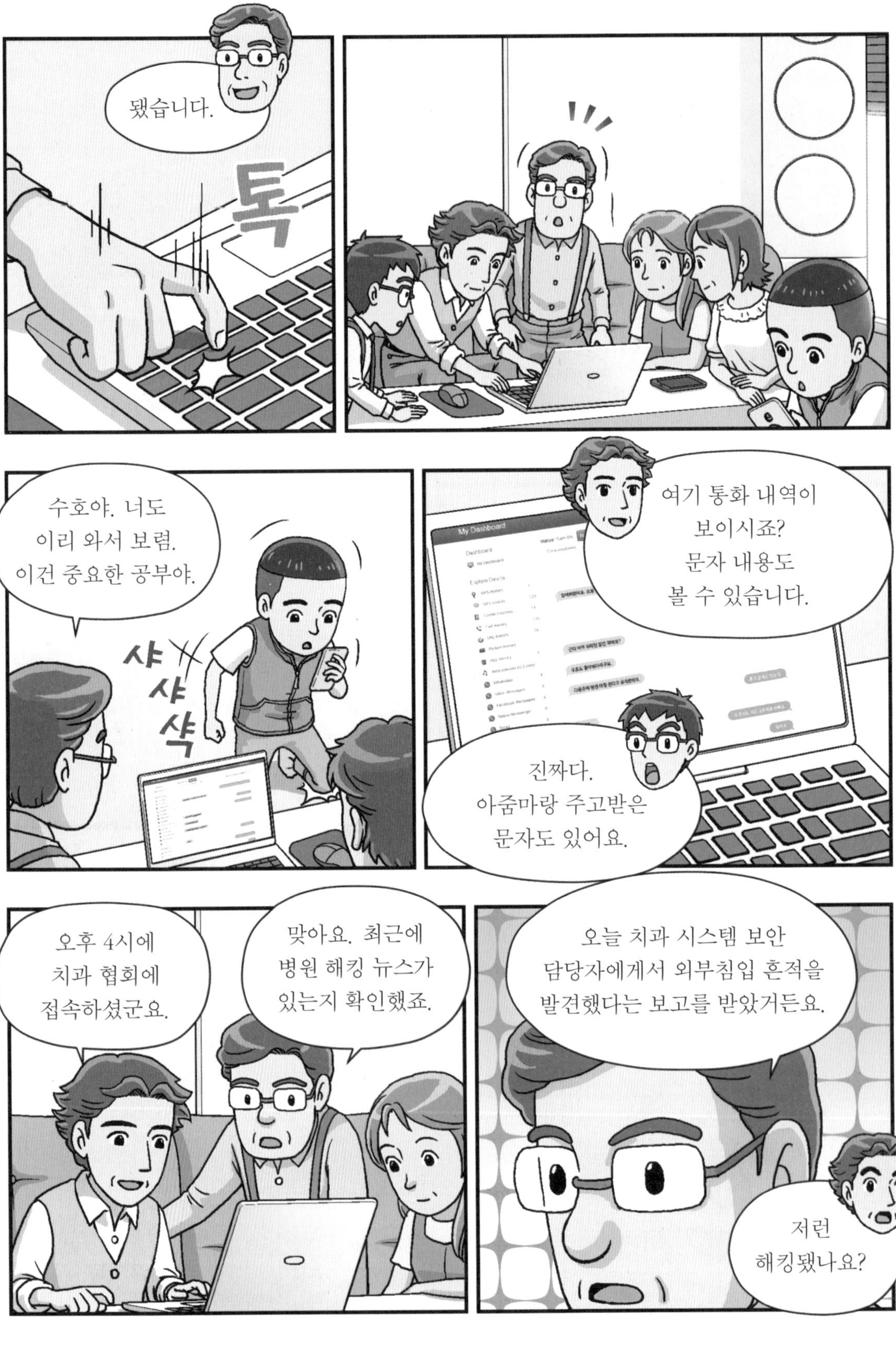

됐습니다.
톡
수호야. 너도 이리 와서 보렴. 이건 중요한 공부야.
샤 샤 샥
여기 통화 내역이 보이시죠? 문자 내용도 볼 수 있습니다.
진짜다. 아줌마랑 주고받은 문자도 있어요.
My Dashboard
오후 4시에 치과 협회에 접속하셨군요.
맞아요. 최근에 병원 해킹 뉴스가 있는지 확인했죠.
오늘 치과 시스템 보안 담당자에게서 외부침입 흔적을 발견했다는 보고를 받았거든요.
저런 해킹됐나요?

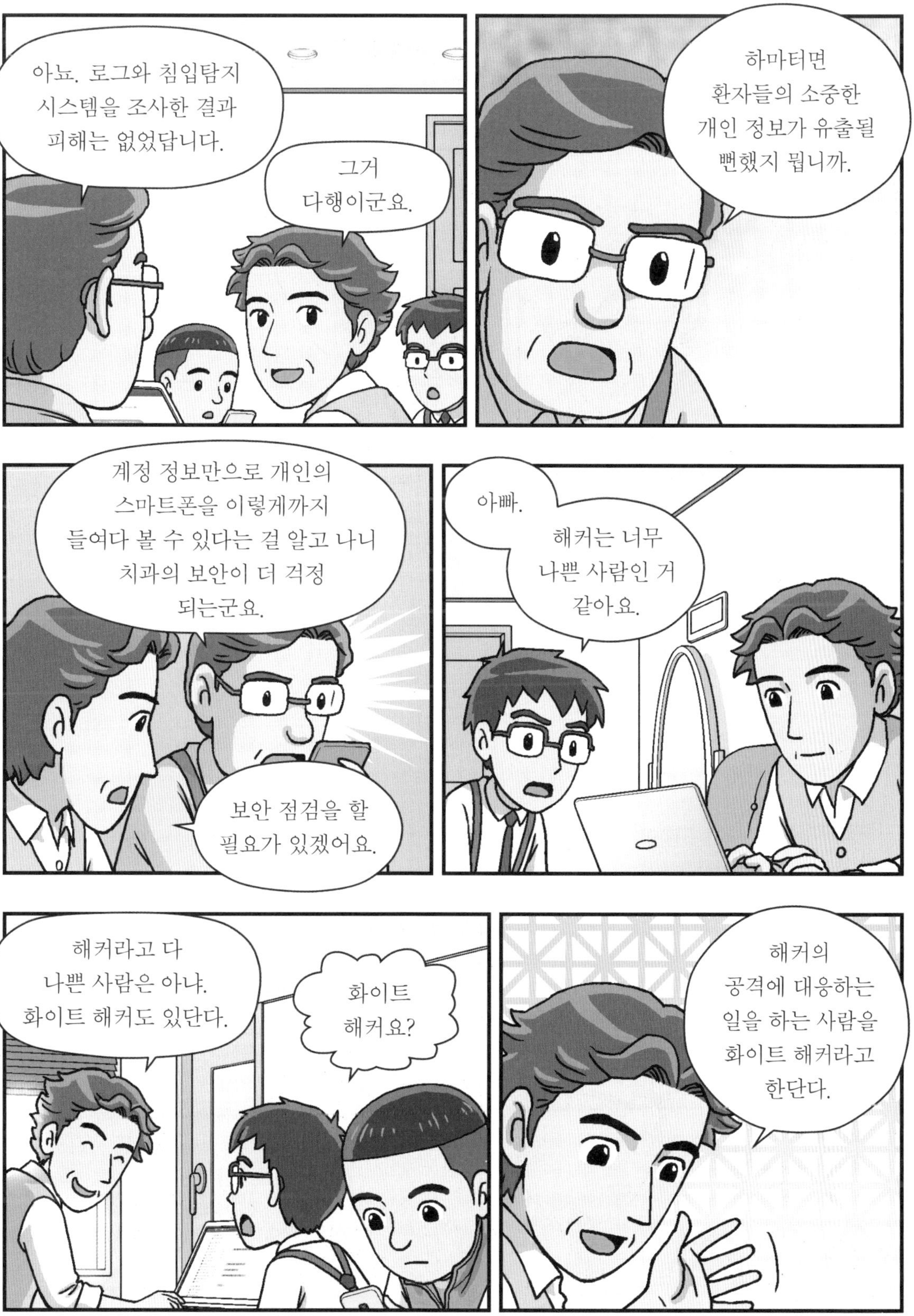
아뇨. 로그와 침입탐지 시스템을 조사한 결과 피해는 없었답니다.
그거 다행이군요.
하마터면 환자들의 소중한 개인 정보가 유출될 뻔했지 뭡니까.
계정 정보만으로 개인의 스마트폰을 이렇게까지 들여다 볼 수 있다는 걸 알고 나니 치과의 보안이 더 걱정 되는군요.
보안 점검을 할 필요가 있겠어요.
아빠.
해커는 너무 나쁜 사람인 거 같아요.
해커라고 다 나쁜 사람은 아냐. 화이트 해커도 있단다.
화이트 해커요?
해커의 공격에 대응하는 일을 하는 사람을 화이트 해커라고 한단다.

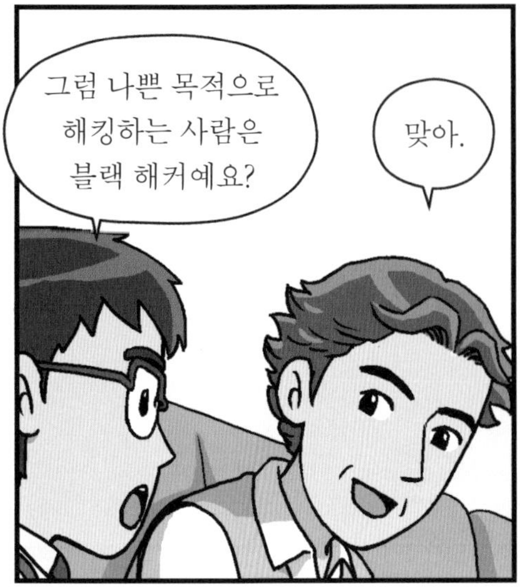
그럼 나쁜 목적으로
해킹하는 사람은
블랙 해커예요?
맞아.

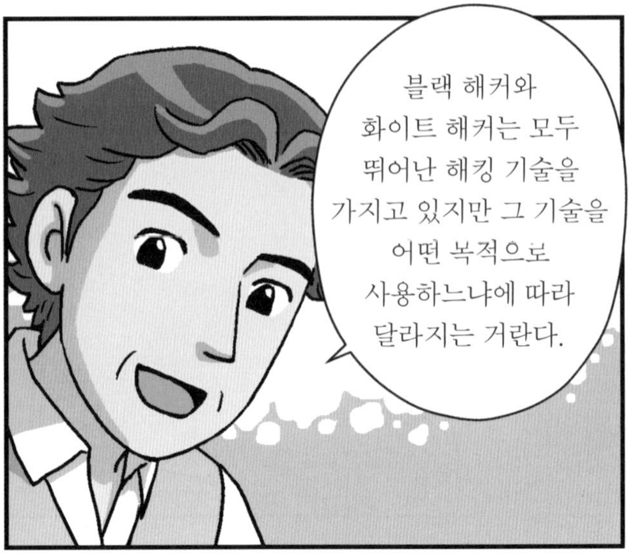
블랙 해커와
화이트 해커는 모두
뛰어난 해킹 기술을
가지고 있지만 그 기술을
어떤 목적으로
사용하느냐에 따라
달라지는 거란다.

블랙 해커와 화이트 해커

'블랙 해커(black hacker)'는 나쁜 목적으로 다른 사람의 컴퓨터에 침입해서 데이터나 시스템을 파괴하거나 정보를 훔치는 해커입니다. 반면, '화이트 해커(white hacker)'는 블랙 해커의 공격에 대비하거나 대응 방안을 마련하는 해커입니다. '해커'라고 하면 나쁜 목적을 가진 블랙 해커라고 생각하지만, 올바른 의미의 해커는 화이트 해커에 가깝습니다. 블랙 해커는 '크래커(cracker)'라고 부릅니다.

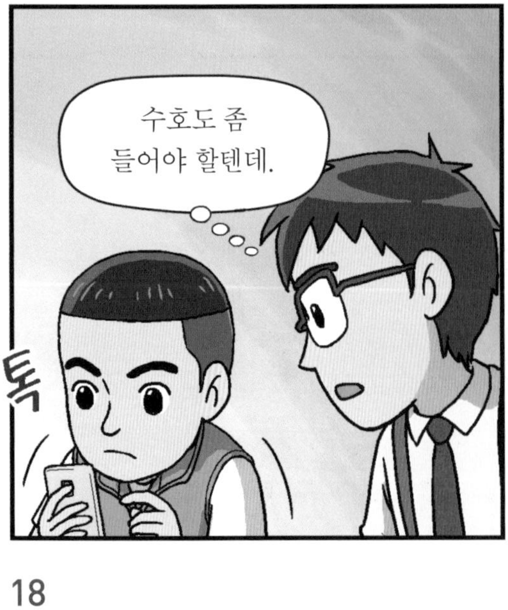
수호도 좀
들어야 할텐데.
톡

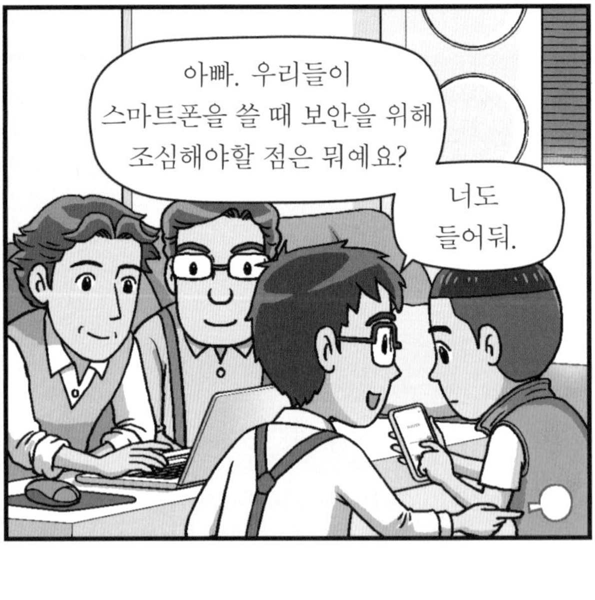
아빠. 우리들이
스마트폰을 쓸 때 보안을 위해
조심해야할 점은 뭐예요?
너도
들어둬.

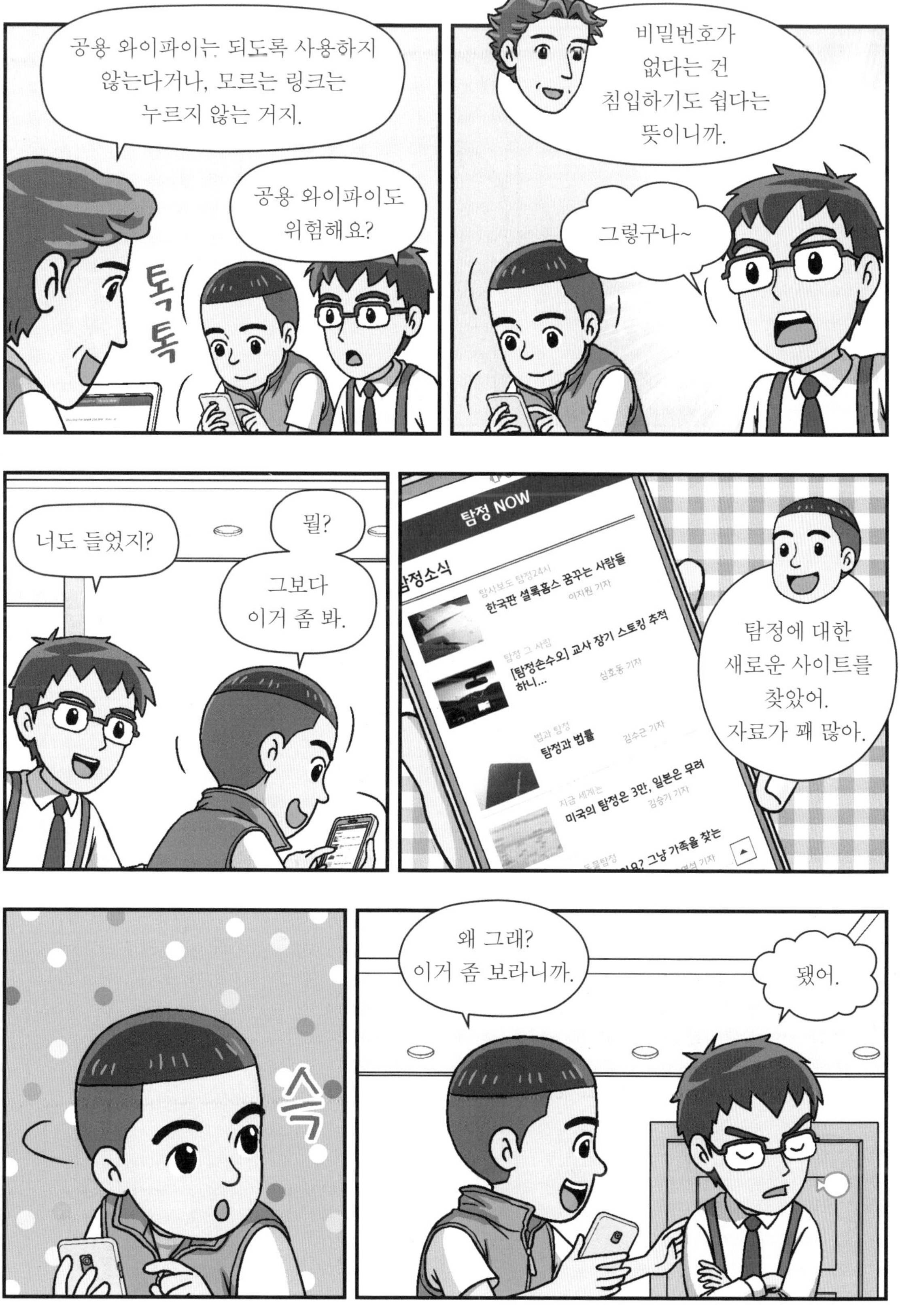
공용 와이파이는 되도록 사용하지 않는다거나, 모르는 링크는 누르지 않는 거지.
공용 와이파이도 위험해요?
톡톡
비밀번호가 없다는 건 침입하기도 쉽다는 뜻이니까.
그렇구나~
너도 들었지?
뭘?
그보다 이거 좀 봐.
탐정 NOW
탐정소식
탐사보도 탐정24시
한국판 셜록홈스 꿈꾸는 사람들
이지원 기자
탐정 그 사람
[탐정손수오] 교사 장기 스토킹 추적 하니...
심호동 기자
법과 탐정
탐정과 법률
김수근 기자
지금 세계는
미국의 탐정은 3만, 일본은 무려
김승기 기자
탐정에 대한 새로운 사이트를 찾았어. 자료가 꽤 많아.
슥
왜 그래? 이거 좀 보라니까.
됐어.

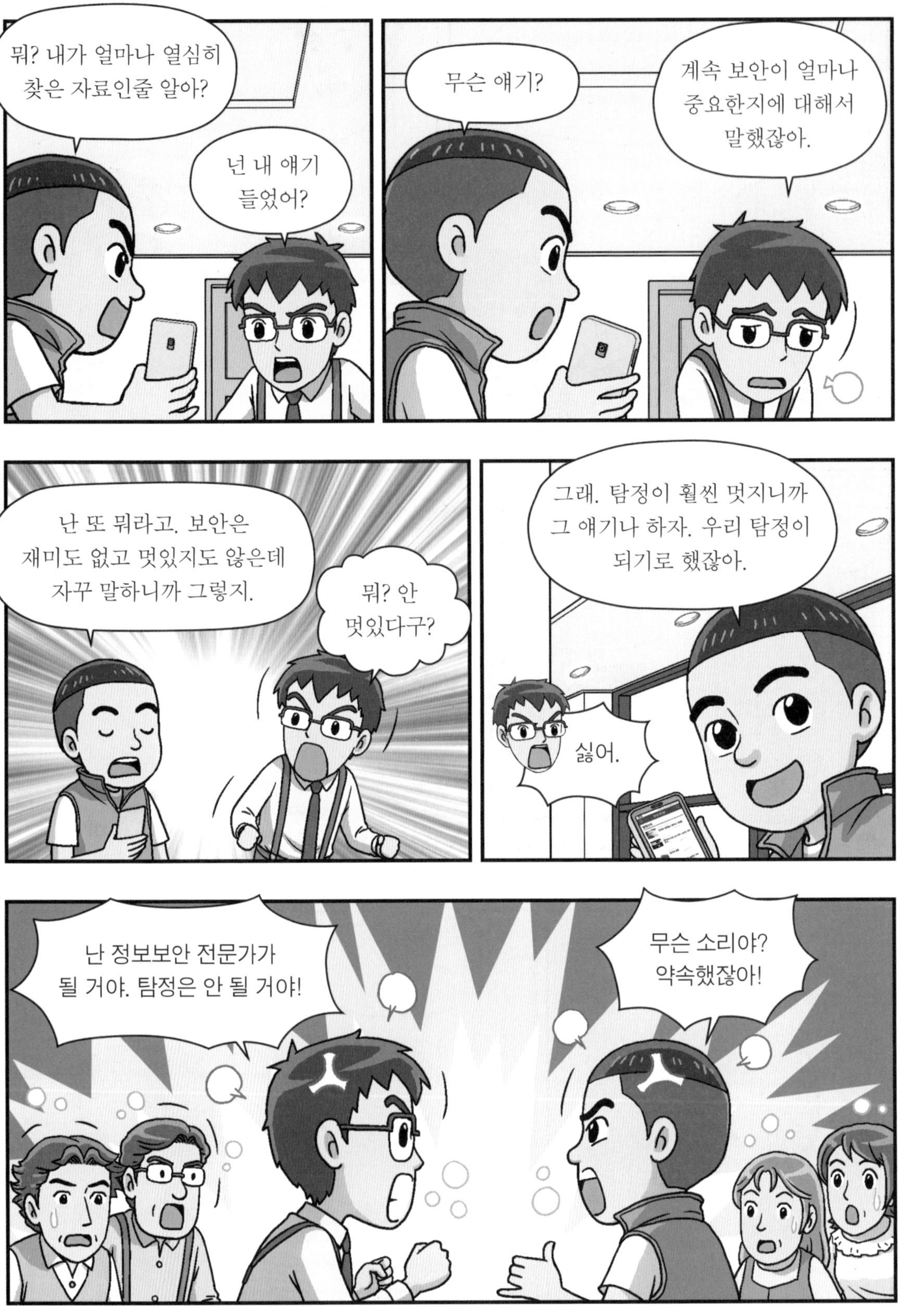
뭐? 내가 얼마나 열심히 찾은 자료인줄 알아?
넌 내 얘기 들었어?
무슨 얘기?
계속 보안이 얼마나 중요한지에 대해서 말했잖아.
난 또 뭐라고. 보안은 재미도 없고 멋있지도 않은데 자꾸 말하니까 그렇지.
뭐? 안 멋있다구?
그래. 탐정이 훨씬 멋지니까 그 얘기나 하자. 우리 탐정이 되기로 했잖아.
싫어.
난 정보보안 전문가가 될 거야. 탐정은 안 될 거야!
무슨 소리야? 약속했잖아!

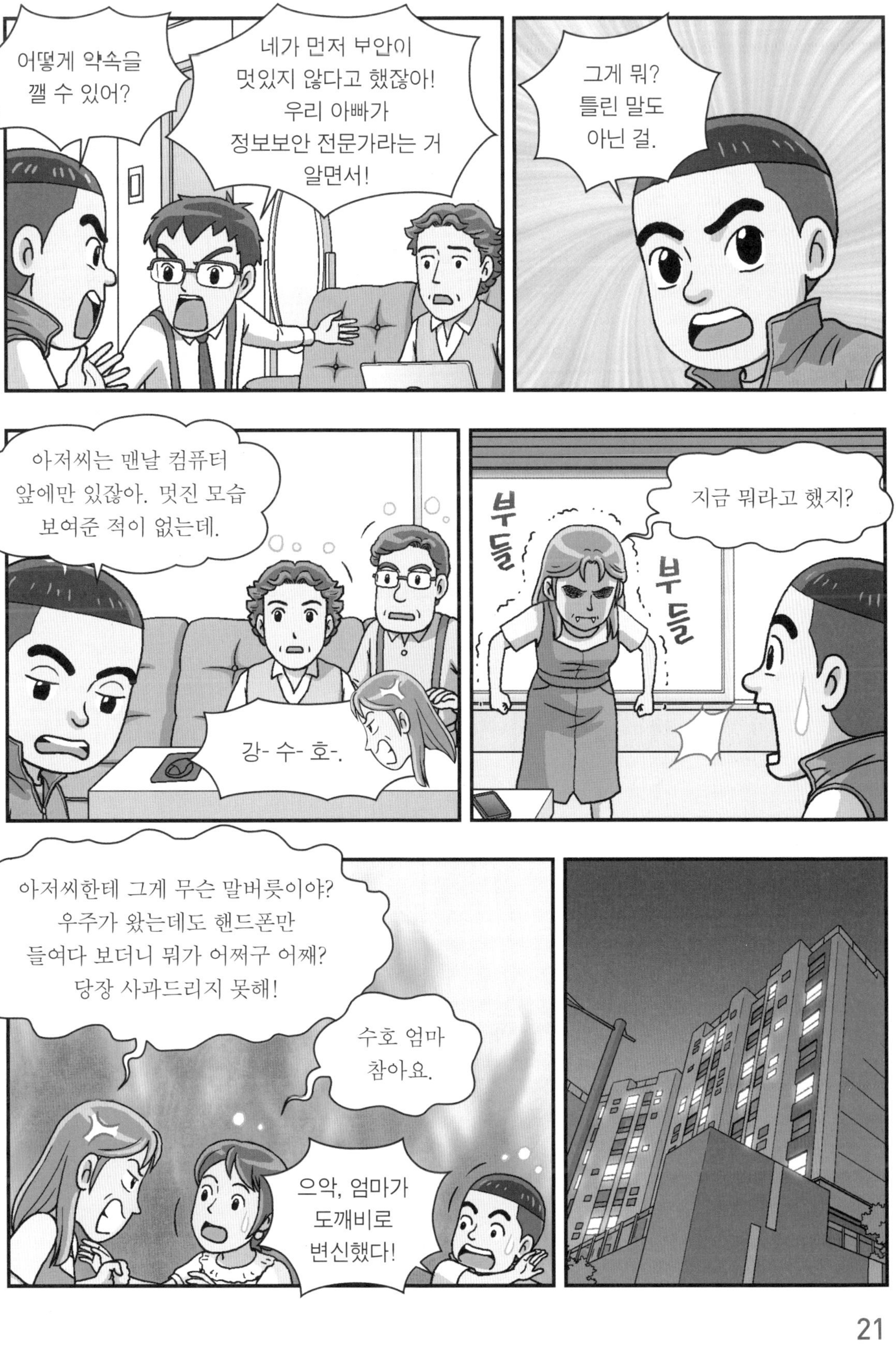
어떻게 약속을 깰 수 있어?
네가 먼저 부안이 멋있지 않다고 했잖아! 우리 아빠가 정보보안 전문가라는 거 알면서!
그게 뭐? 틀린 말도 아닌 걸.
아저씨는 맨날 컴퓨터 앞에만 있잖아. 멋진 모습 보여준 적이 없는데.
강- 수- 호-.
부들
부들
지금 뭐라고 했지?
아저씨한테 그게 무슨 말버릇이야? 우주가 왔는데도 핸드폰만 들여다 보더니 뭐가 어쩌구 어째? 당장 사과드리지 못해!
수호 엄마 참아요.
으악, 엄마가 도깨비로 변신했다!

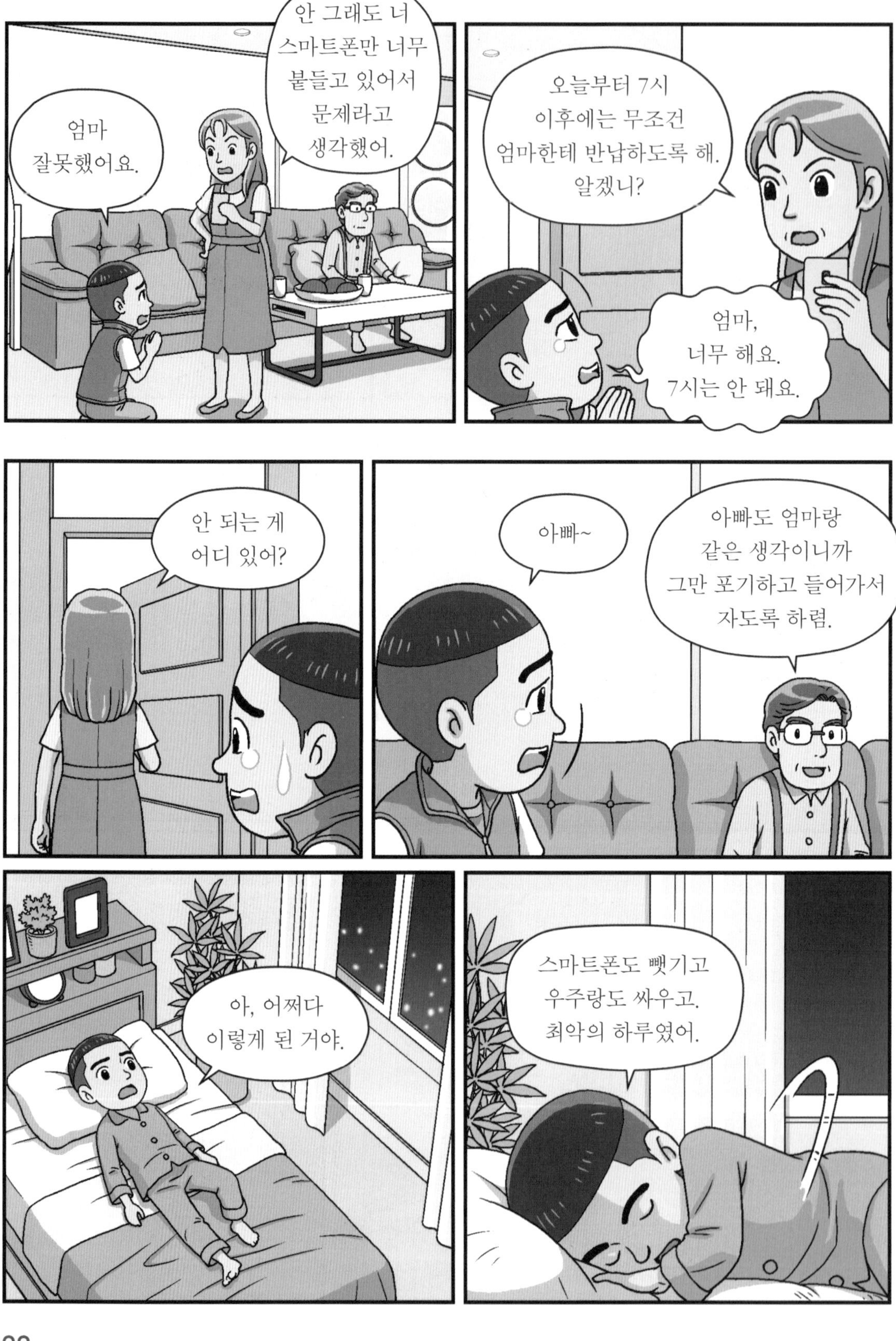
엄마
잘못했어요.
안 그래도 너
스마트폰만 너무
붙들고 있어서
문제라고
생각했어.
오늘부터 7시
이후에는 무조건
엄마한테 반납하도록 해.
알겠니?
엄마,
너무 해요.
7시는 안 돼요.
안 되는 게
어디 있어?
아빠~
아빠도 엄마랑
같은 생각이니까
그만 포기하고 들어가서
자도록 하렴.
아, 어쩌다
이렇게 된 거야.
스마트폰도 뺏기고
우주랑도 싸우고.
최악의 하루였어.

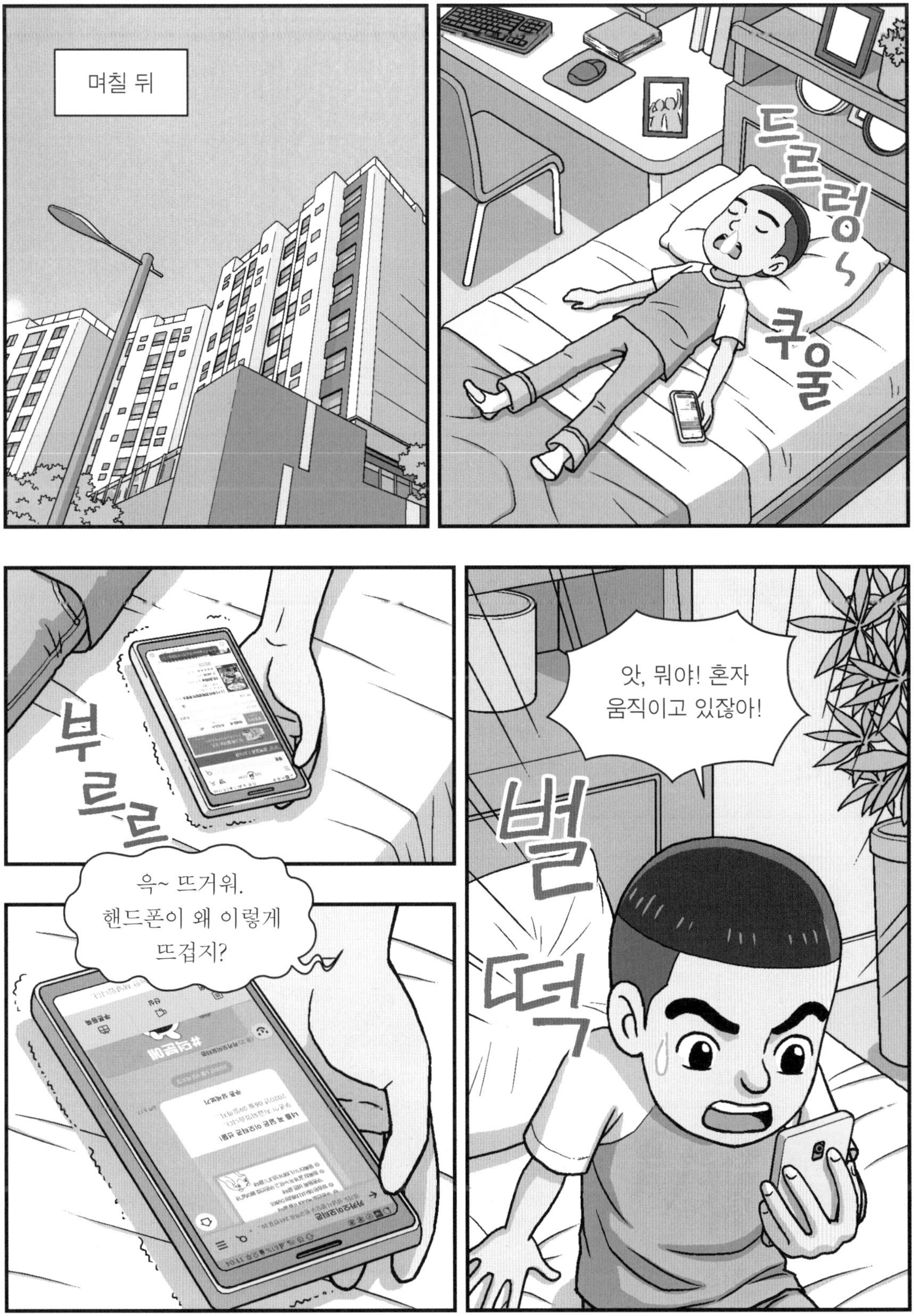
며칠 뒤
드르렁~
쿠울
부르르
우~ 뜨거워.
핸드폰이 왜 이렇게
뜨겁지?
앗, 뭐야! 혼자
움직이고 있잖아!
벌떡

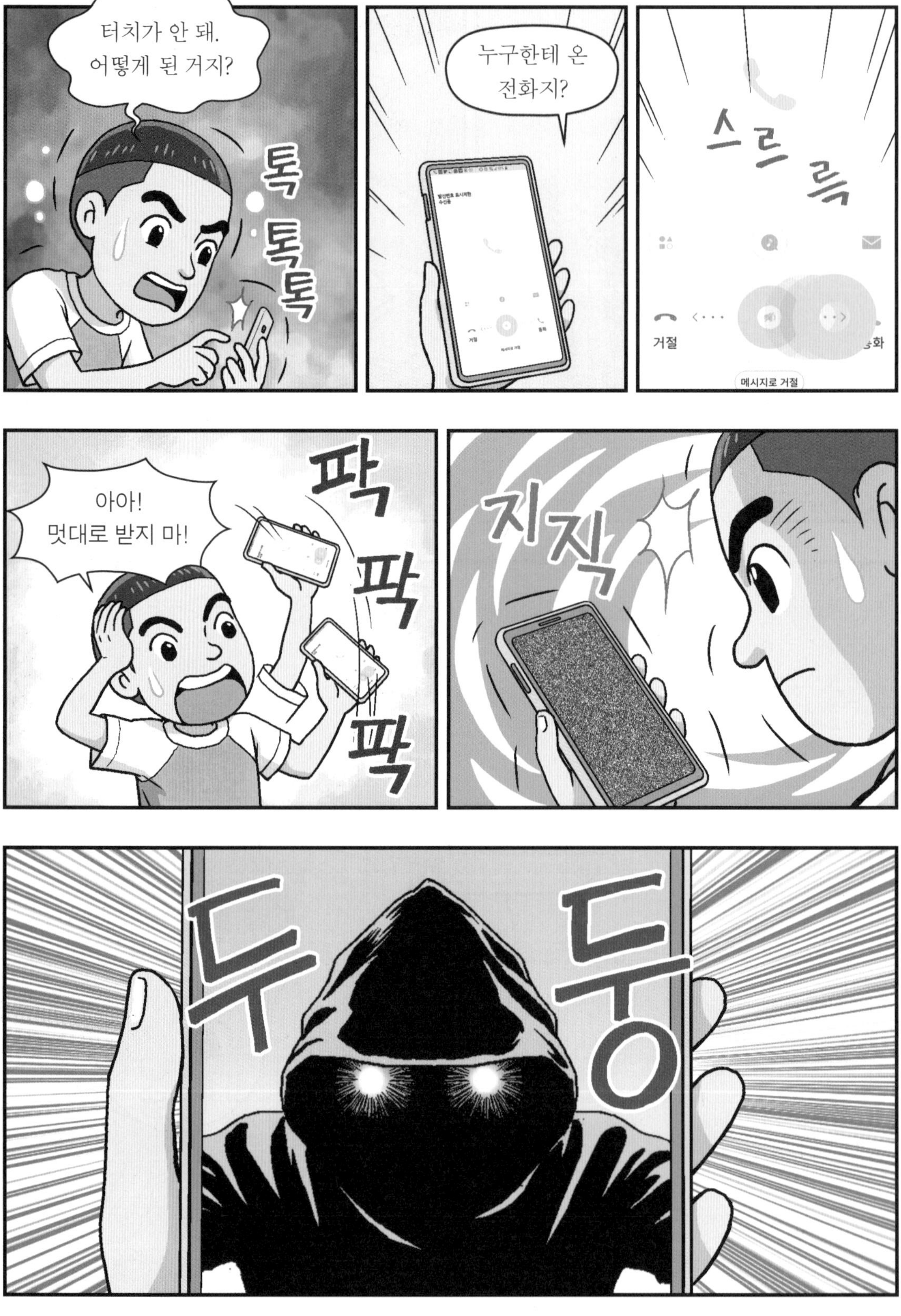
터치가 안 돼.
어떻게 된 거지?
톡
톡톡톡
누구한테 온
전화지?
스르륵
거절
메시지로 거절
아아!
멋대로 받지 마!
팍
팍
팍
지직
두둥

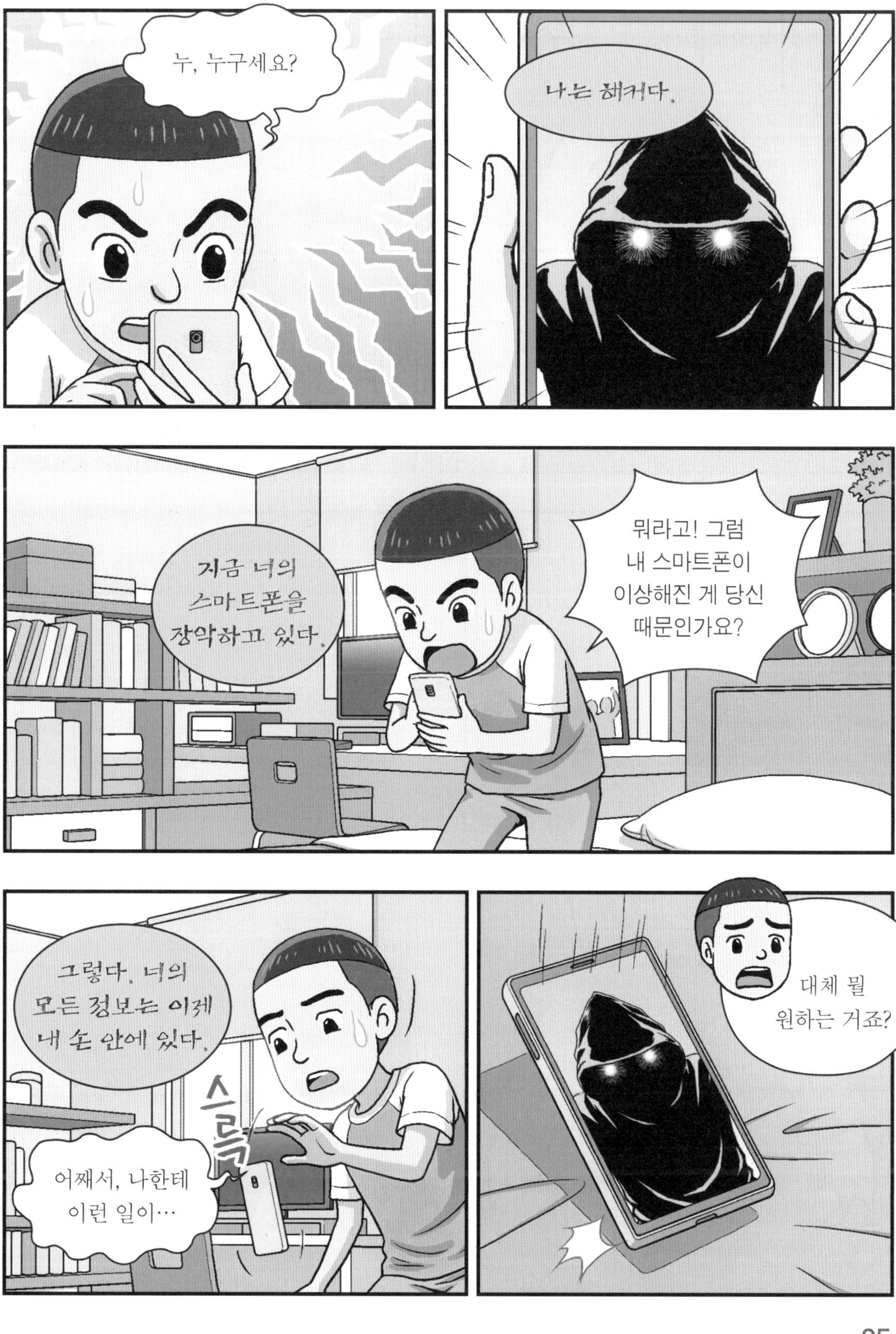
누, 누구세요?
나는 해커다.
지금 너의 스마트폰을 장악하고 있다.
뭐라고! 그럼 내 스마트폰이 이상해진 게 당신 때문인가요?
그렇다. 너의 모든 정보는 이제 내 손 안에 있다.
스륵
어째서, 나한테 이런 일이…
대체 뭘 원하는 거죠?

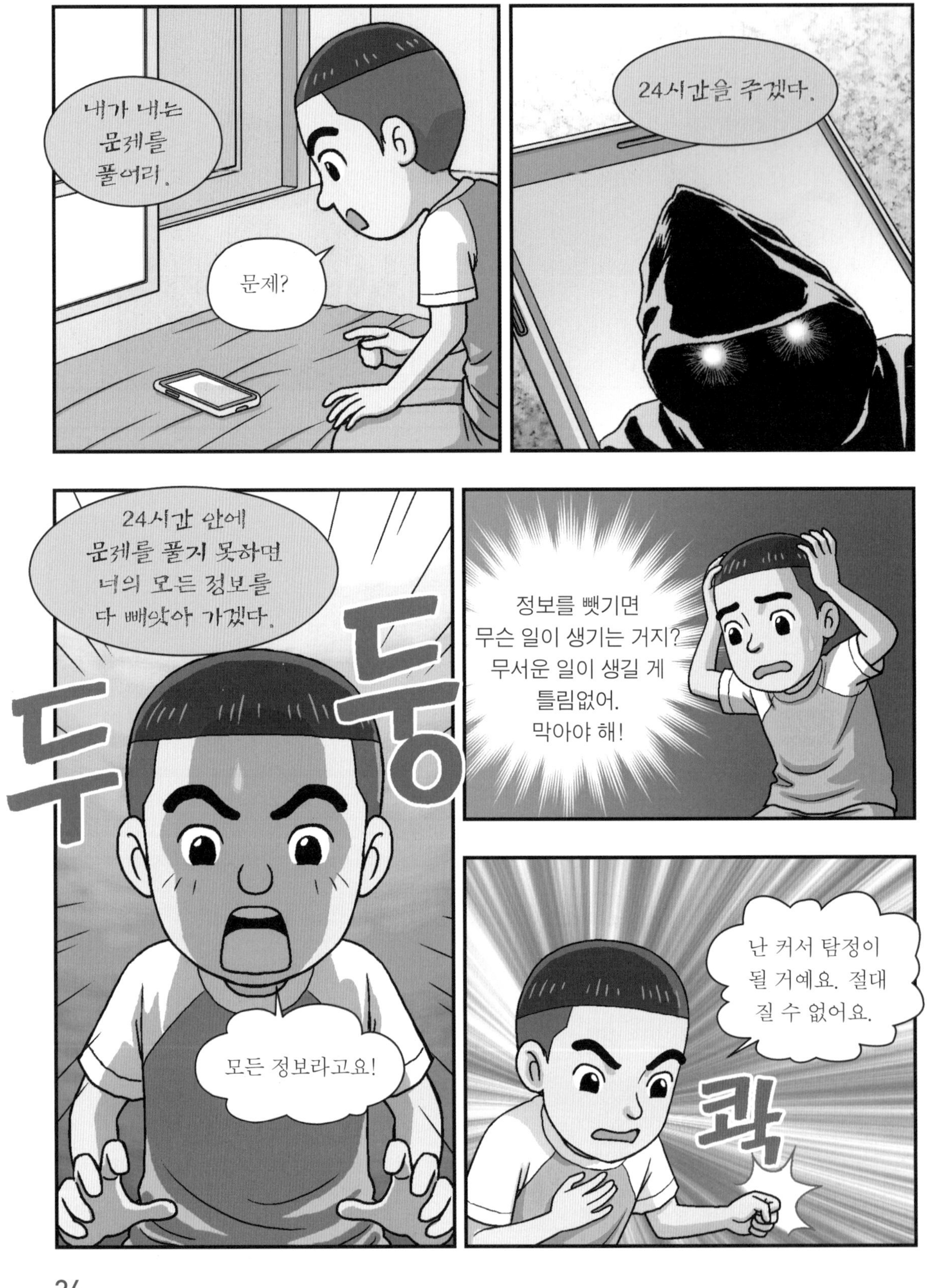
내가 내는
문제를
풀어라.
문제?
24시간을 주겠다.
24시간 안에
문제를 풀지 못하면
너의 모든 정보를
다 빼앗아 가겠다.
두둥
모든 정보라고요!
정보를 뺏기면
무슨 일이 생기는 거지?
무서운 일이 생길 게
틀림없어.
막아야 해!
난 커서 탐정이
될 거예요. 절대
질 수 없어요.
콱

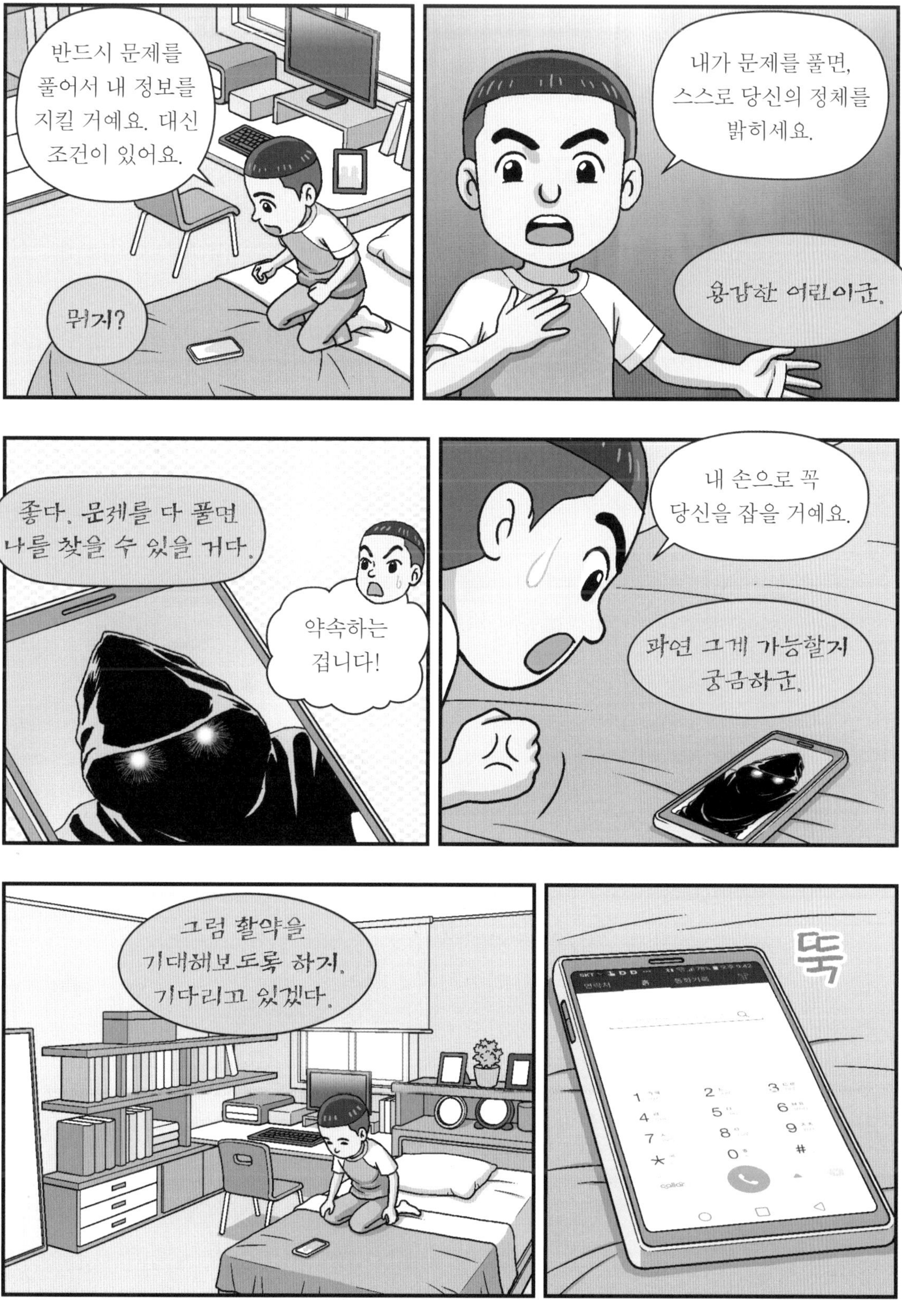
반드시 문제를 풀어서 내 정보를 지킬 거예요. 대신 조건이 있어요.
뭐지?
내가 문제를 풀면, 스스로 당신의 정체를 밝히세요.
용감한 어린이군.
좋다. 문제를 다 풀면 나를 찾을 수 있을 거다.
약속하는 겁니다!
내 손으로 꼭 당신을 잡을 거예요.
과연 그게 가능할지 궁금하군.
그럼 활약을 기대해보도록 하지. 기다리고 있겠다.
뚝

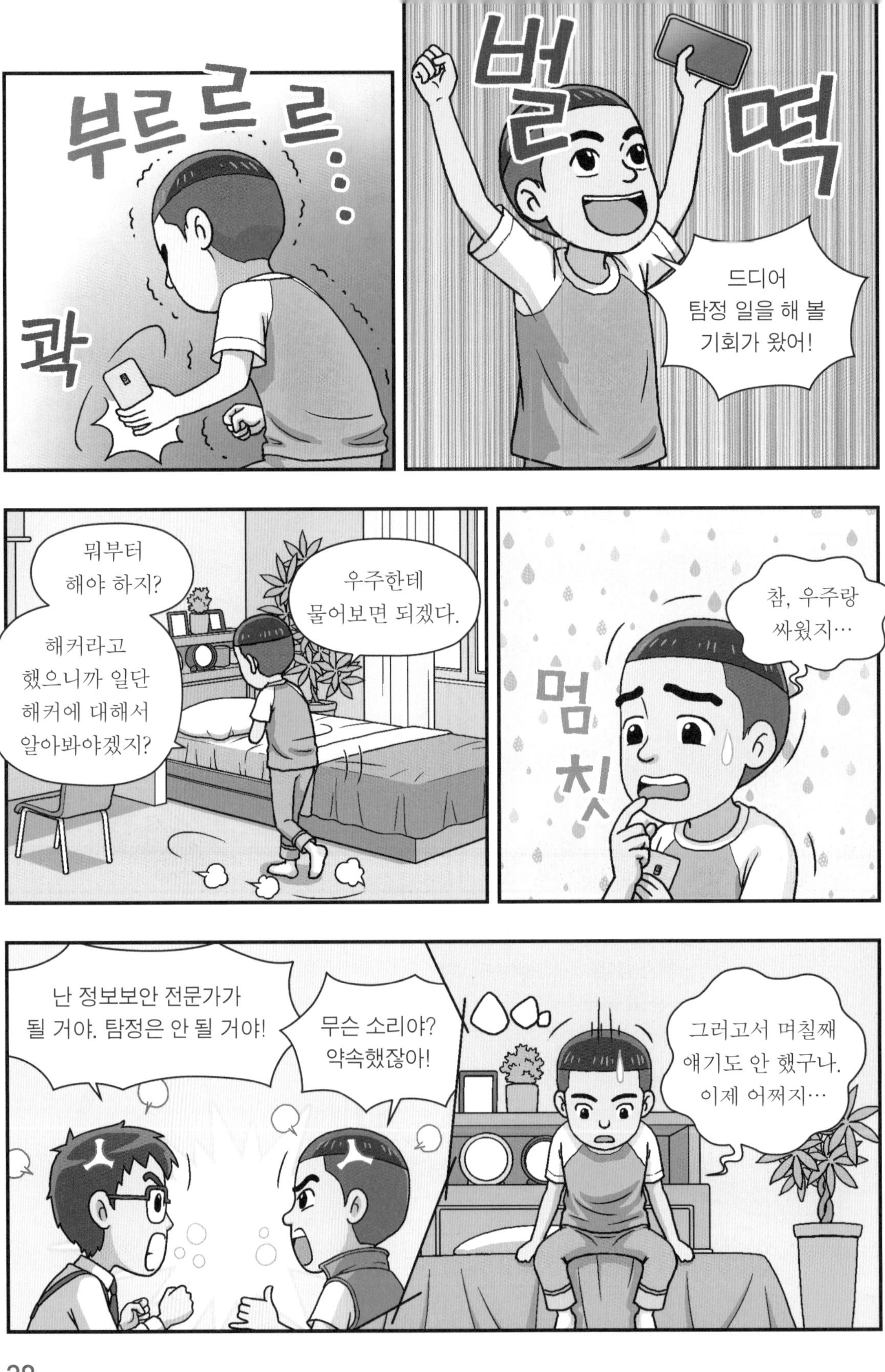
부르르르…
콱
벌떡
드디어
탐정 일을 해 볼
기회가 왔어!
뭐부터
해야 하지?
해커라고
했으니까 일단
해커에 대해서
알아봐야겠지?
우주한테
물어보면 되겠다.
참, 우주랑
싸웠지…
멈칫
난 정보보안 전문가가
될 거야. 탐정은 안 될 거야!
무슨 소리야?
약속했잖아!
그러고서 며칠째
얘기도 안 했구나.
이제 어쩌지…

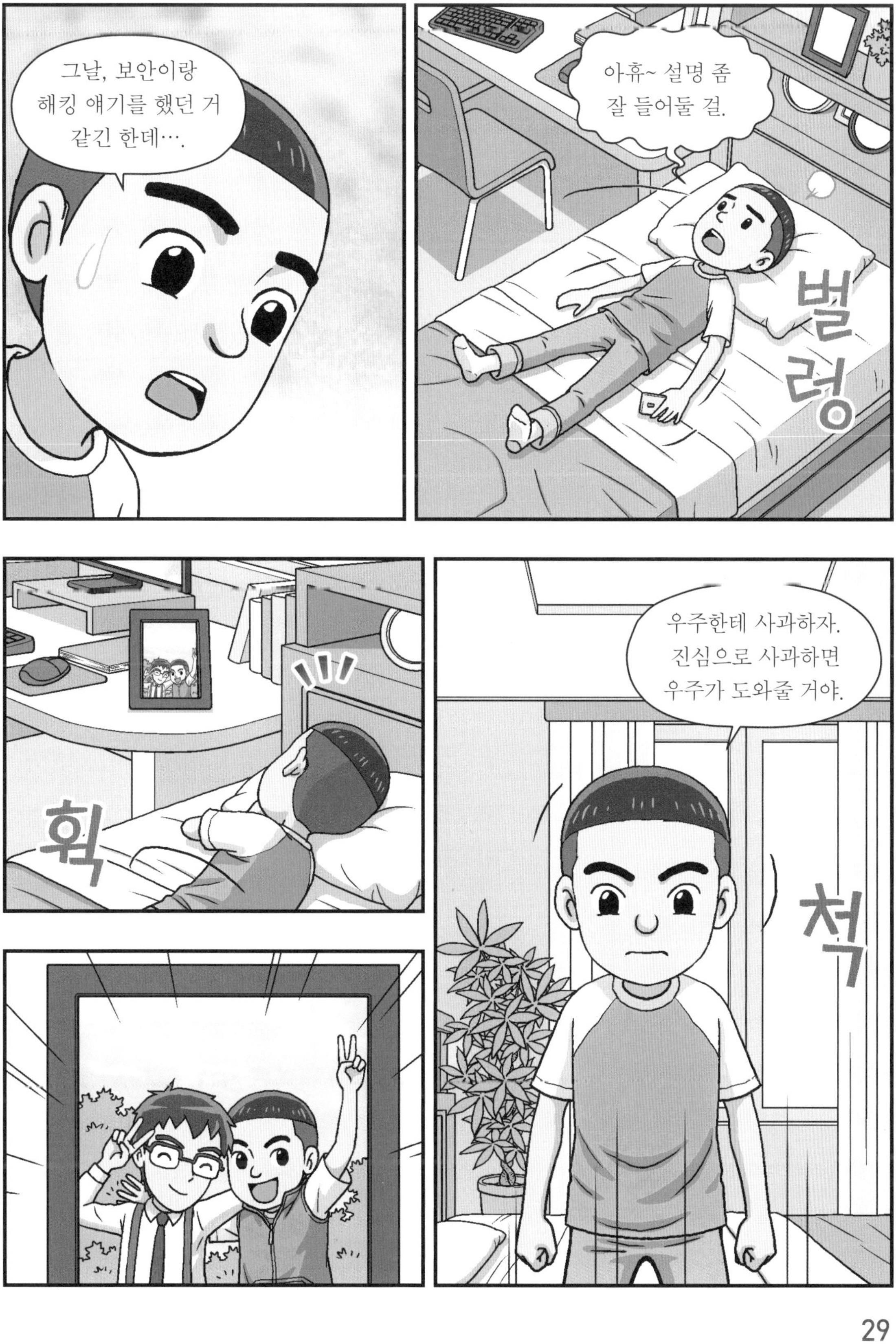
그날, 보안이랑 해킹 얘기를 했던 거 같긴 한데….
아휴~ 설명 좀 잘 들어둘 걸.
벌렁
휙
우주한테 사과하자. 진심으로 사과하면 우주가 도와줄 거야.
척

정보보안의 정의와 역사

정보보안은 4차 산업 혁명 시대에 없어서는 안 될 중요한 분야로 그 중요성이 점점 커지고 있어요. 공공기관에 집중되는 대규모 사이버 공격이나 인터넷 침해사고가 빈번하게 발생함에 따라, 정부에서는 정보보호의 중요성에 대한 국민들의 의식 제고 및 정보통신기술(ICT) 관련 종사자들의 자긍심을 고취하기 위해, 7월 둘째 주 수요일을 '정보보호의 날'로 정했어요. 그럼 정보보안이란 어떤 것인지, 어떤 역사를 지니고 있는지 알아볼까요?

● 정보보안의 정의

정보보안(information protection)은 정보의 수집, 가공, 저장, 검색, 송신, 수신 도중에 정보의 훼손, 변조, 유출 등을 방지하기 위한 방법을 의미해요. 정보보안은 정보를 제공하는 공급자 측면과 사용하는 사용자 측면에서 살펴볼 수 있어요. 공급자 측면에서는 내·외부의 위협 요인들로부터 하드웨어 데이터베이스나 통신 및 전산시설 등의 정보자산을 안전하게 보호하는 것이에요. 사용자 측면에서는 자신의 개인 정보가 유출되거나 남용되지 않도록 정보를 보호하는 것이에요.

정보화 사회에서 정보는 이전보다 훨씬 더 중요한 가치를 지니게 되었어요. 정보는 부와 권력을 얻을 수 있는 중요한 자산이기 때문이에요. 이로 인해 정보보안에 대한 중요성도 함께 주목받고 있어요. 최근에는 내부정보 유출방지, 개인정보보호, 개발 보안, 통합 보안관리 분야가 정보보안의 핵심 이슈로 떠오르고 있어요.

● 정보보안의 역사

최초의 정보보안은 그리스 시대까지 거슬러 올라가요. 그리스 시대에는 양피지와 막대기를 이용하거나, 세 자리 뒤의 알파벳을 대신 사용하여 메시지를 작성하는 등 정보보호를 위한 암호를 개발했어요.

근대에는 독일이 제2차 세계대전에서 사용하기 위해 에니그마라는 암호장치를 만들었어요. 에니그마에 의한 암호를 해독하기 위한 연구는 후에 컴퓨터의 발명 및 발전에도 큰 영향을 주었어요. 이 시기 정보보안 분야는 많은 진보가 있었고, 전문적인 영역으로 인정받게 되었어요.

이후 컴퓨터와 네트워킹 환경이 발전하여 정보의 가치가 주목받고 정보보안에 대한 인식도 높아지면서, 암호학은 더 발전하게 됐어요.

현재는 대칭키 암호화와 비대칭키 암호화, 일회용 비밀번호 등 다양한 암호화 방식 및 암호화 응용 서비스들이 개발되어 사용되고 있어요. 특히 최근에는 네트워크를 통한 접속 침입이 큰 문제가 되면서, 이를 막는 방화벽이나 침입탐지 시스템 또는 침입방지 시스템 등이 개발돼 정보보안에 큰 도움이 되고 있어요.

치과가 해킹 당했다고?

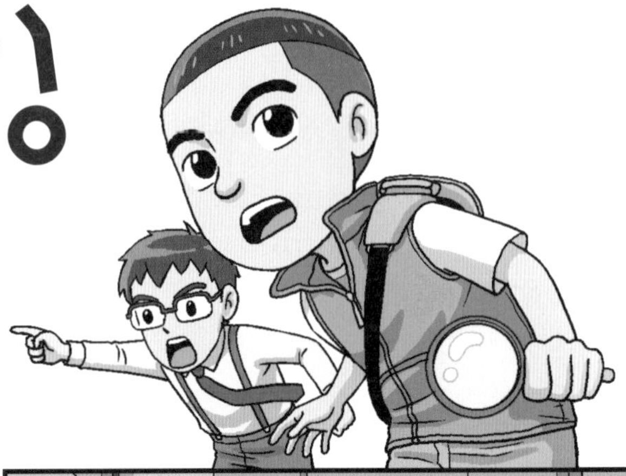

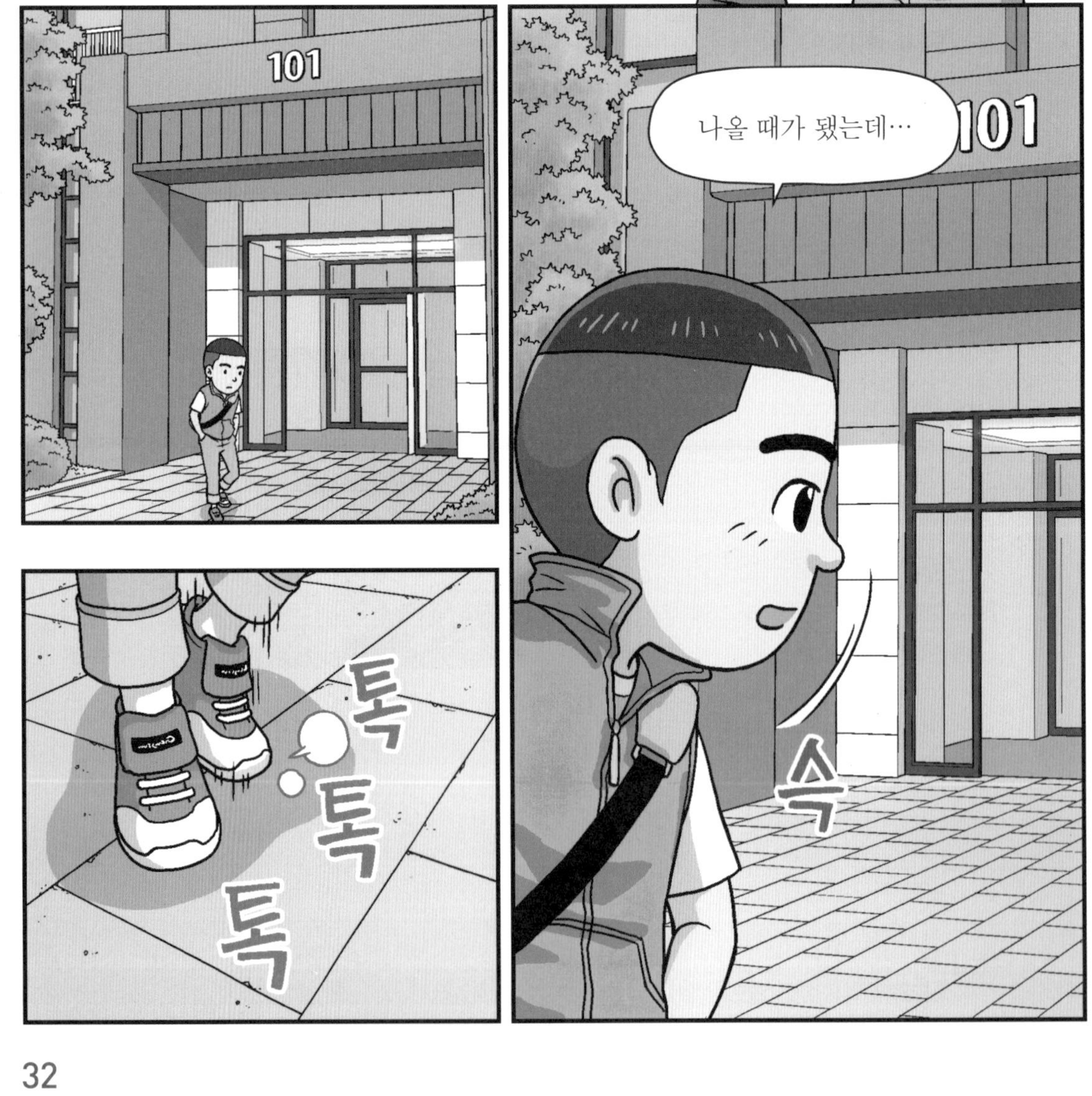
101
101
나올 때가 됐는데…
톡
톡
톡
슥

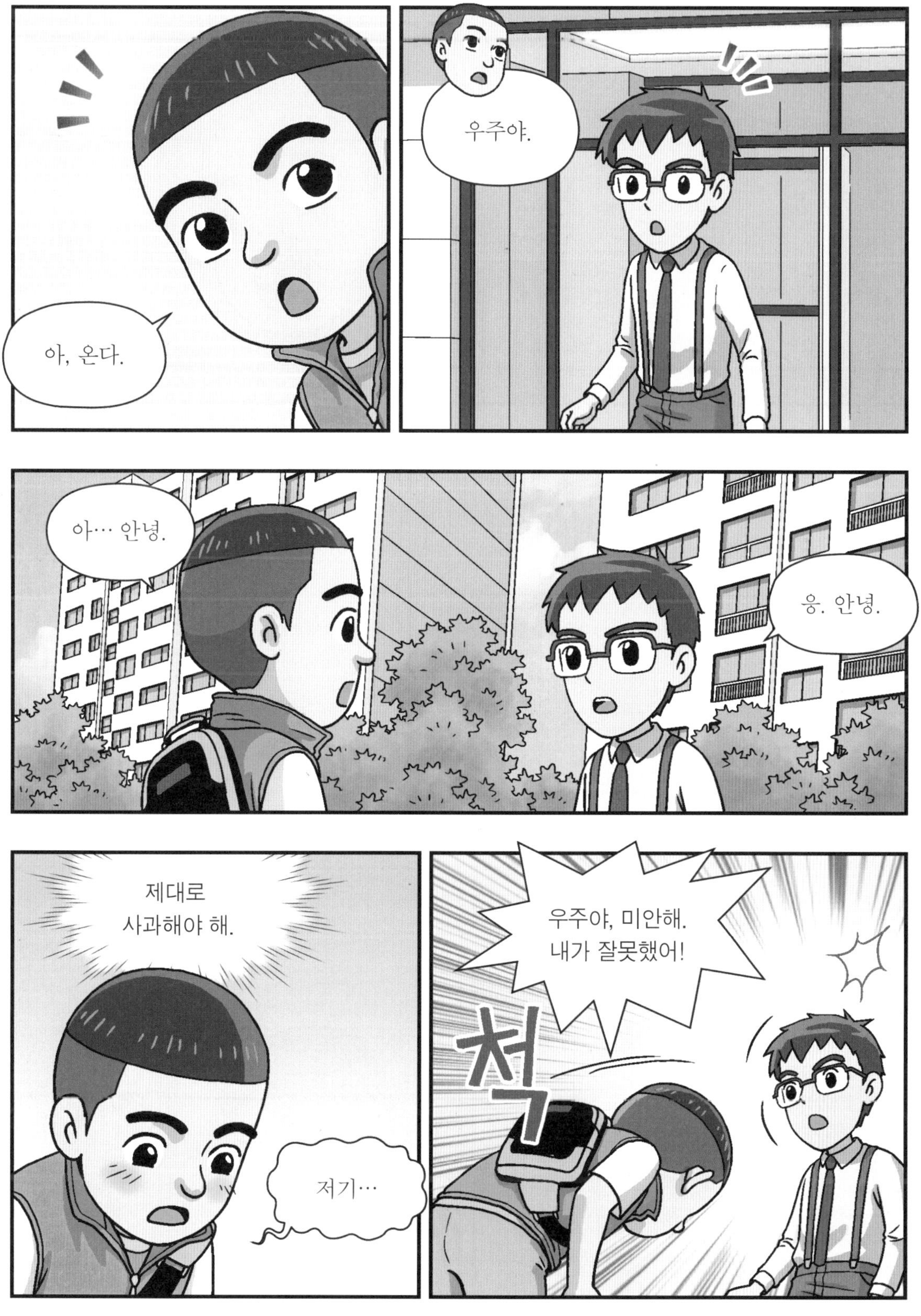
아, 온다.
우주야.
아… 안녕.
응. 안녕.
제대로
사과해야 해.
저기…
우주야, 미안해.
내가 잘못했어!
척

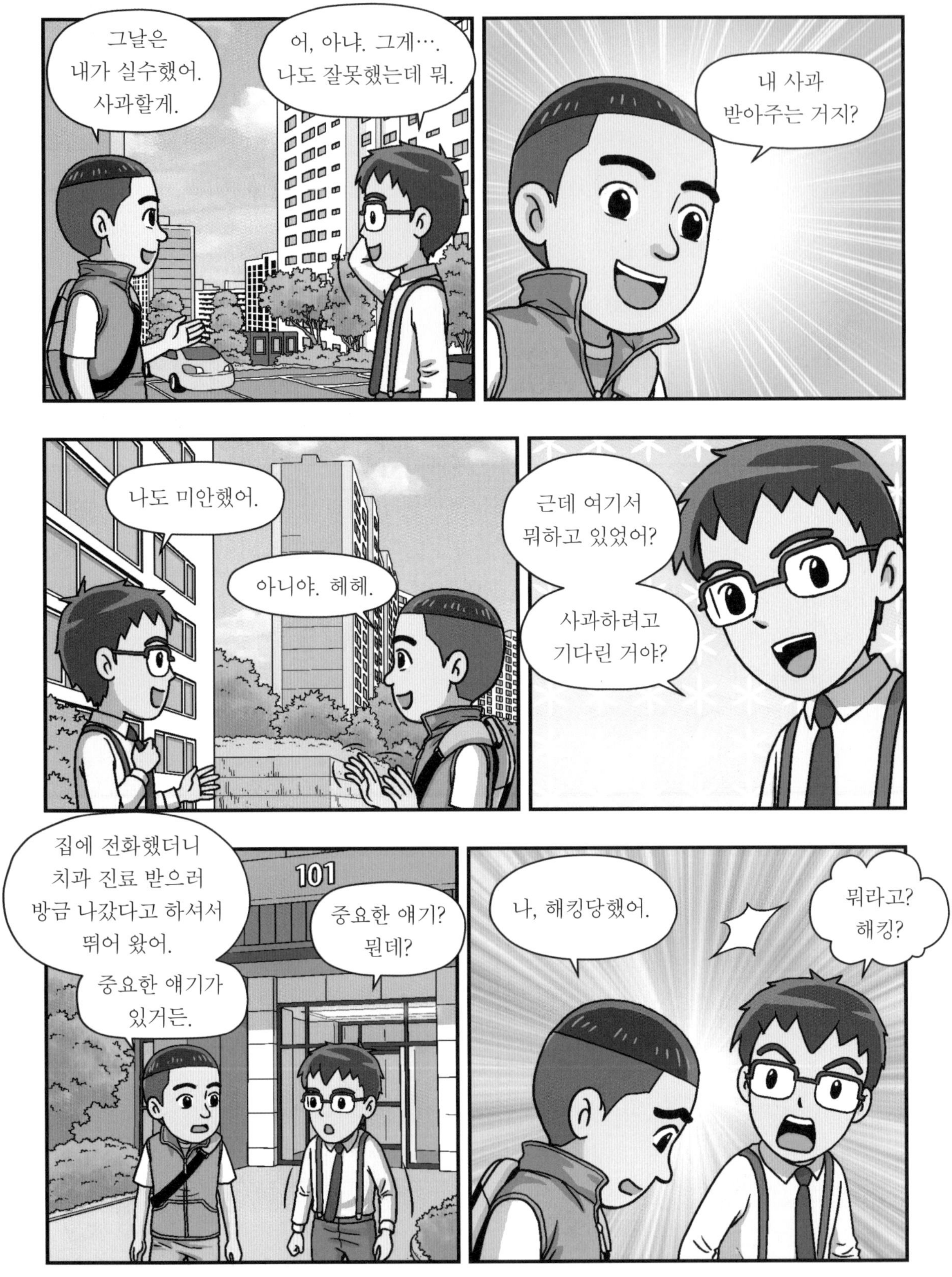
그날은 내가 실수했어. 사과할게.
어, 아냐. 그게…. 나도 잘못했는데 뭐.
내 사과 받아주는 거지?
나도 미안했어.
아니야. 헤헤.
근데 여기서 뭐하고 있었어?
사과하려고 기다린 거야?
집에 전화했더니 치과 진료 받으러 방금 나갔다고 하셔서 뛰어 왔어.
중요한 얘기가 있거든.
101
중요한 얘기? 뭔데?
나, 해킹당했어.
뭐라고? 해킹?

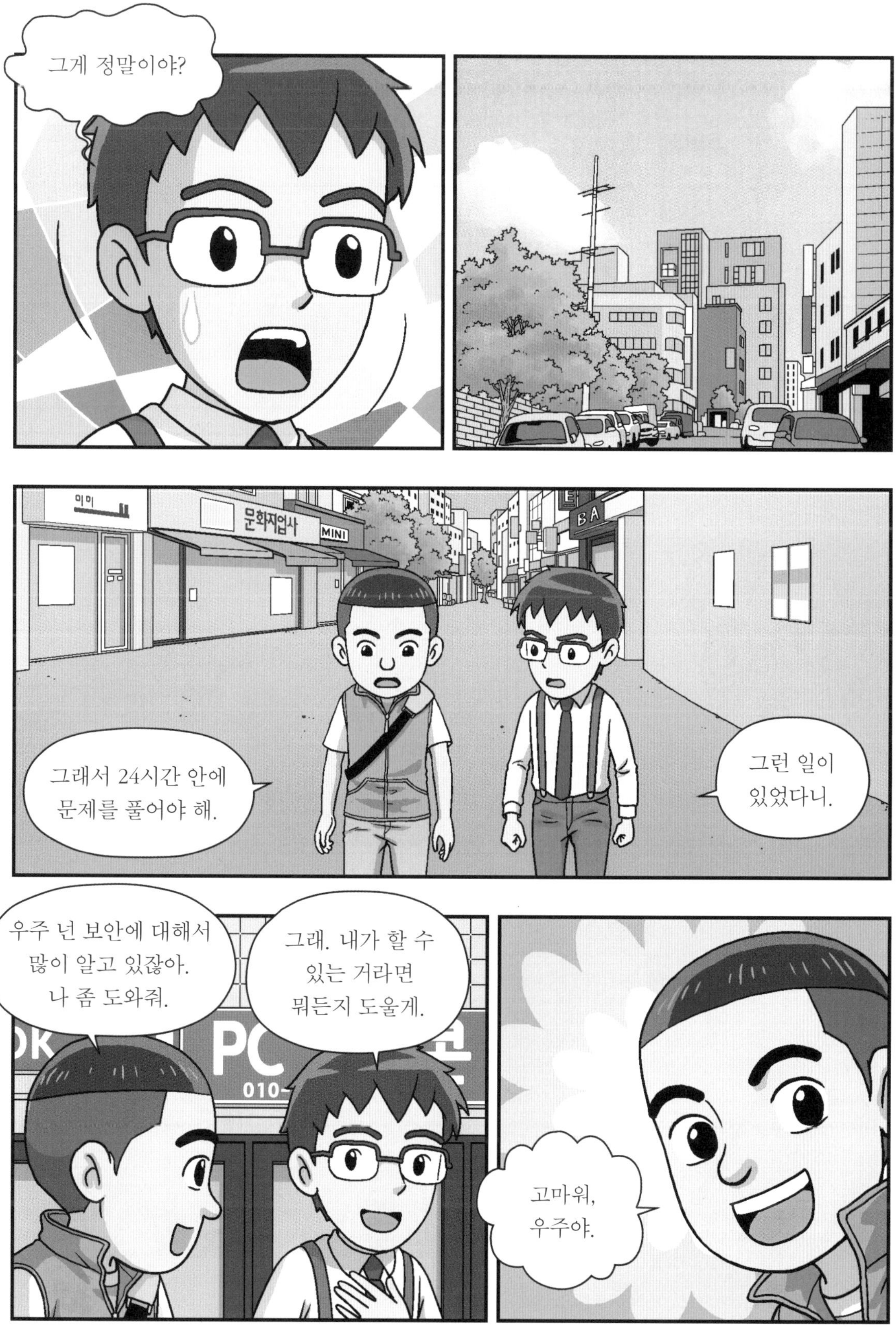
그게 정말이야?
문화지업사
MINI
그래서 24시간 안에 문제를 풀어야 해.
그런 일이 있었다니.
우주 넌 보안에 대해서 많이 알고 있잖아. 나 좀 도와줘.
그래. 내가 할 수 있는 거라면 뭐든지 도울게.
PC
010-
고마워, 우주야.

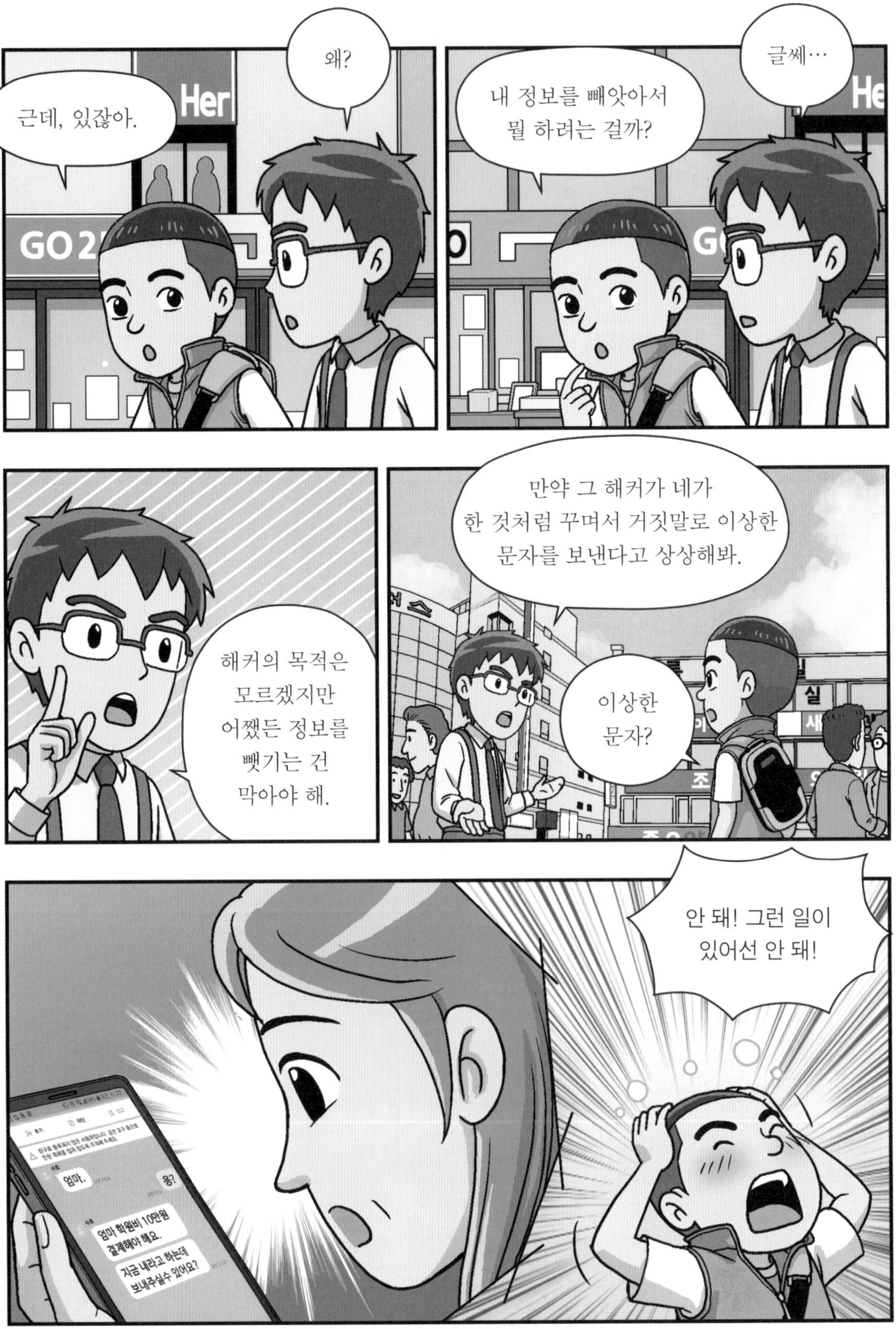
근데, 있잖아.
왜?
내 정보를 빼앗아서
뭘 하려는 걸까?
글쎄…
해커의 목적은
모르겠지만
어쨌든 정보를
뺏기는 건
막아야 해.
만약 그 해커가 네가
한 것처럼 꾸며서 거짓말로 이상한
문자를 보낸다고 상상해봐.
이상한
문자?
엄마.
응?
엄마 학원비 10만원
결제해야 해요.
지금 내라고 하는데
보내주실수 있어요?
안 돼! 그런 일이
있어선 안 돼!

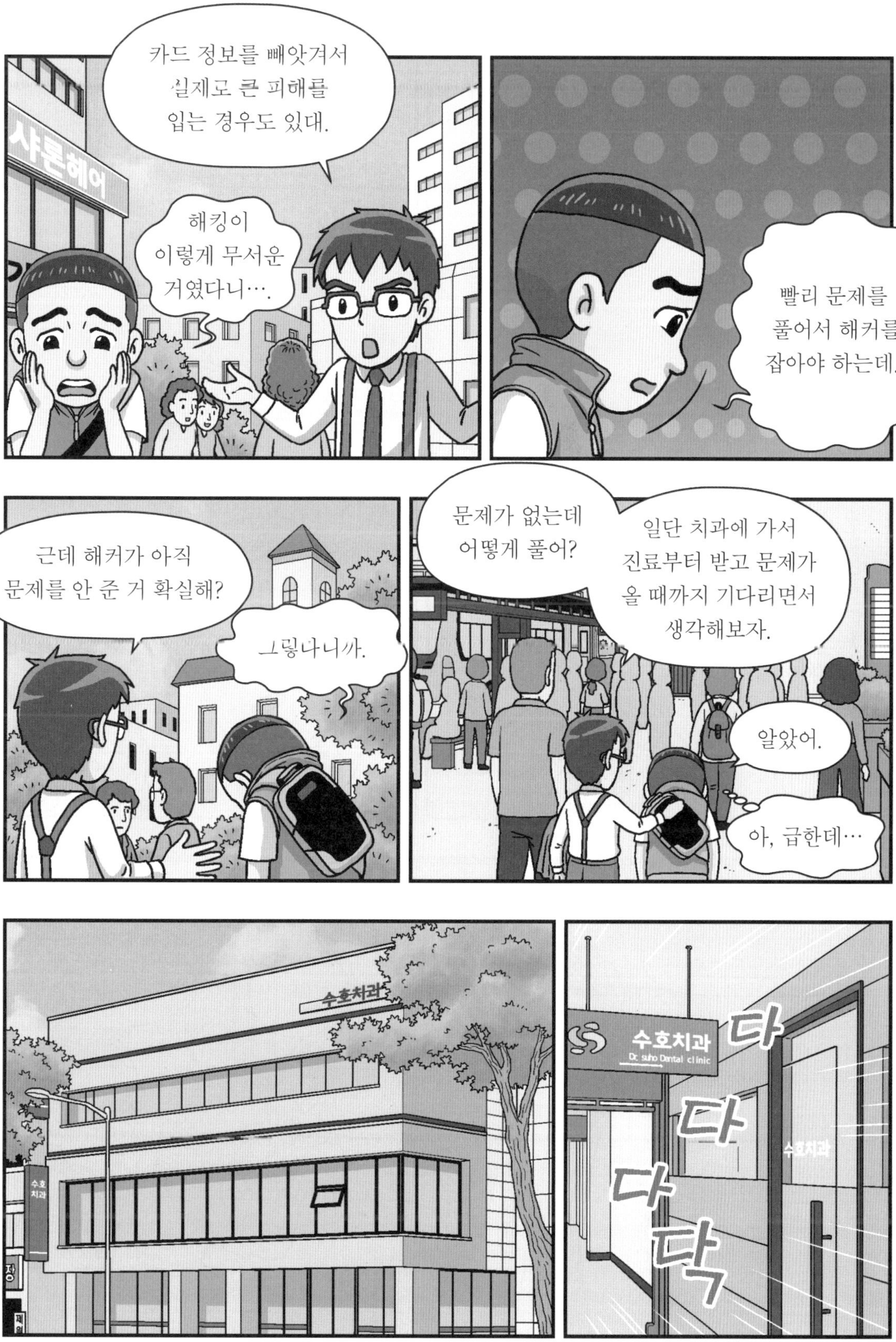

카드 정보를 빼앗겨서 실제로 큰 피해를 입는 경우도 있대.
해킹이 이렇게 무서운 거였다니….
샤론헤어
빨리 문제를 풀어서 해커를 잡아야 하는데.
근데 해커가 아직 문제를 안 준 거 확실해?
그렇다니까.
문제가 없는데 어떻게 풀어?
일단 치과에 가서 진료부터 받고 문제가 올 때까지 기다리면서 생각해보자.
알았어.
아, 급한데…
수호치과
수호치과
Dr. suho Dental clinic
다
다
다
닥

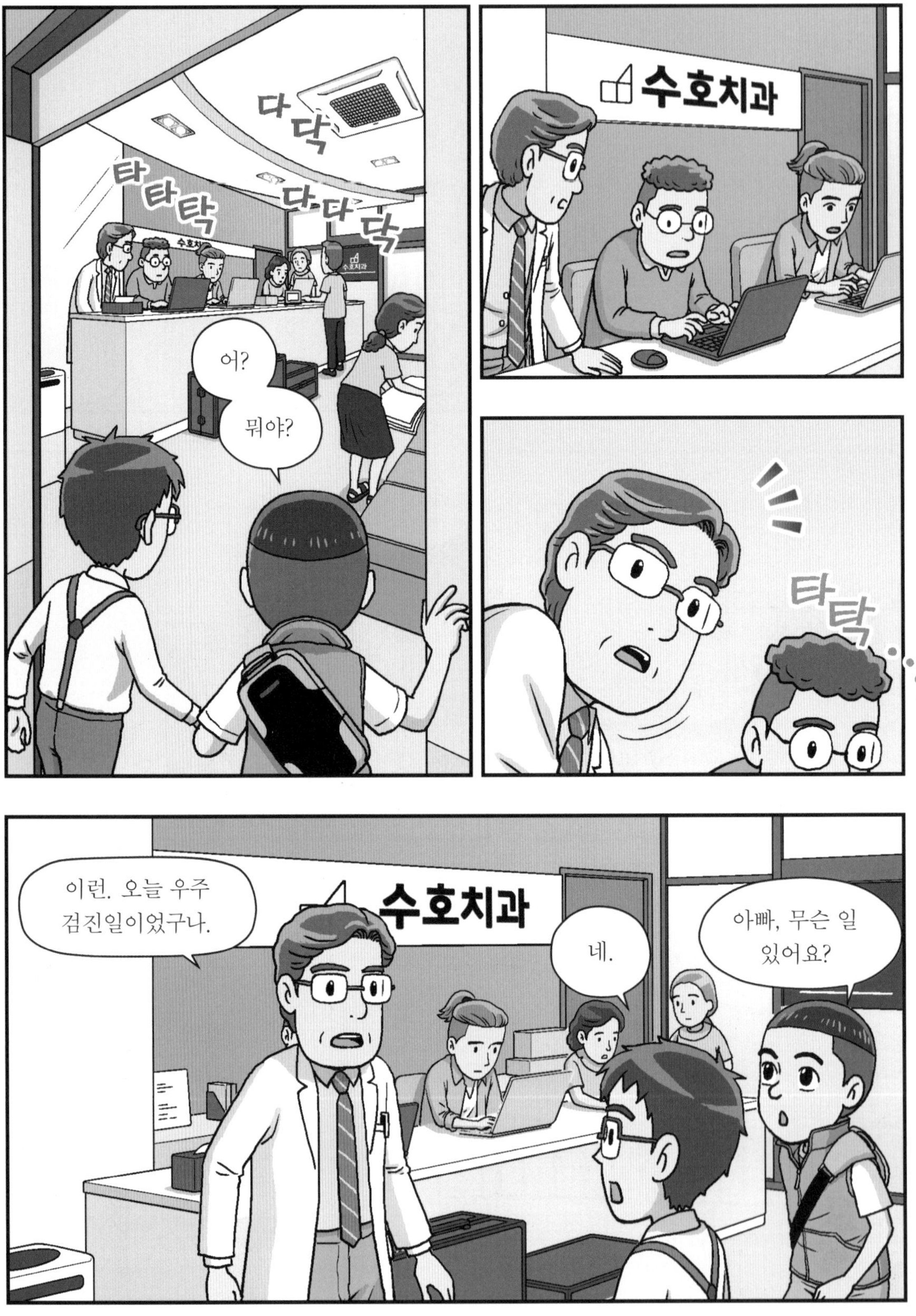
다닥
타타탁
다다닥
수호치과
어?
뭐야?
수호치과
타탁
수호치과
이런. 오늘 우주 검진일이었구나.
네.
아빠, 무슨 일 있어요?

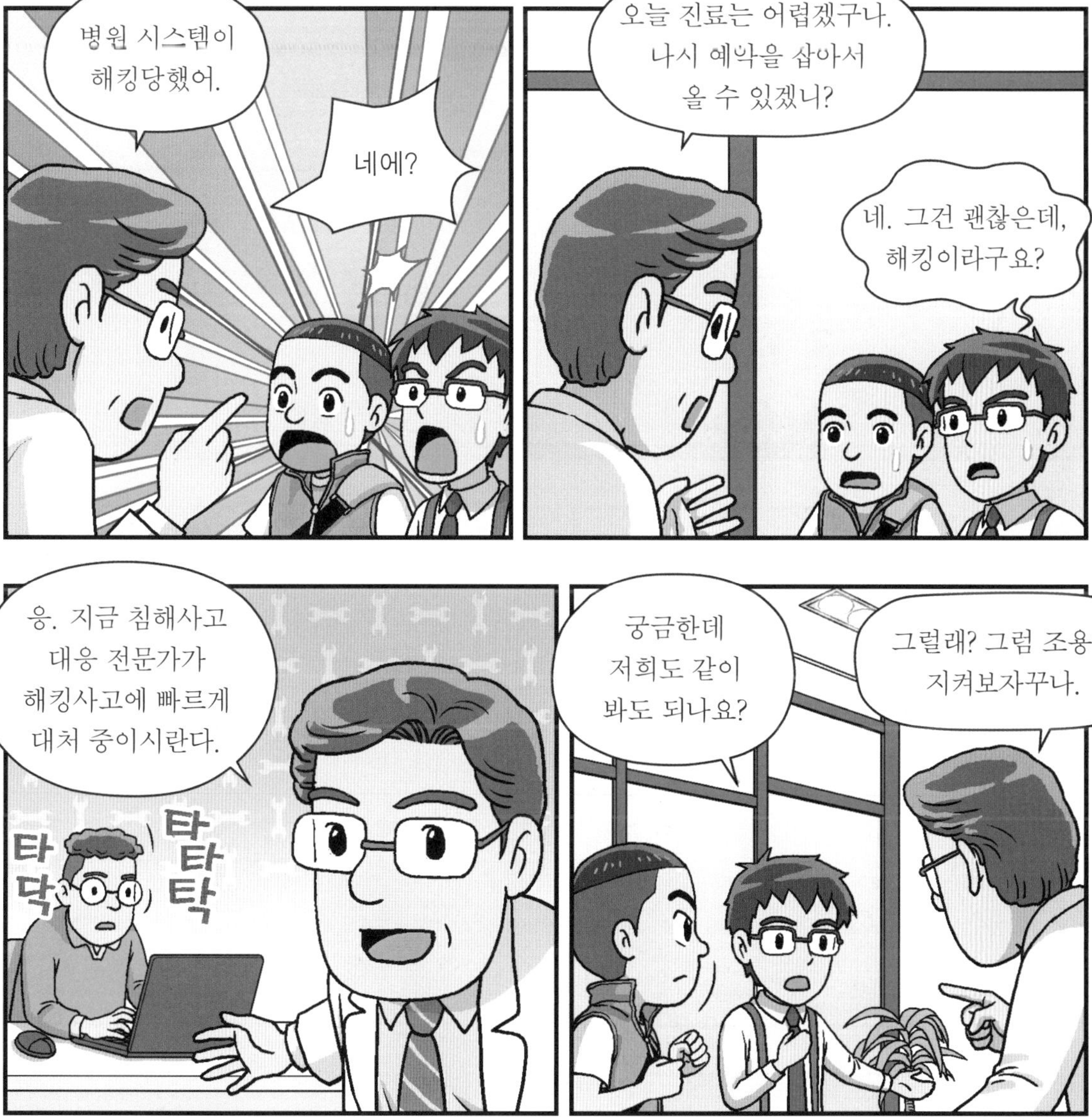
병원 시스템이
해킹당했어.
네에?
오늘 진료는 어렵겠구나.
다시 예약을 잡아서
올 수 있겠니?
네. 그건 괜찮은데,
해킹이라구요?
응. 지금 침해사고
대응 전문가가
해킹사고에 빠르게
대처 중이시란다.
타닥
타타탁
궁금한데
저희도 같이
봐도 되나요?
그럴래? 그럼 조용히
지켜보자꾸나.

침해사고대응 전문가

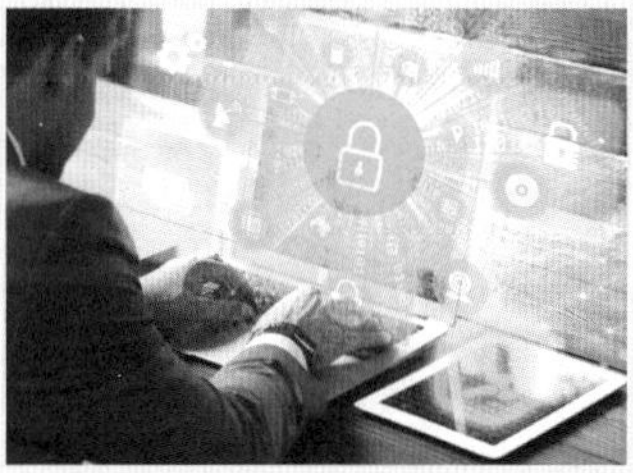

보안 사고가 났을 때 피해가 더 커지지 않도록 즉시 시스템을 복구하고 대책을 세우는 전문가입니다. 앞으로 사고가 발생하지 않도록 예방하기 위한 전략을 마련하는 일도 합니다.
관련 직업군으로 사이버보안 관제사, 취약성 분석 전문가 등이 있습니다.

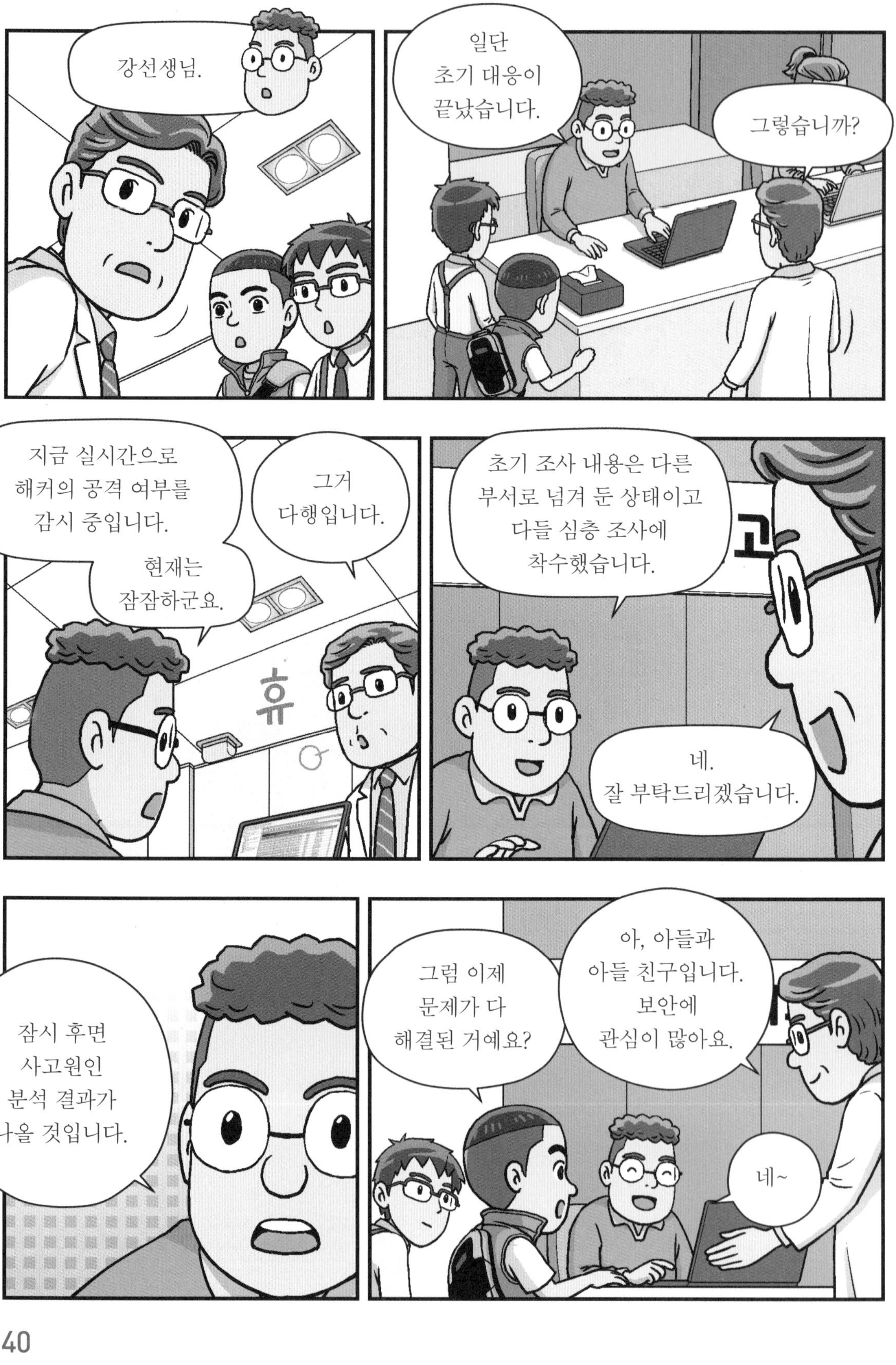
강선생님.
일단 초기 대응이 끝났습니다.
그렇습니까?
지금 실시간으로 해커의 공격 여부를 감시 중입니다.
현재는 잠잠하군요.
그거 다행입니다.
휴
초기 조사 내용은 다른 부서로 넘겨 둔 상태이고 다들 심층 조사에 착수했습니다.
고
네. 잘 부탁드리겠습니다.
잠시 후면 사고원인 분석 결과가 나올 것입니다.
그럼 이제 문제가 다 해결된 거예요?
아, 아들과 아들 친구입니다. 보안에 관심이 많아요.
네~

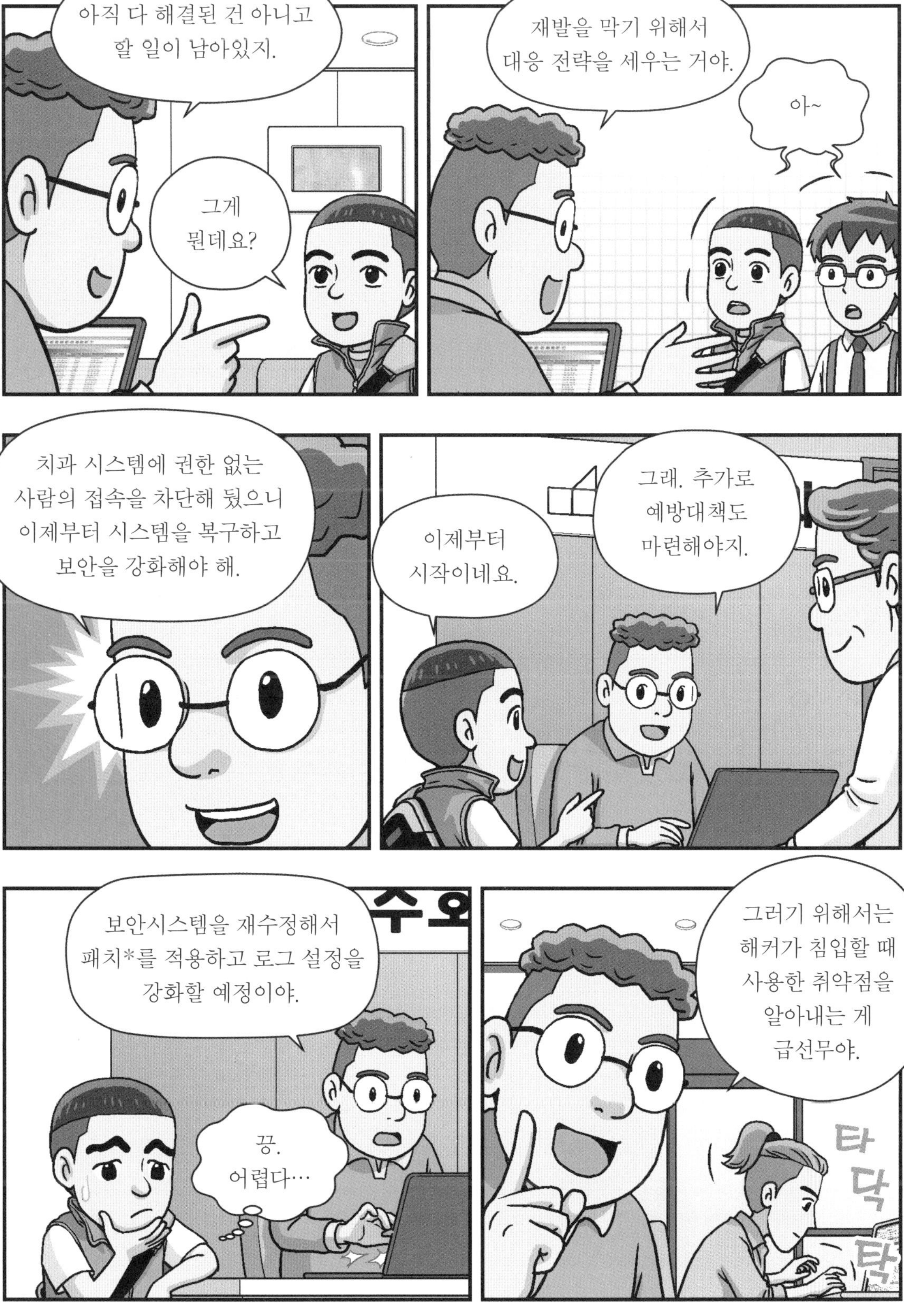
아직 다 해결된 건 아니고 할 일이 남아있지.
그게 뭔데요?
재발을 막기 위해서 대응 전략을 세우는 거야.
아~
치과 시스템에 권한 없는 사람의 접속을 차단해 뒀으니 이제부터 시스템을 복구하고 보안을 강화해야 해.
이제부터 시작이네요.
그래. 추가로 예방대책도 마련해야지.
보안시스템을 재수정해서 패치*를 적용하고 로그 설정을 강화할 예정이야.
끙. 어렵다…
그러기 위해서는 해커가 침입할 때 사용한 취약점을 알아내는 게 급선무야.
타닥
탁

＊**패치(patch)**: 프로그램의 일부를 빠르게 고치는 일

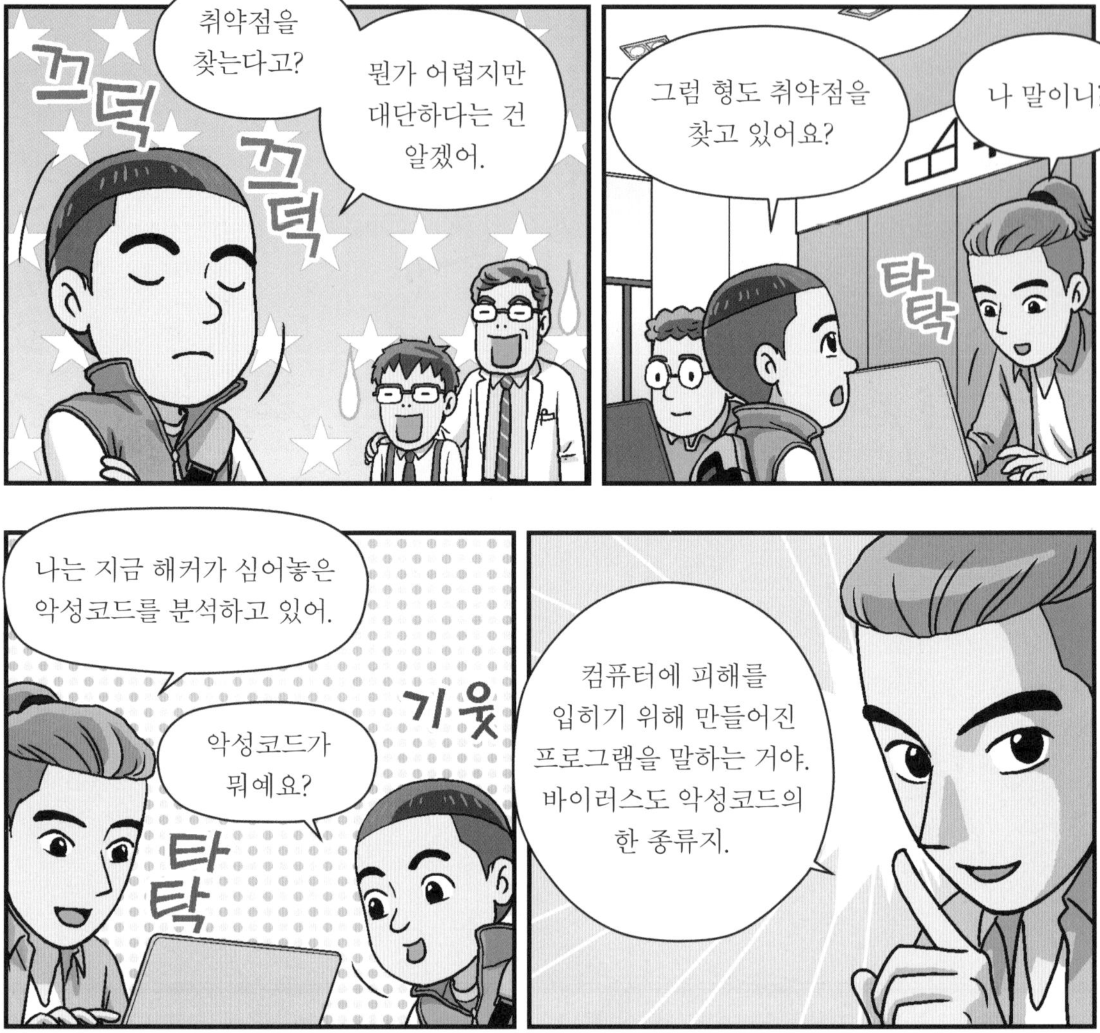
취약점을 찾는다고?
끄덕
끄덕
뭔가 어렵지만 대단하다는 건 알겠어.
그럼 형도 취약점을 찾고 있어요?
나 말이니?
타탁
나는 지금 해커가 심어놓은 악성코드를 분석하고 있어.
기웃
악성코드가 뭐예요?
타탁
컴퓨터에 피해를 입히기 위해 만들어진 프로그램을 말하는 거야. 바이러스도 악성코드의 한 종류지.

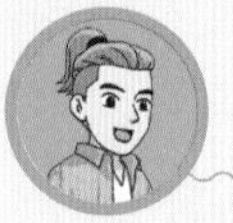

악성코드의 종류

악성코드는 바이러스, 웜, 트로이목마, 스파이웨어 등으로 분류됩니다.

* **바이러스**(virus) - 자신의 코드를 다른 프로그램이나 파일에 복제하는 것으로 감염시켜 파괴하는 악성 프로그램입니다.
* **웜**(worm) - 바이러스와 달리 스스로 실행해서 전파되는 악성 프로그램입니다.
* **트로이목마**(Trojan horse) - 일반 프로그램처럼 위장하고 있다가 실행되었을 때만 피해를 입힙니다.
* **스파이웨어**(Spyware) - 몰래 설치되어 컴퓨터의 정보를 수집하고 전송하는 악성 프로그램입니다.

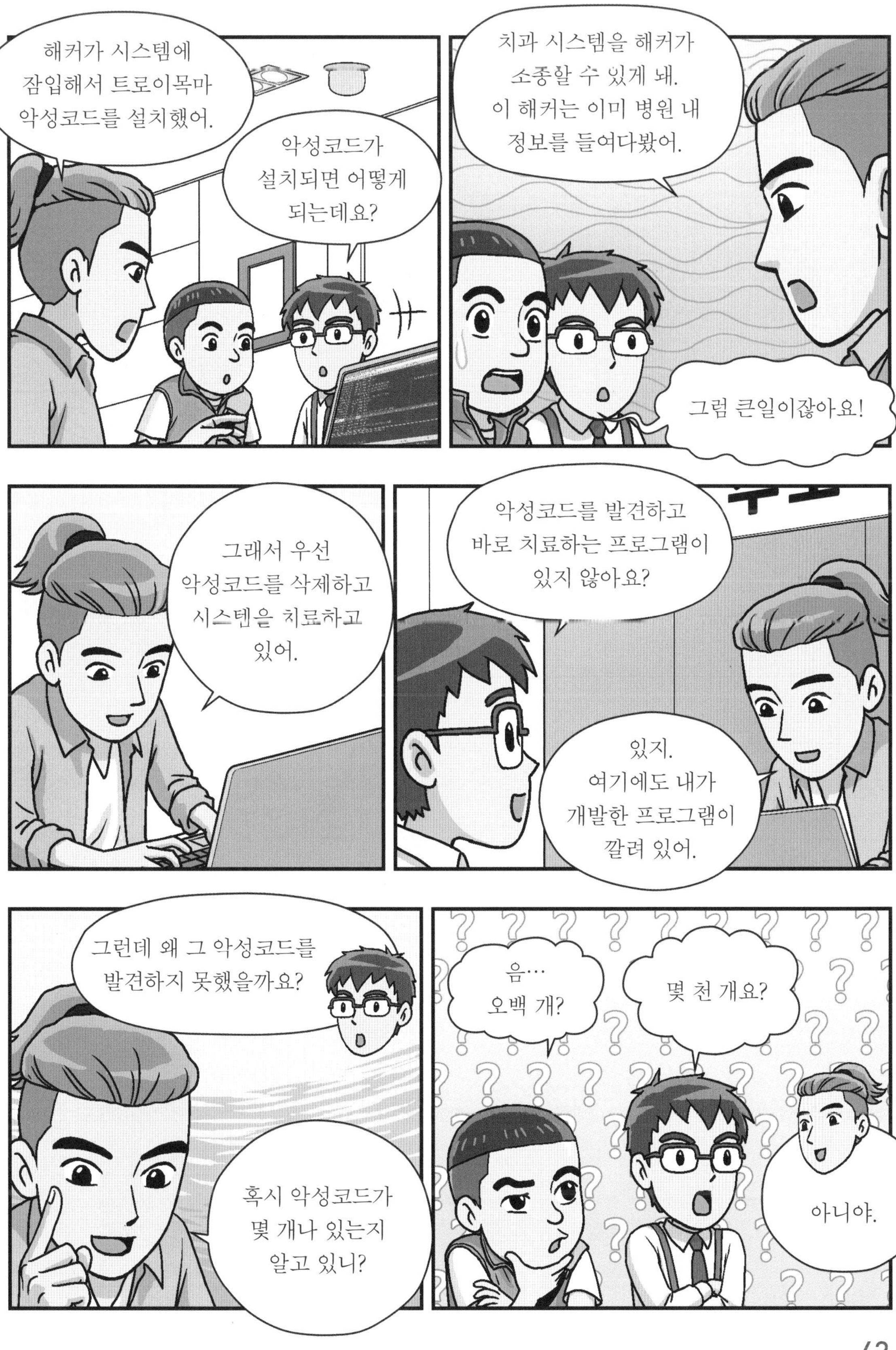
해커가 시스템에 잠입해서 트로이목마 악성코드를 설치했어.
악성코드가 설치되면 어떻게 되는데요?
치과 시스템을 해커가 소종할 수 있게 돼. 이 해커는 이미 병원 내 정보를 들여다봤어.
그럼 큰일이잖아요!
그래서 우선 악성코드를 삭제하고 시스템을 치료하고 있어.
악성코드를 발견하고 바로 치료하는 프로그램이 있지 않아요?
있지. 여기에도 내가 개발한 프로그램이 깔려 있어.
그런데 왜 그 악성코드를 발견하지 못했을까요?
혹시 악성코드가 몇 개나 있는지 알고 있니?
음… 오백 개?
몇 천 개요?
아니야.

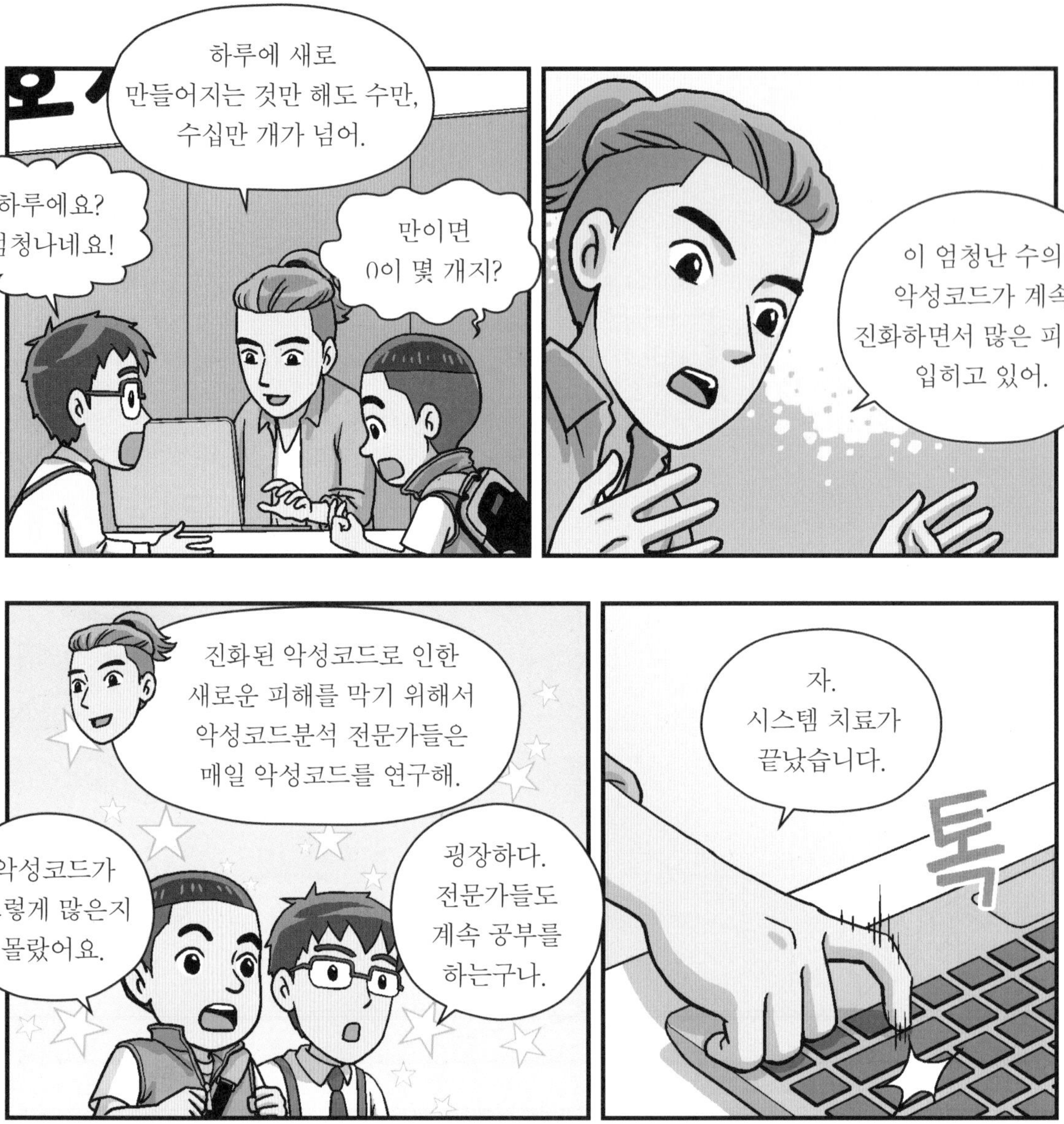
하루에 새로 만들어지는 것만 해도 수만, 수십만 개가 넘어.
하루에요? 엄청나네요!
만이면 0이 몇 개지?
이 엄청난 수의 악성코드가 계속 진화하면서 많은 피해를 입히고 있어.
진화된 악성코드로 인한 새로운 피해를 막기 위해서 악성코드분석 전문가들은 매일 악성코드를 연구해.
악성코드가 그렇게 많은지 몰랐어요.
굉장하다. 전문가들도 계속 공부를 하는구나.
자. 시스템 치료가 끝났습니다.
톡

악성코드분석 전문가

악성코드분석 전문가는 악성코드를 감시하여 문제가 없도록 예방하거나, 치료하는 백신을 개발합니다. 악성코드의 종류 및 특징을 분석하고 치료방법을 연구하여 악성코드 치료 프로그램을 만드는 일을 합니다.

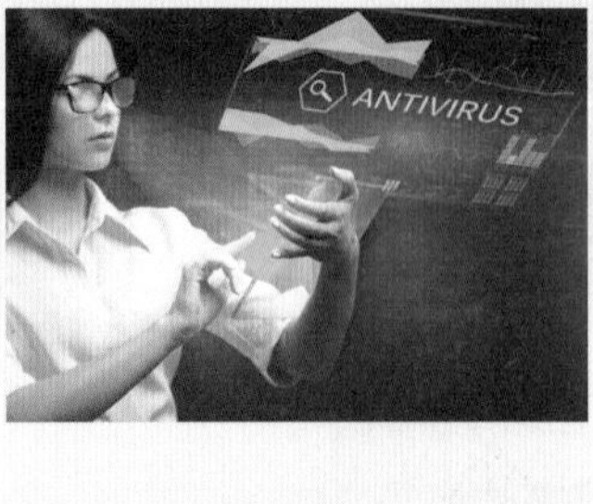
ANTIVIRUS

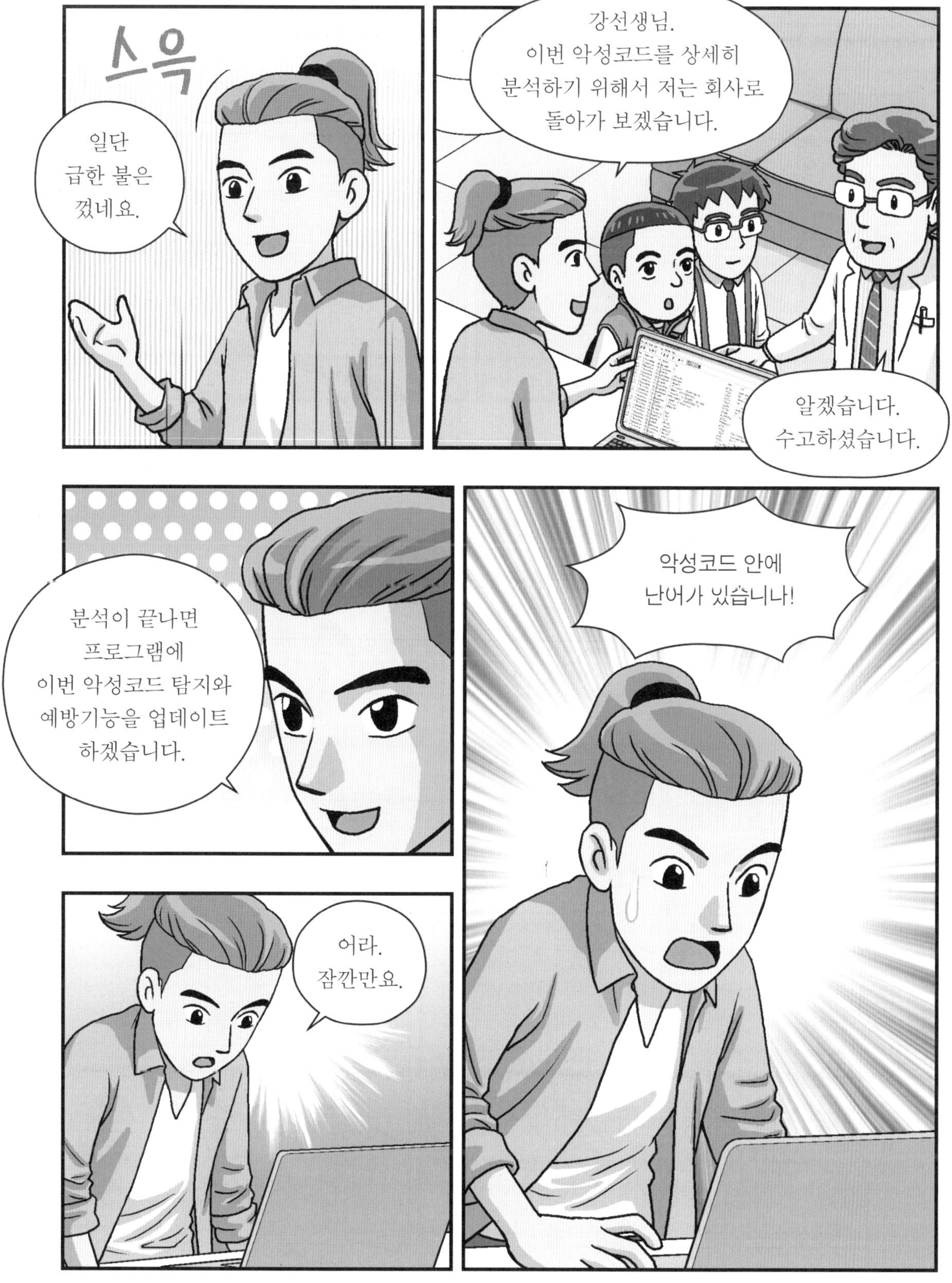
스윽
일단 급한 불은 껐네요.
강선생님. 이번 악성코드를 상세히 분석하기 위해서 저는 회사로 돌아가 보겠습니다.
알겠습니다. 수고하셨습니다.
분석이 끝나면 프로그램에 이번 악성코드 탐지와 예방기능을 업데이트 하겠습니다.
악성코드 안에 난어가 있습니나!
어라. 잠깐만요.

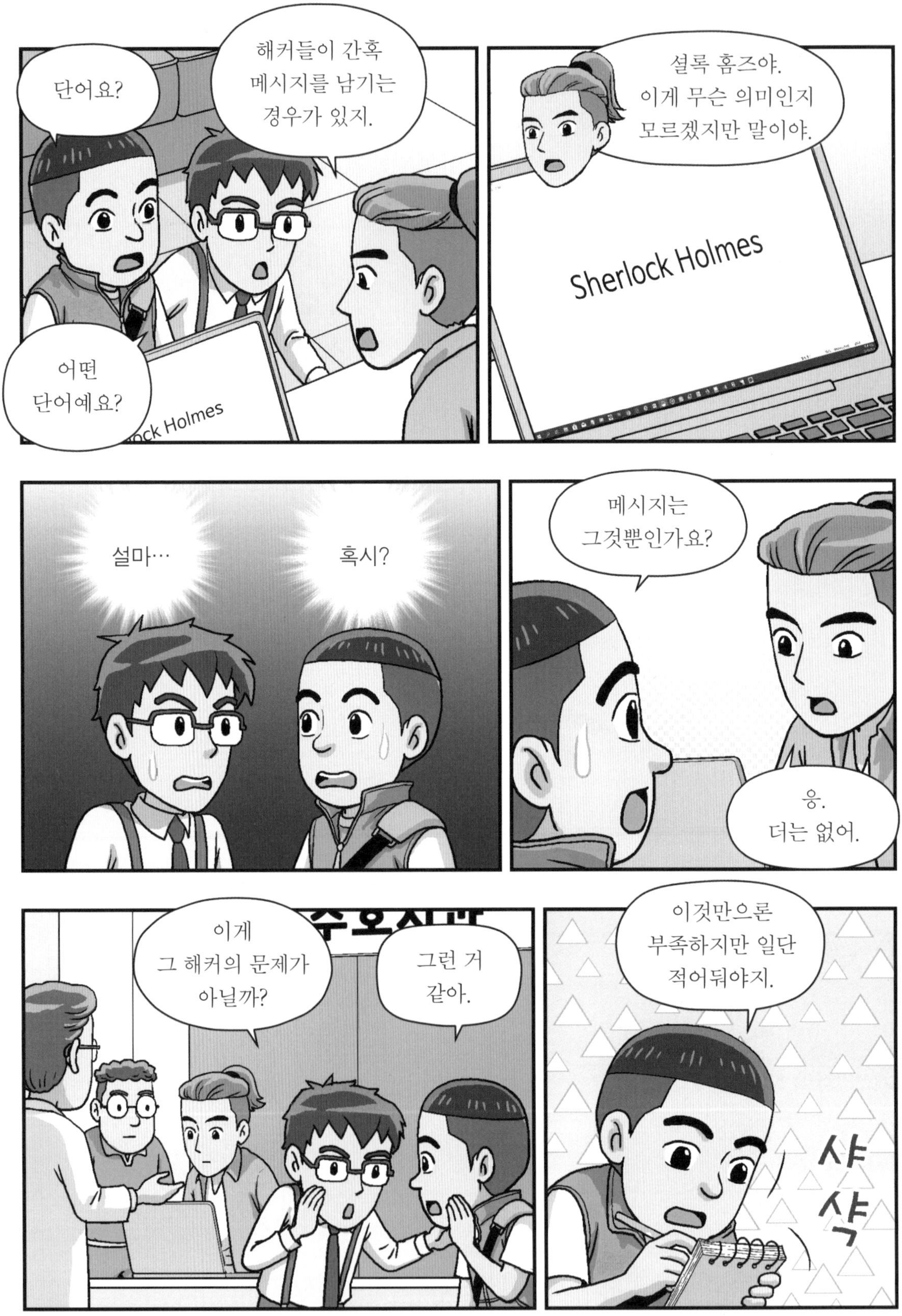
단어요?
해커들이 간혹 메시지를 남기는 경우가 있지.
어떤 단어예요?
셜록 홈즈야. 이게 무슨 의미인지 모르겠지만 말이야.
Sherlock Holmes
설마…
혹시?
메시지는 그것뿐인가요?
응. 더는 없어.
이게 그 해커의 문제가 아닐까?
그런 거 같아.
이것만으론 부족하지만 일단 적어둬야지.
샤샥

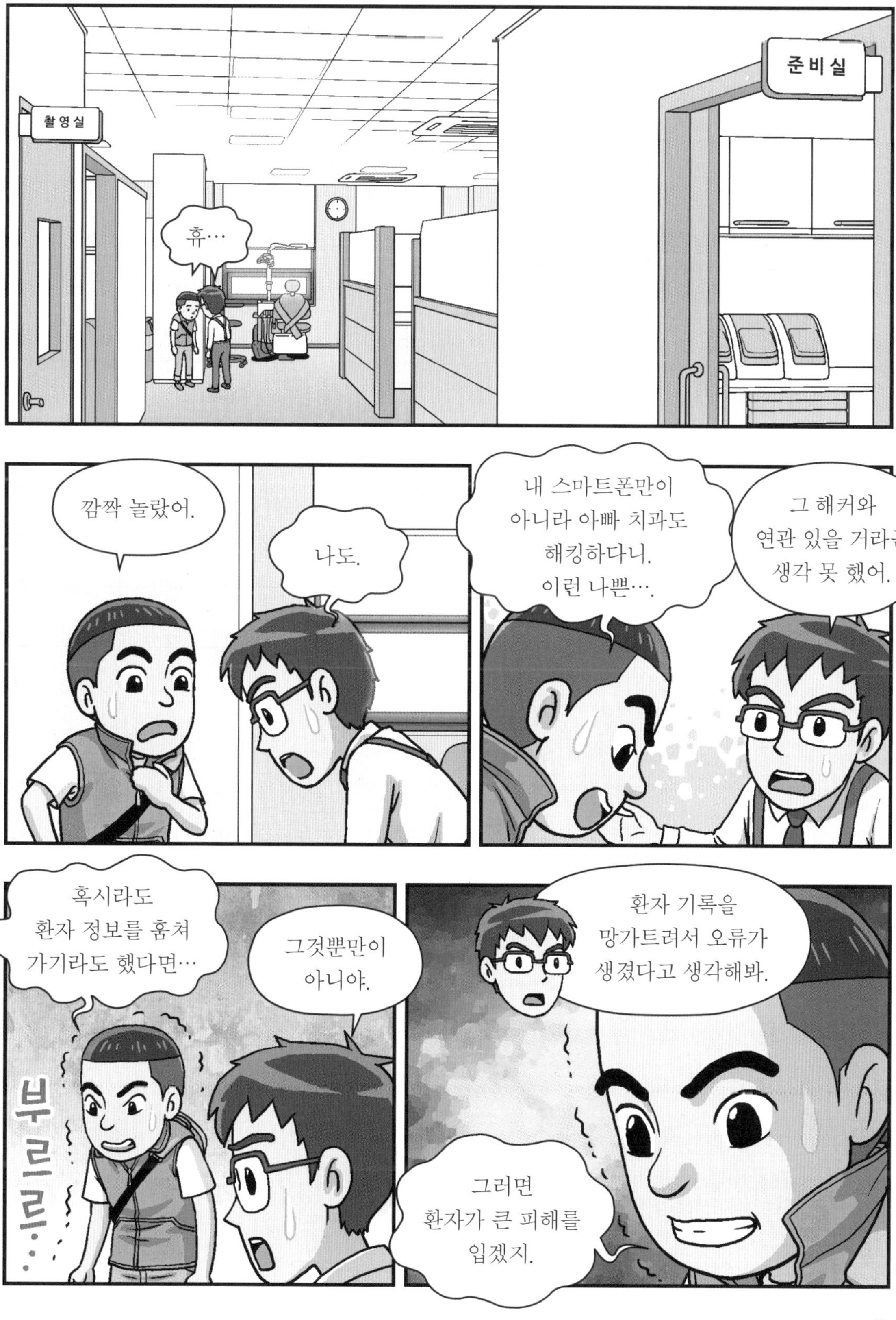
촬영실
준비실
휴…
깜짝 놀랐어.
나도.
내 스마트폰만이 아니라 아빠 치과도 해킹하다니. 이런 나쁜…
그 해커와 연관 있을 거라곤 생각 못 했어.
혹시라도 환자 정보를 훔쳐 가기라도 했다면…
부르르…
그것뿐만이 아니야.
환자 기록을 망가트려서 오류가 생겼다고 생각해봐.
그러면 환자가 큰 피해를 입겠지.

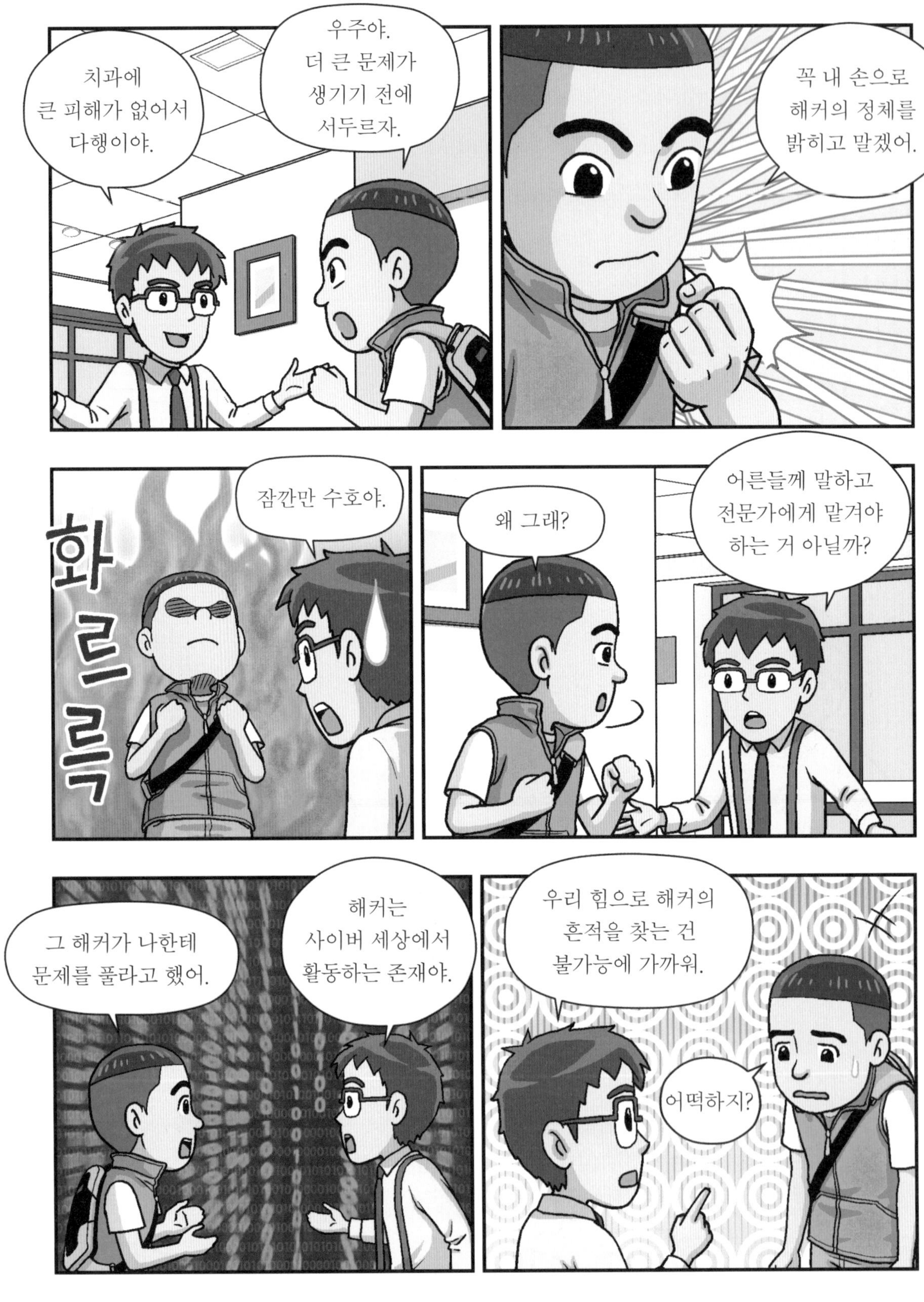
치과에 큰 피해가 없어서 다행이야.
우주야. 더 큰 문제가 생기기 전에 서두르자.
꼭 내 손으로 해커의 정체를 밝히고 말겠어.
화르륵
잠깐만 수호야.
왜 그래?
어른들께 말하고 전문가에게 맡겨야 하는 거 아닐까?
그 해커가 나한테 문제를 풀라고 했어.
해커는 사이버 세상에서 활동하는 존재야.
우리 힘으로 해커의 흔적을 찾는 건 불가능에 가까워.
어떡하지?

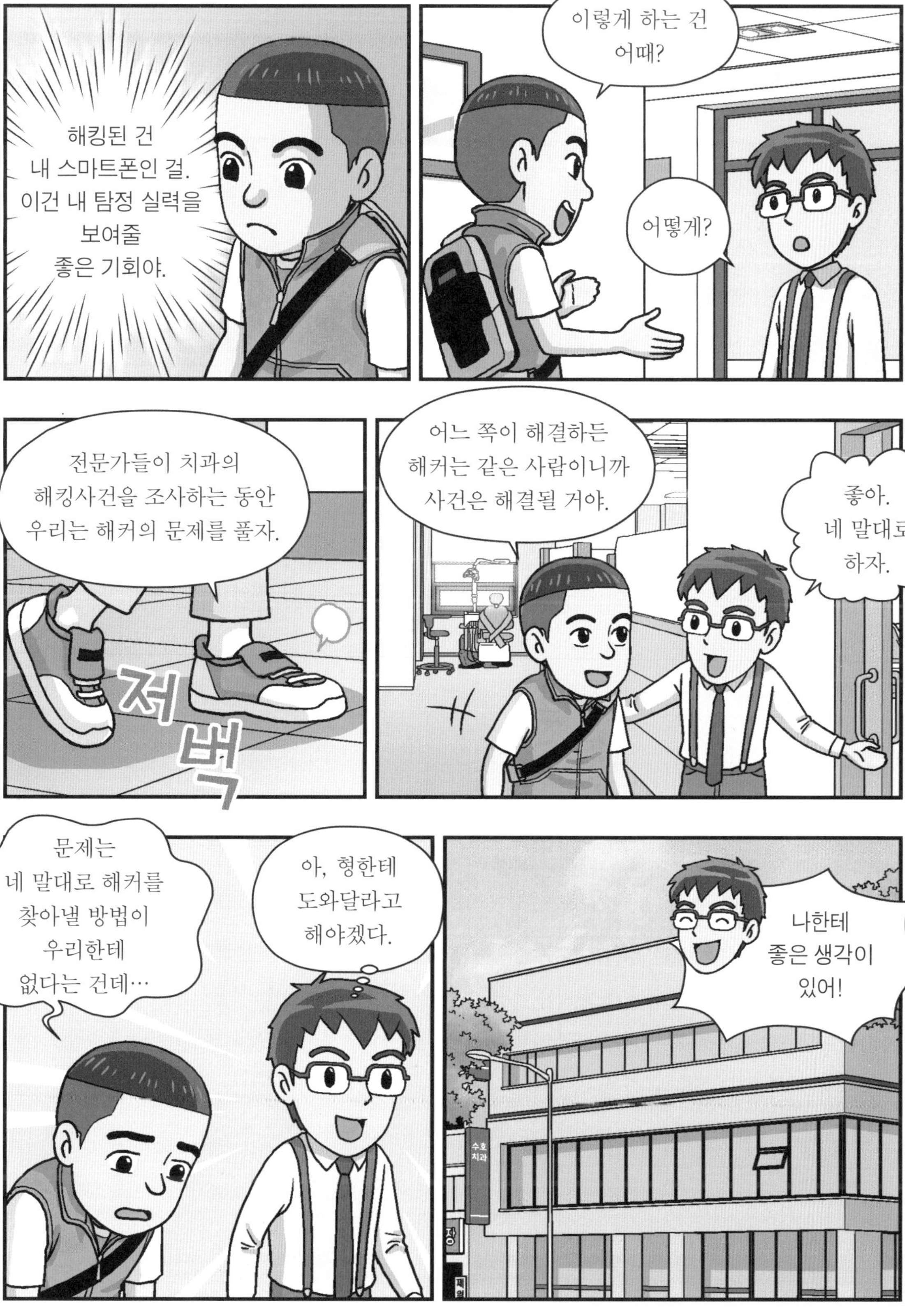
해킹된 건 내 스마트폰인 걸. 이건 내 탐정 실력을 보여줄 좋은 기회야.
이렇게 하는 건 어때?
어떻게?
전문가들이 치과의 해킹사건을 조사하는 동안 우리는 해커의 문제를 풀자.
저벅
저벅
어느 쪽이 해결하든 해커는 같은 사람이니까 사건은 해결될 거야.
좋아. 네 말대로 하자.
문제는 네 말대로 해커를 찾아낼 방법이 우리한테 없다는 건데…
아, 형한테 도와달라고 해야겠다.
나한테 좋은 생각이 있어!
수호 치과

정보보호의 3요소

정보가 안전하게 지켜지고 있다는 것은 정보의 기밀성, 무결성, 가용성 등 세 가지 요소가 모두 만족되고 있다는 것을 뜻해요. 정보보호의 3요소는 무엇인지 알아볼까요?

● 기밀성

비밀이 유지되어야 한다는 것을 의미해요. 다시 말해 허락받지 않은 대상에게는 정보가 제공되지 않는 것이에요. 예를 들면 사적인 메시지나 전화 내용이 당사자가 아닌 다른 사람에게 공개되거나, 전자 거래 정보가 본인이 아닌 다른 누군가에게 드러났을 때 기밀성이 확보되지 않았다고 말해요. 즉, 기밀성이 지켜진다는 것은 정보의 소유자가 원하지 않으면 타인에게 그 정보가 공개되지 않는다는 것을 의미해요. 특히 환자의 의료 기록, 법적인 사건 기록, 신용카드 거래 내역 등은 기밀성이 반드시 확보되어야 하는 정보에요.

● 무결성

정보 접근을 허락받은 사람만 정보를 변경할 수 있는 것이에요. 정보는 정확해야 하기 때문에 허가 없이 마음대로 수정할 수 없다는 것이에요. 무결성이 위협을 받는 경우가 있는데, 이를 방지하기 위해 물리적 환경 대책과 네트워크 관리 대책이 필요해요. 물리적 환경 대책은 네트워크 관리자만 서버에 접근할 수 있도록 하거나, 외부의 접촉 방지를 통해 하드웨어와 저장 장치들을 보호하는 것을 말해요. 네트워크 관리 대책은 현재의 인가 수준을 모든 사람에게 유지시키고 시스템 관리 절차, 관리 항목, 유지보수 사항 등을 문서화하며, 정전과 서버 장애, 바이러스 공격 등에 대한 대비책을 세우는 것이에요.

● 가용성

정보에 대한 접근이 허가되었다면 정보가 필요한 때에 반드시 접근할 수 있어야 함을 의미해요. 다시 말해 정보나 정보시스템이 사용자가 원하는 순간에 제대로 제공되어야 가용성이 확보됐다고 할 수 있어요. 하나의 서버에 다수의 사용자가 동시에 접속하는 경우 접속량이 많아 서버에 들어갈 수 없는 경우가 생기는데, 이를 가용성이 확보되지 않고 훼손됐다고 표현해요. 이런 형태와 비슷한 사이버 공격으로 '서비스 거부 공격(DoS : Denial of Service attack)'이 있어요.

이외에도 인증과 부인방지 등의 요소가 있는데요. 인증은 접근하는 대상이 스스로 주장하는 신분에 맞는지를 증명하는 것이에요. 신분을 확인할 때 필요한 절차랍니다. 그리고 부인방지는 본인이 만들어 보낸 메시지를 나중에 자기가 만들지 않았다고 부인할 수 없게 하거나, 디지털 서명을 하고 난 후 서명하지 않았다고 발뺌할 수 없도록 조치를 취하는 것이에요.

해커의 흔적을 찾아라

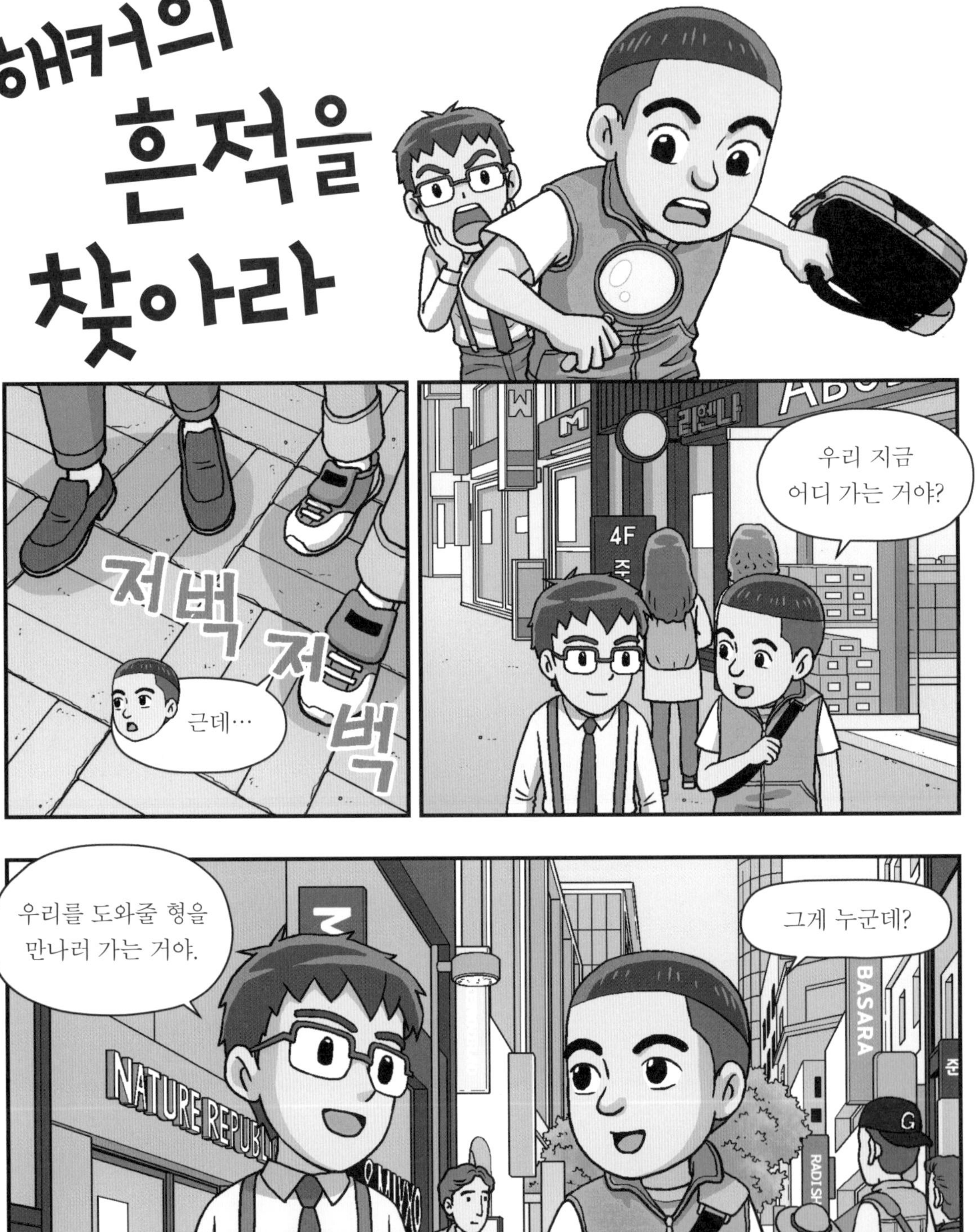
저벅 저벅
근데…
우리 지금 어디 가는 거야?
우리를 도와줄 형을 만나러 가는 거야.
그게 누군데?

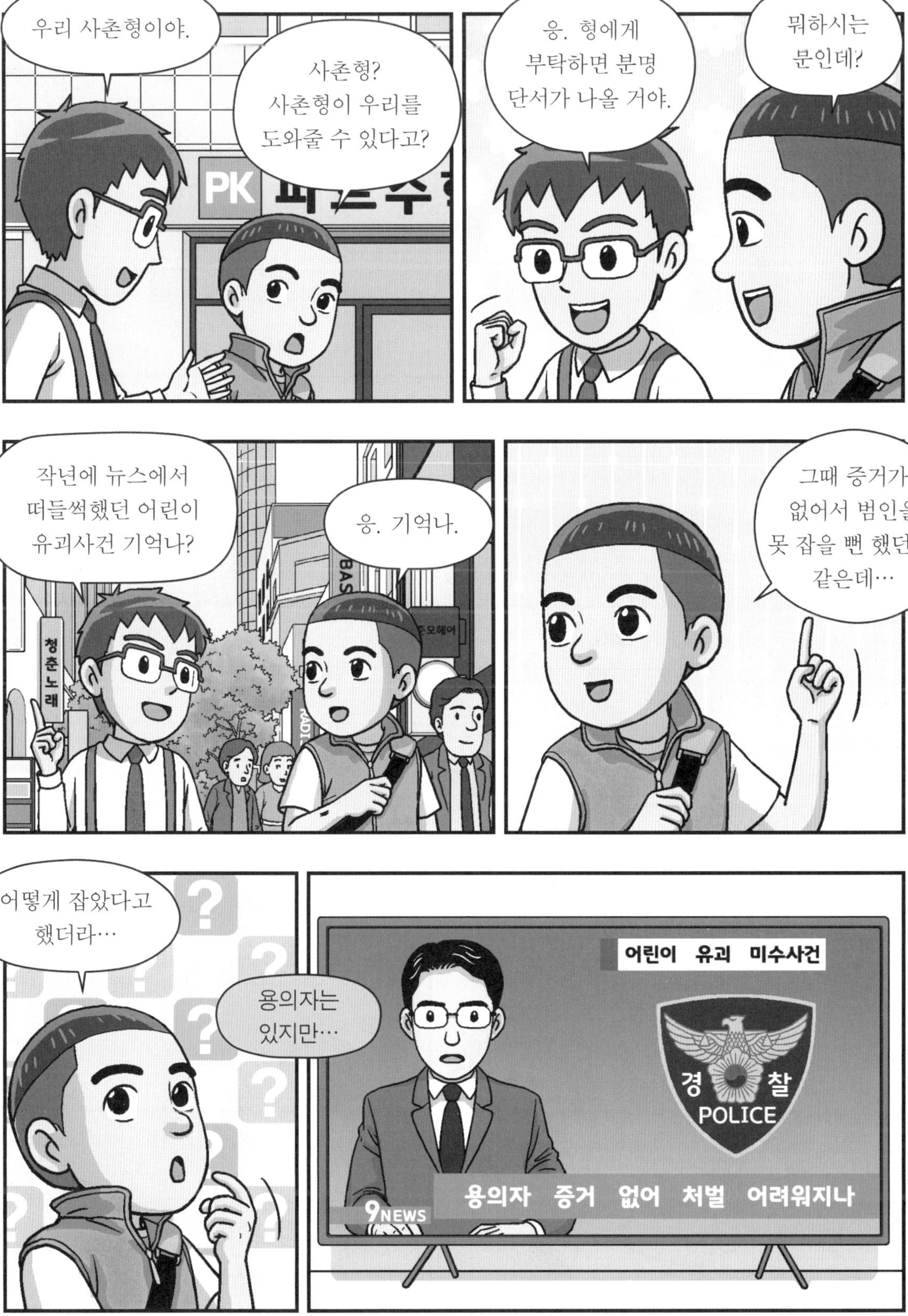
우리 사촌형이야.
사촌형?
사촌형이 우리를
도와줄 수 있다고?
PK
응. 형에게
부탁하면 분명
단서가 나올 거야.
뭐하시는
분인데?
작년에 뉴스에서
떠들썩했던 어린이
유괴사건 기억나?
응. 기억나.
청춘노래
그때 증거가
없어서 범인을
못 잡을 뻔 했던 거
같은데…
어떻게 잡았다고
했더라…
용의자는
있지만…
어린이 유괴 미수사건
경 찰
POLICE
용의자 증거 없어 처벌 어려워지나
9NEWS

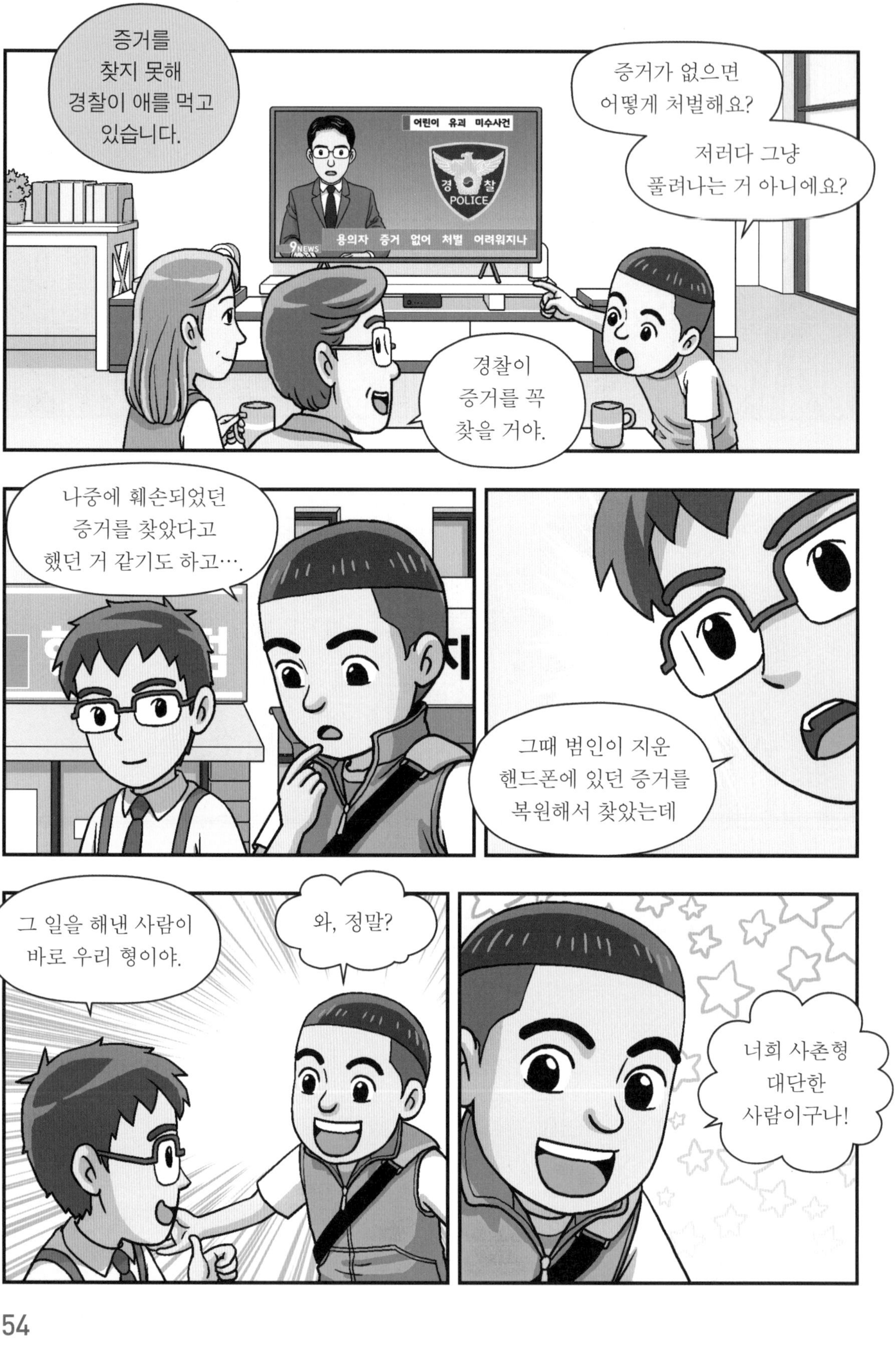

증거를 찾지 못해 경찰이 애를 먹고 있습니다.
어린이 유괴 미수사건
경 찰 POLICE
9NEWS
용의자 증거 없어 처벌 어려워지나
증거가 없으면 어떻게 처벌해요?
저러다 그냥 풀려나는 거 아니에요?
경찰이 증거를 꼭 찾을 거야.
나중에 훼손되었던 증거를 찾았다고 했던 거 같기도 하고….
그때 범인이 지운 핸드폰에 있던 증거를 복원해서 찾았는데
그 일을 해낸 사람이 바로 우리 형이야.
와, 정말?
너희 사촌형 대단한 사람이구나!

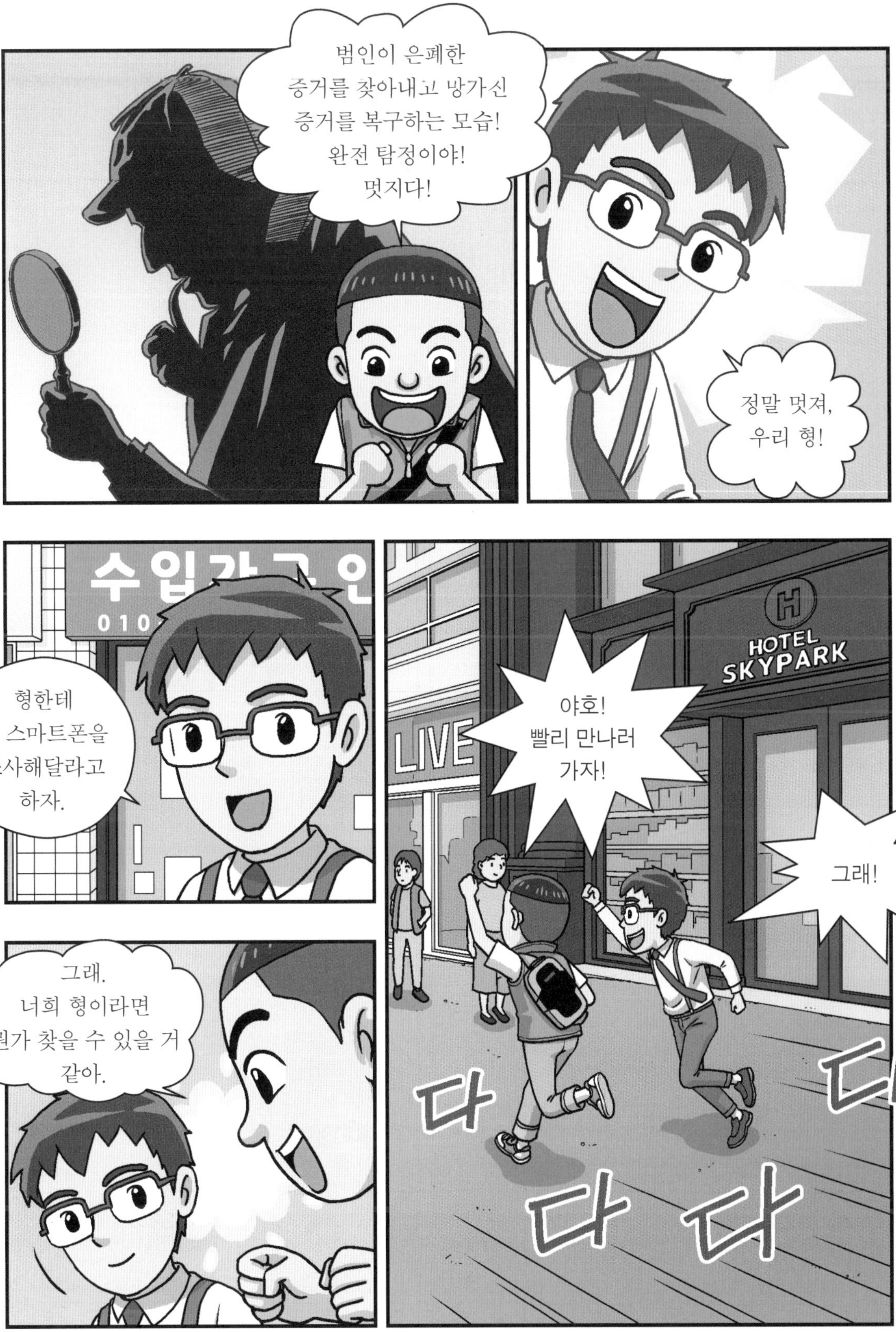
범인이 은폐한 증거를 찾아내고 망가진 증거를 복구하는 모습! 완전 탐정이야! 멋지다!
정말 멋져, 우리 형!
형한테 네 스마트폰을 조사해달라고 하자.
그래. 너희 형이라면 뭔가 찾을 수 있을 거 같아.
HOTEL SKYPARK
LIVE
야호! 빨리 만나러 가자!
그래!
다
다
다
다

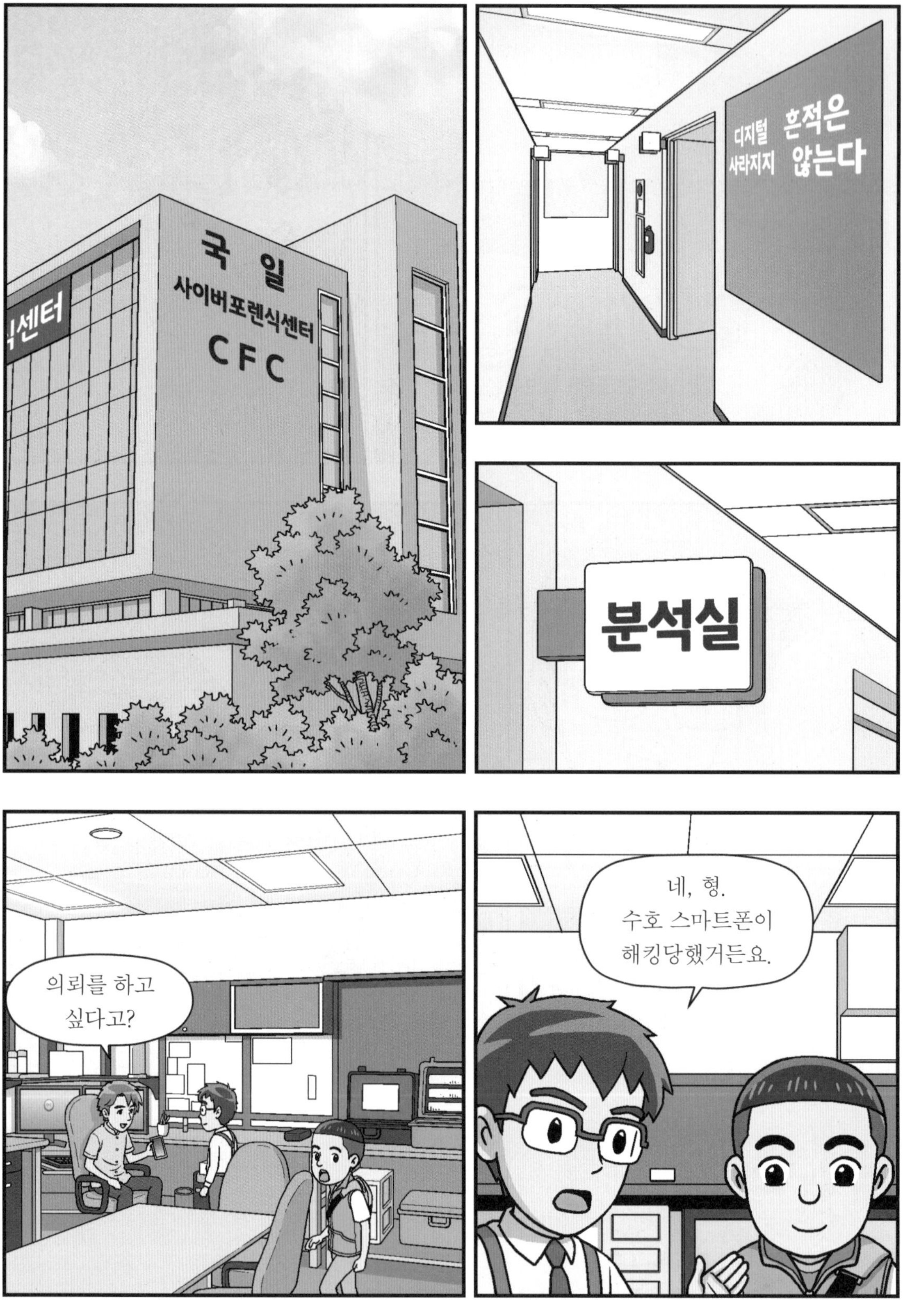
국일
사이버포렌식센터
CFC
식센터
디지털 흔적은 사라지지 않는다
분석실
의뢰를 하고 싶다고?
네, 형. 수호 스마트폰이 해킹당했거든요.

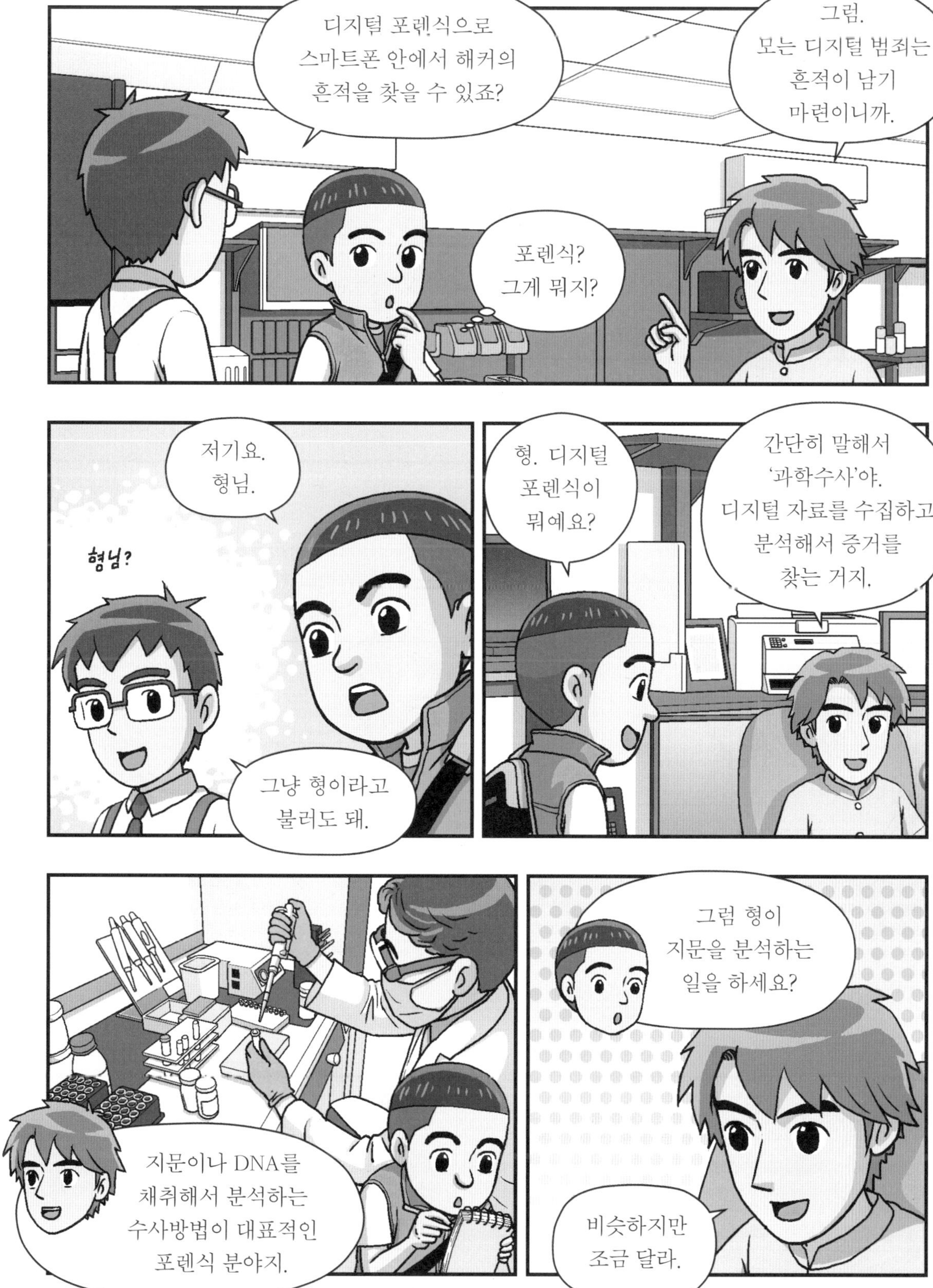
디지털 포렌식으로 스마트폰 안에서 해커의 흔적을 찾을 수 있죠?
그럼. 모든 디지털 범죄는 흔적이 남기 마련이니까.
포렌식? 그게 뭐지?
저기요. 형님.
형님?
그냥 형이라고 불러도 돼.
형. 디지털 포렌식이 뭐예요?
간단히 말해서 '과학수사'야. 디지털 자료를 수집하고 분석해서 증거를 찾는 거지.
지문이나 DNA를 채취해서 분석하는 수사방법이 대표적인 포렌식 분야지.
그럼 형이 지문을 분석하는 일을 하세요?
비슷하지만 조금 달라.

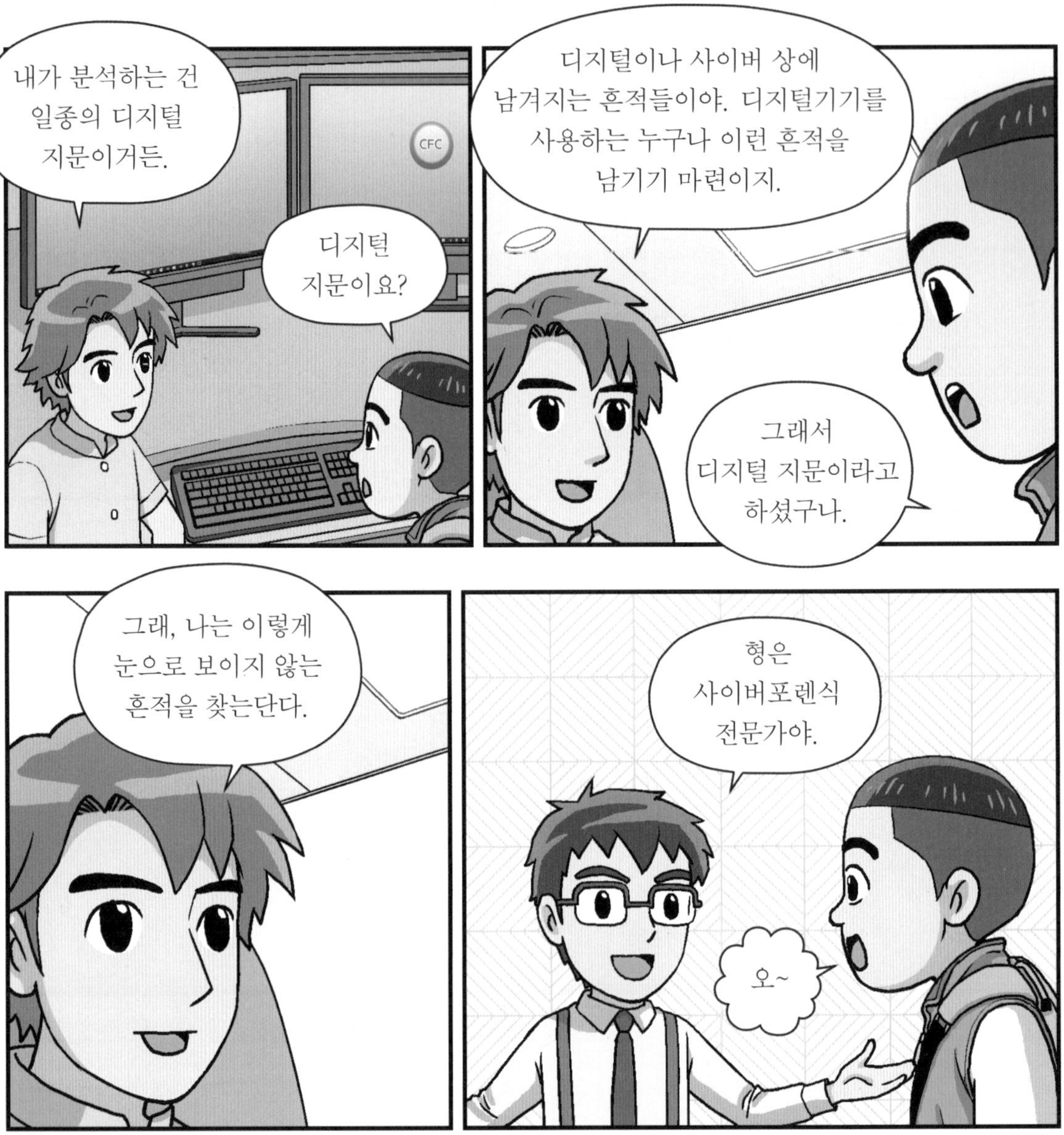
내가 분석하는 건
일종의 디지털
지문이거든.
CFC
디지털
지문이요?
디지털이나 사이버 상에
남겨지는 흔적들이야. 디지털기기를
사용하는 누구나 이런 흔적을
남기기 마련이지.
그래서
디지털 지문이라고
하셨구나.
그래, 나는 이렇게
눈으로 보이지 않는
흔적을 찾는단다.
형은
사이버포렌식
전문가야.
오~

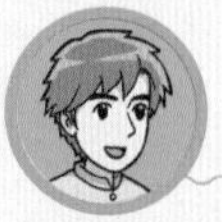

사이버포렌식 전문가

사이버포렌식은 범죄에 대한 증거를 찾기 위해 진행하는 과학적 증거 수집과 수사를 뜻합니다. 사이버포렌식 전문가는 휴대폰, 컴퓨터 등 저장 매체 또는 인터넷에 남아있는 디지털 정보를 수집하고 분석해서 범죄 단서를 찾습니다. 그리고 범죄자가 나쁜 의도로 숨기거나 훼손한 데이터를 복구하여 법적인 증거자료로 만듭니다.

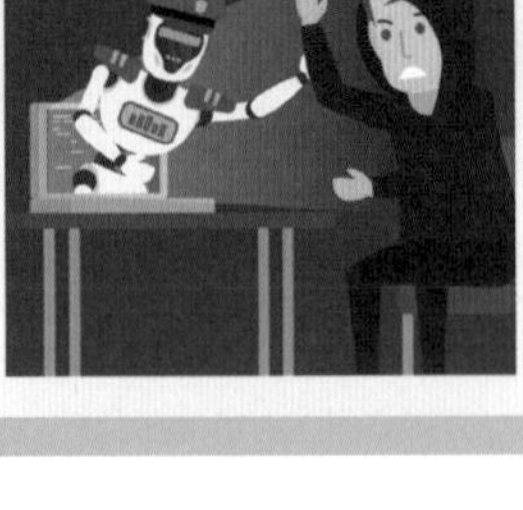

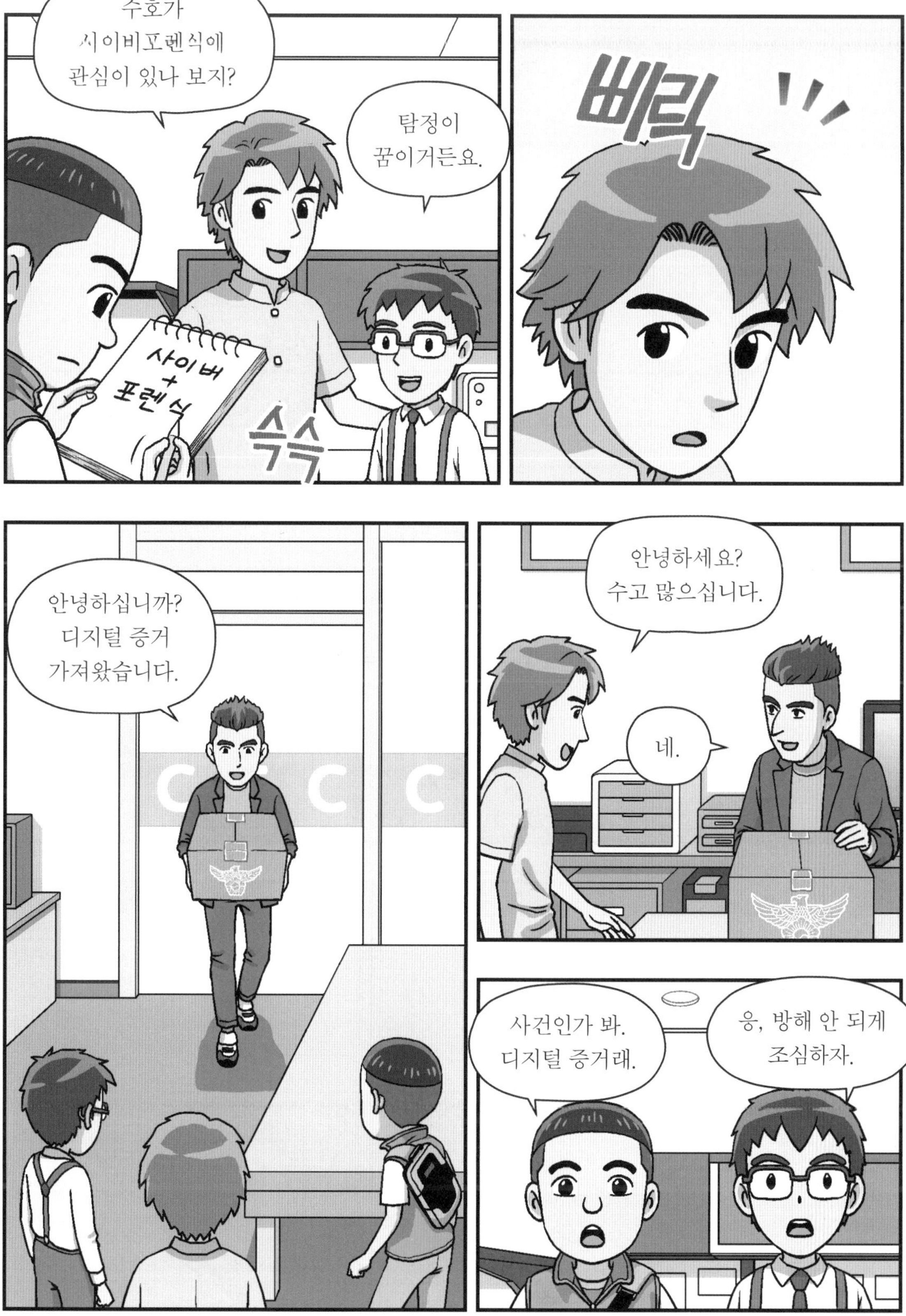

수호가 사이버포렌식에 관심이 있나 보지?
탐정이 꿈이거든요.
사이버 + 포렌식
슥슥
빠릭
안녕하십니까? 디지털 증거 가져왔습니다.
안녕하세요? 수고 많으십니다.
네.
사건인가 봐. 디지털 증거래.
응, 방해 안 되게 조심하자.

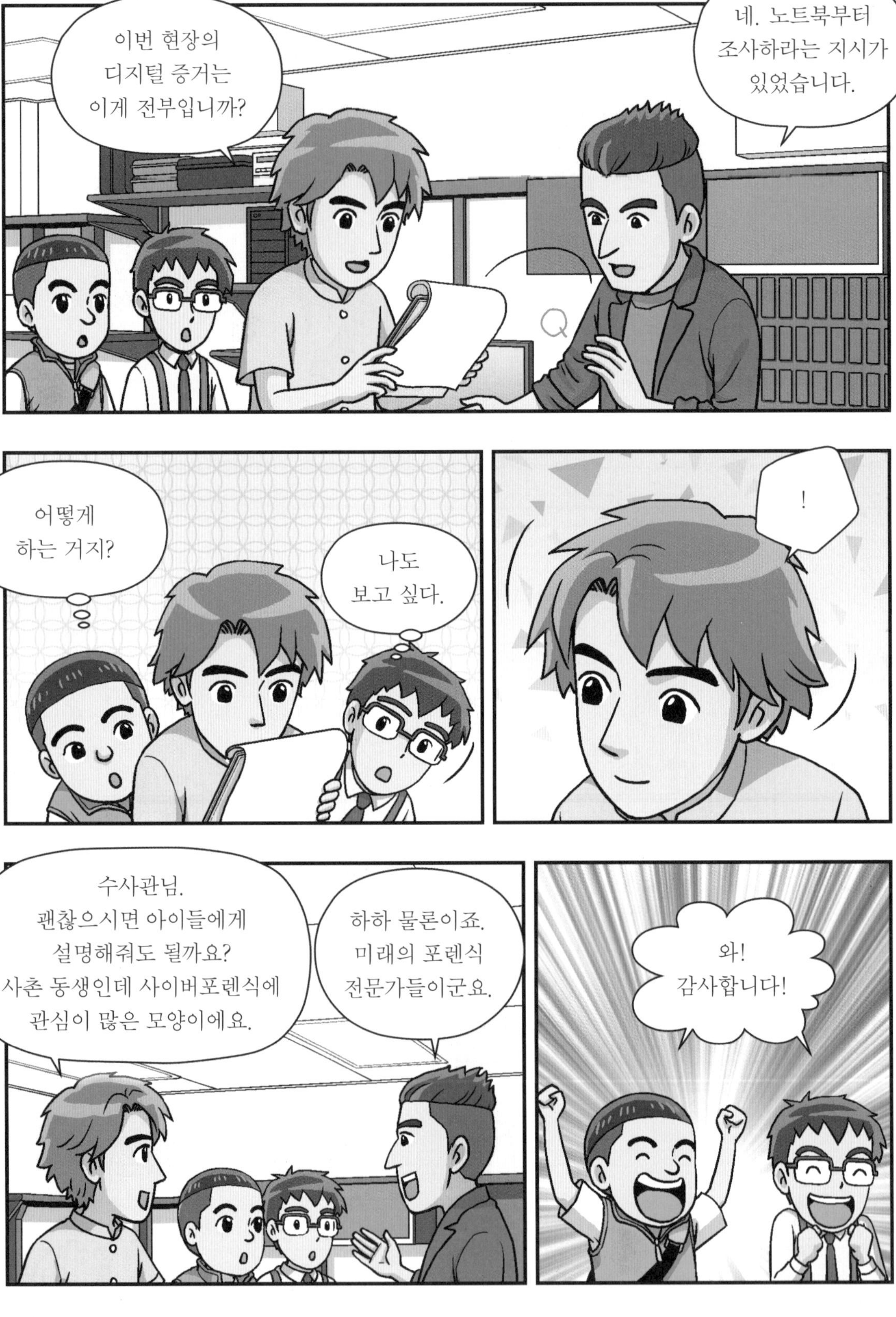
이번 현장의 디지털 증거는 이게 전부입니까?
네. 노트북부터 조사하라는 지시가 있었습니다.
어떻게 하는 거지?
나도 보고 싶다.
!
수사관님. 괜찮으시면 아이들에게 설명해줘도 될까요? 사촌 동생인데 사이버포렌식에 관심이 많은 모양이에요.
하하 물론이죠. 미래의 포렌식 전문가들이군요.
와! 감사합니다!

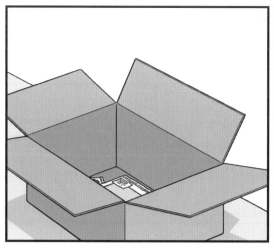

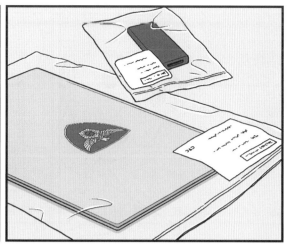

노트북 1대와
USB 하나 맞습니다.

사인이 왜
이렇게 많아요?

다 누구
사인이에요?

이건 디지털 자료를 수집하고
이송하는 과정을 담당자들이
확인했다는 사인이야.

그럴 필요가
있어요?

다 전문가들이니까
문제없지 않나요?

디지털 증거는
무결성이
중요하거든.

무결성이
뭐예요?

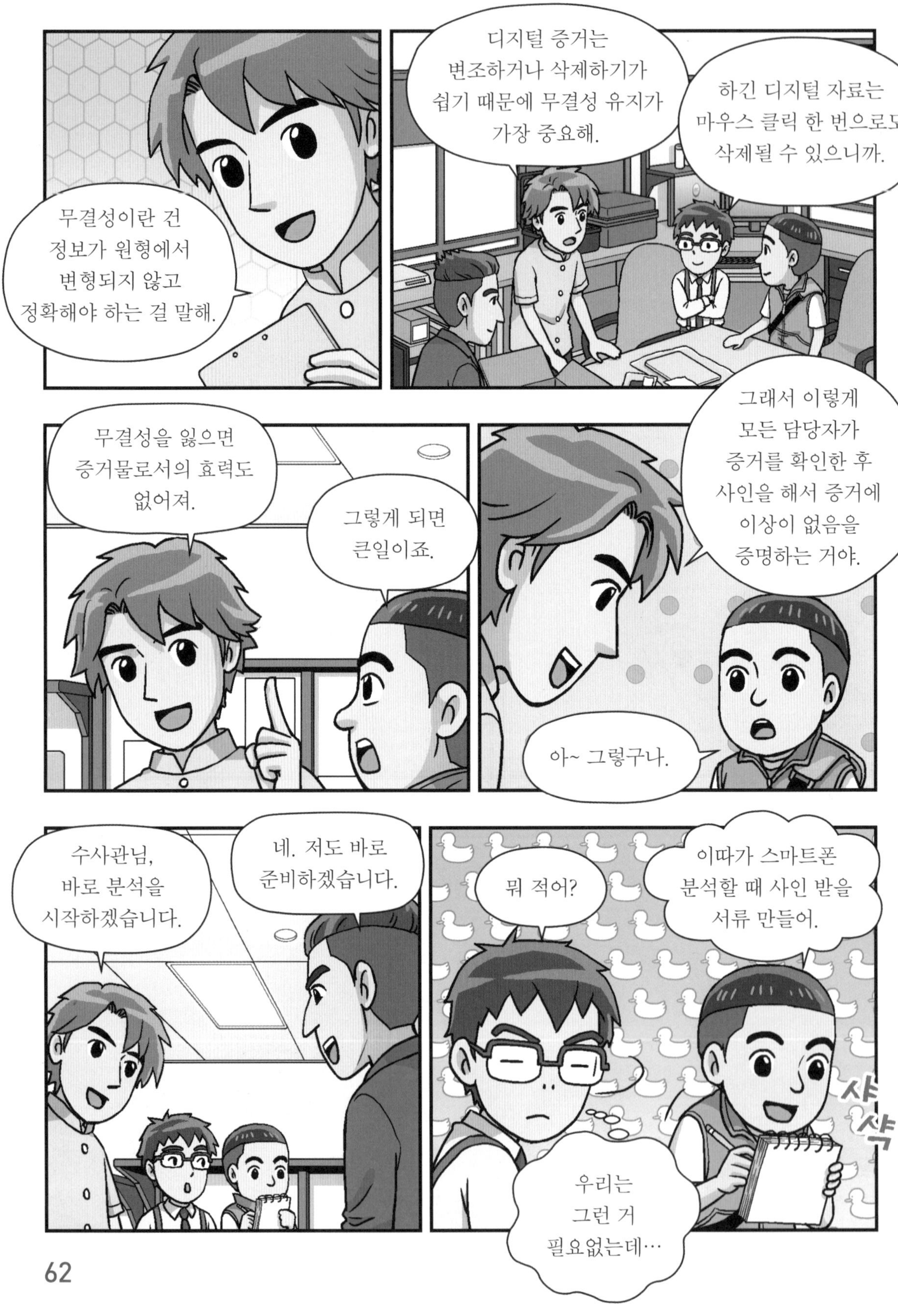
무결성이란 건 정보가 원형에서 변형되지 않고 정확해야 하는 걸 말해.
디지털 증거는 변조하거나 삭제하기가 쉽기 때문에 무결성 유지가 가장 중요해.
하긴 디지털 자료는 마우스 클릭 한 번으로도 삭제될 수 있으니까.
무결성을 잃으면 증거물로서의 효력도 없어져.
그렇게 되면 큰일이죠.
그래서 이렇게 모든 담당자가 증거를 확인한 후 사인을 해서 증거에 이상이 없음을 증명하는 거야.
아~ 그렇구나.
수사관님, 바로 분석을 시작하겠습니다.
네. 저도 바로 준비하겠습니다.
뭐 적어?
이따가 스마트폰 분석할 때 사인 받을 서류 만들어.
샤샥
우리는 그런 거 필요없는데…

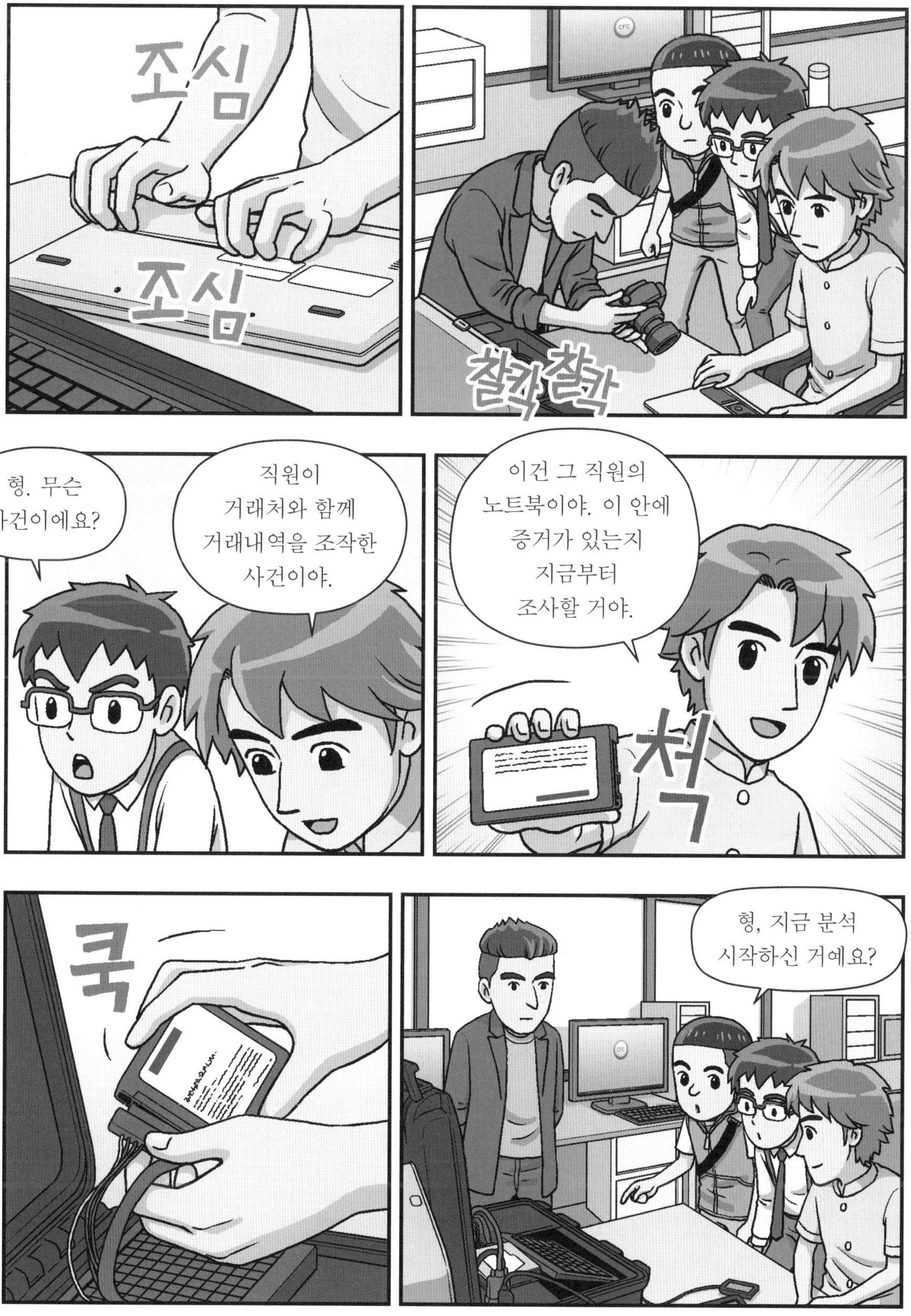
조심
조심
찰칵찰칵
형. 무슨 사건이에요?
직원이 거래처와 함께 거래내역을 조작한 사건이야.
이건 그 직원의 노트북이야. 이 안에 증거가 있는지 지금부터 조사할 거야.
척
쿡
형, 지금 분석 시작하신 거예요?

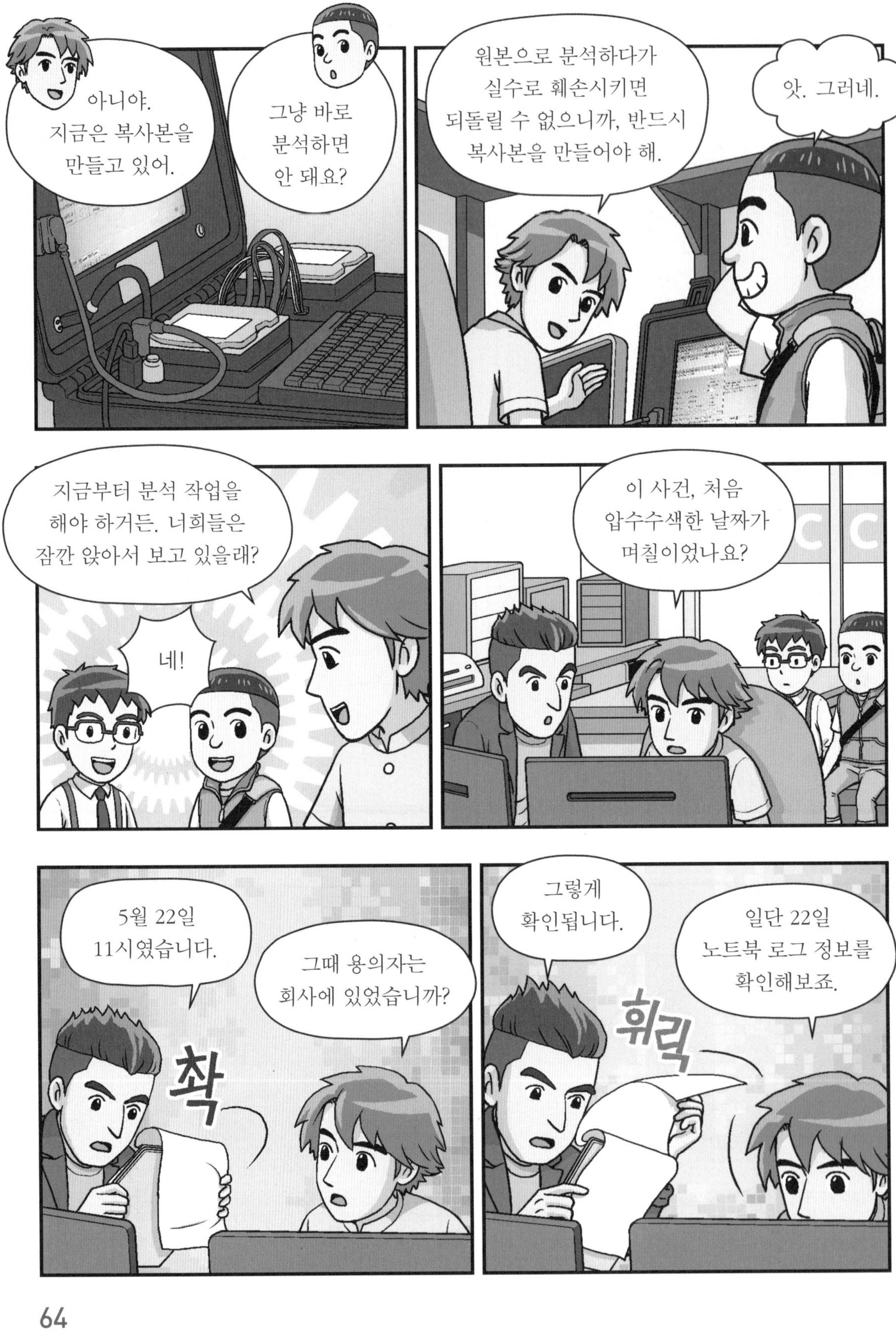
아니야.
지금은 복사본을
만들고 있어.
그냥 바로
분석하면
안 돼요?
원본으로 분석하다가
실수로 훼손시키면
되돌릴 수 없으니까, 반드시
복사본을 만들어야 해.
앗. 그러네.
지금부터 분석 작업을
해야 하거든. 너희들은
잠깐 앉아서 보고 있을래?
네!
이 사건, 처음
압수수색한 날짜가
며칠이었나요?
5월 22일
11시였습니다.
착
그때 용의자는
회사에 있었습니까?
그렇게
확인됩니다.
일단 22일
노트북 로그 정보를
확인해보죠.
휘릭

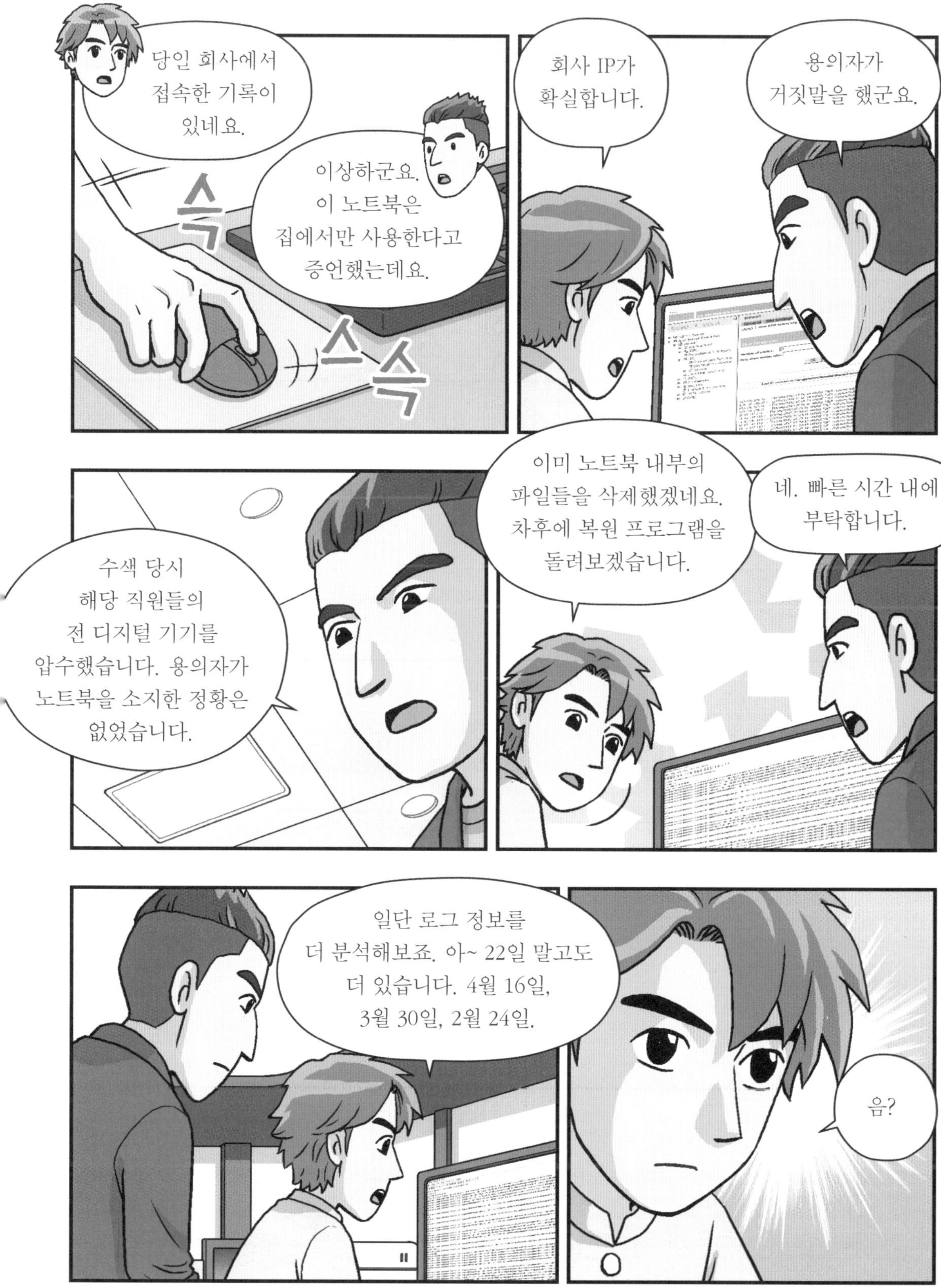
당일 회사에서 접속한 기록이 있네요.
슥
이상하군요. 이 노트북은 집에서만 사용한다고 증언했는데요.
스슥
회사 IP가 확실합니다.
용의자가 거짓말을 했군요.
수색 당시 해당 직원들의 전 디지털 기기를 압수했습니다. 용의자가 노트북을 소지한 정황은 없었습니다.
이미 노트북 내부의 파일들을 삭제했겠네요. 차후에 복원 프로그램을 돌려보겠습니다.
네. 빠른 시간 내에 부탁합니다.
일단 로그 정보를 더 분석해보죠. 아~ 22일 말고도 더 있습니다. 4월 16일, 3월 30일, 2월 24일.
음?

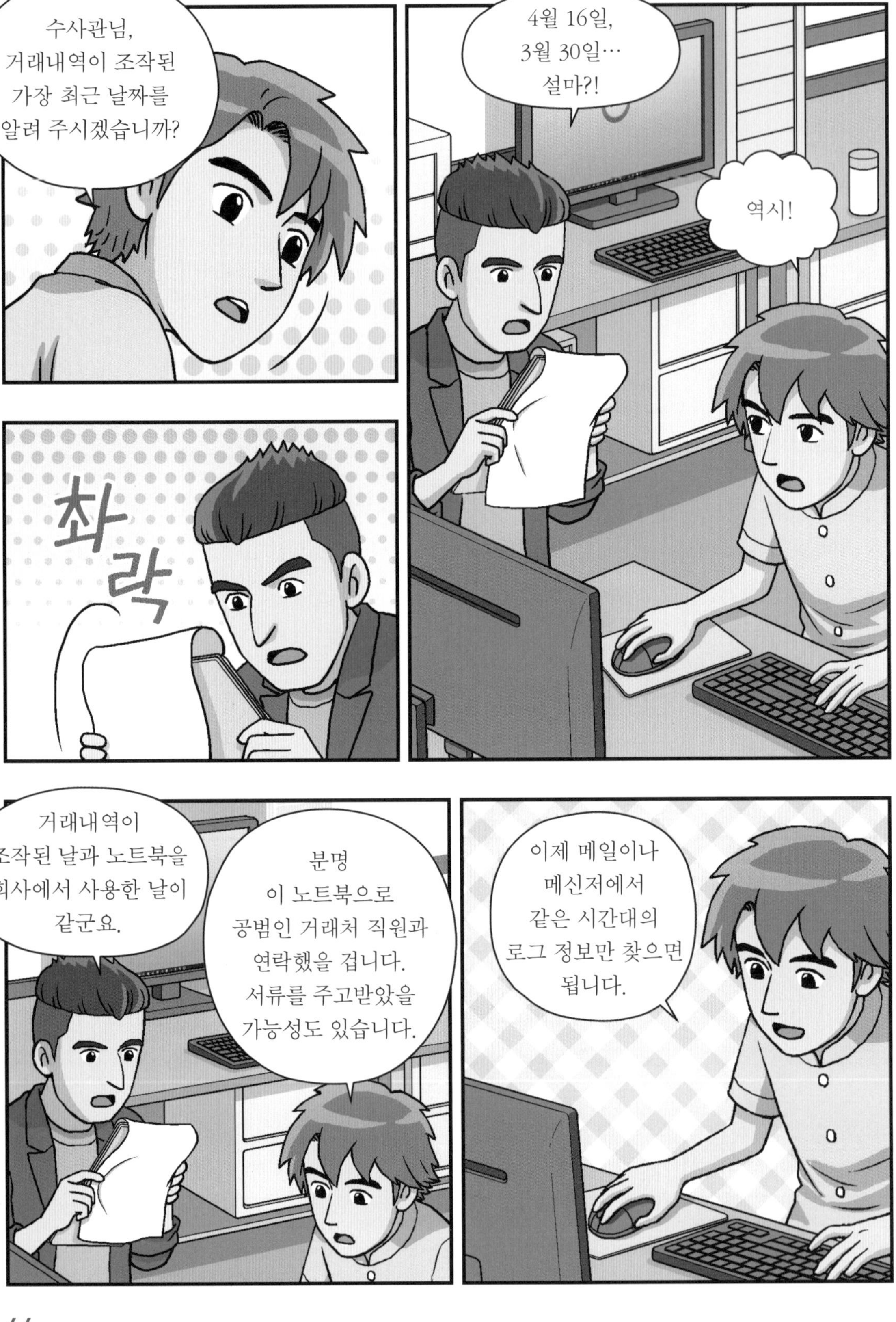
수사관님,
거래내역이 조작된
가장 최근 날짜를
알려 주시겠습니까?
4월 16일,
3월 30일…
설마?!
역시!
촤락
거래내역이
조작된 날과 노트북을
회사에서 사용한 날이
같군요.
분명
이 노트북으로
공범인 거래처 직원과
연락했을 겁니다.
서류를 주고받았을
가능성도 있습니다.
이제 메일이나
메신저에서
같은 시간대의
로그 정보만 찾으면
됩니다.

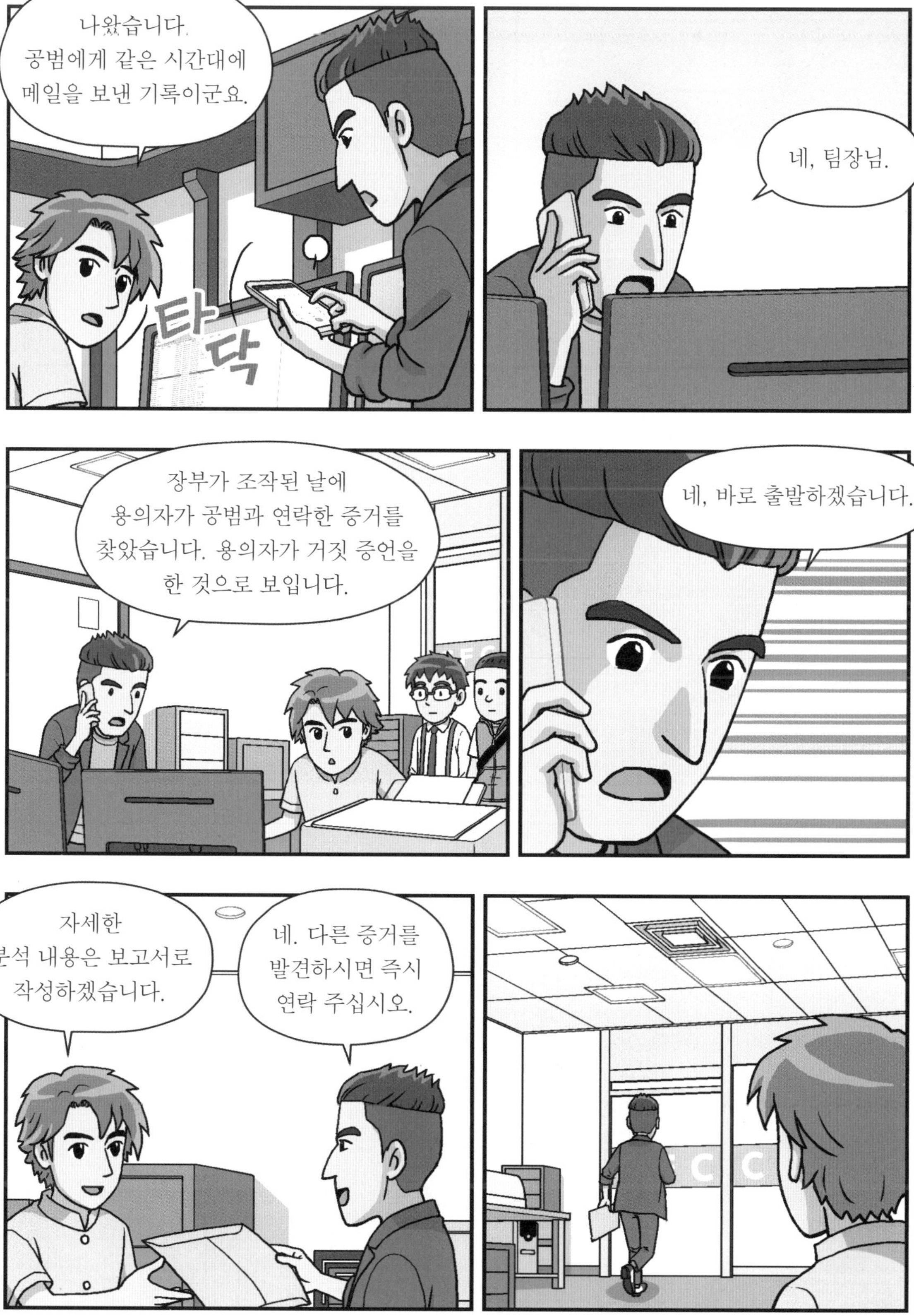
나왔습니다. 공범에게 같은 시간대에 메일을 보낸 기록이군요.
타닥
네, 팀장님.
장부가 조작된 날에 용의자가 공범과 연락한 증거를 찾았습니다. 용의자가 거짓 증언을 한 것으로 보입니다.
네, 바로 출발하겠습니다.
자세한 분석 내용은 보고서로 작성하겠습니다.
네. 다른 증거를 발견하시면 즉시 연락 주십시오.

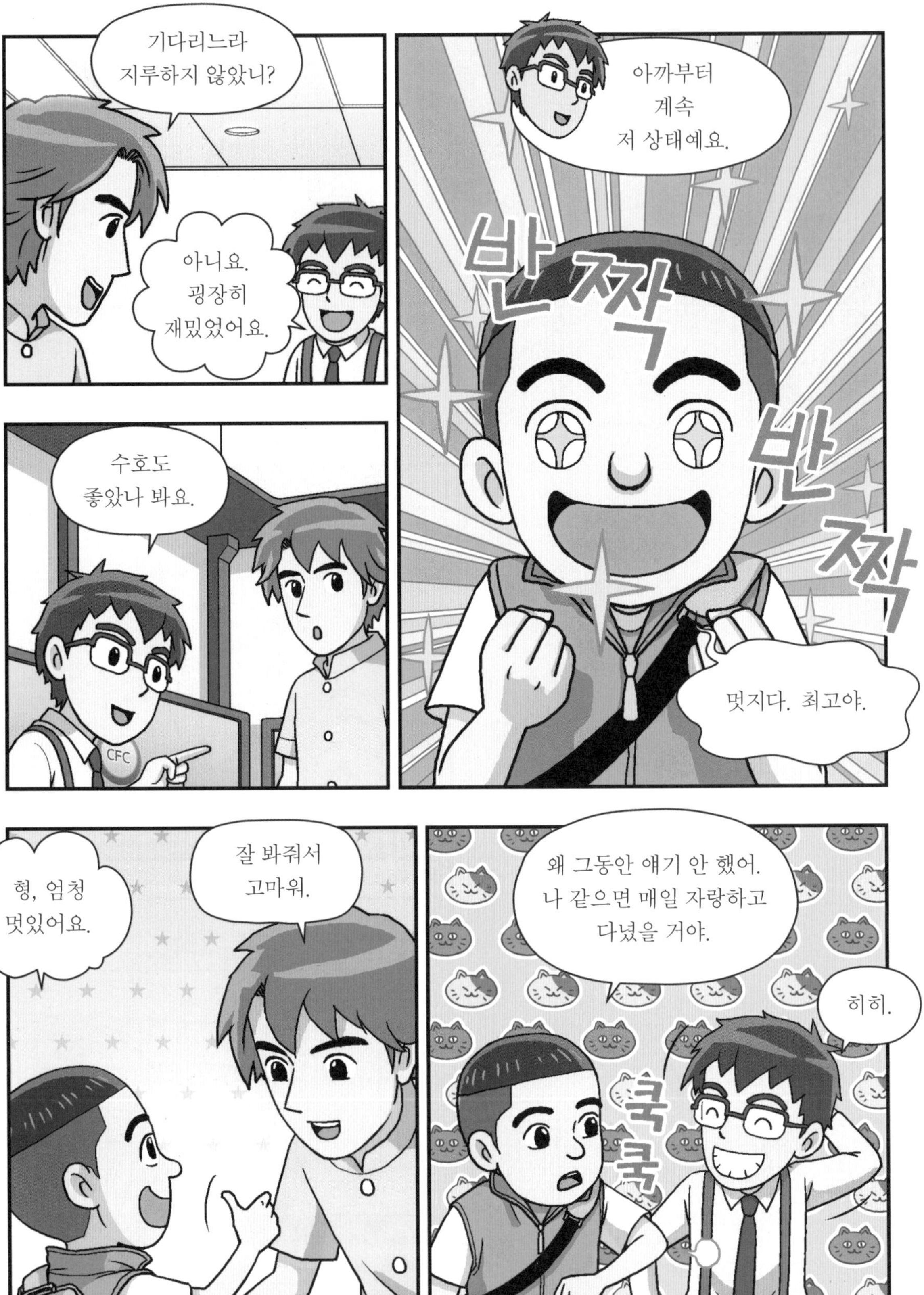
기다리느라 지루하지 않았니?
아니요. 굉장히 재밌었어요.
수호도 좋았나 봐요.
CFC
아까부터 계속 저 상태예요.
반짝
반짝
멋지다. 최고야.
형, 엄청 멋있어요.
잘 봐줘서 고마워.
왜 그동안 얘기 안 했어. 나 같으면 매일 자랑하고 다녔을 거야.
쿡쿡
히히.

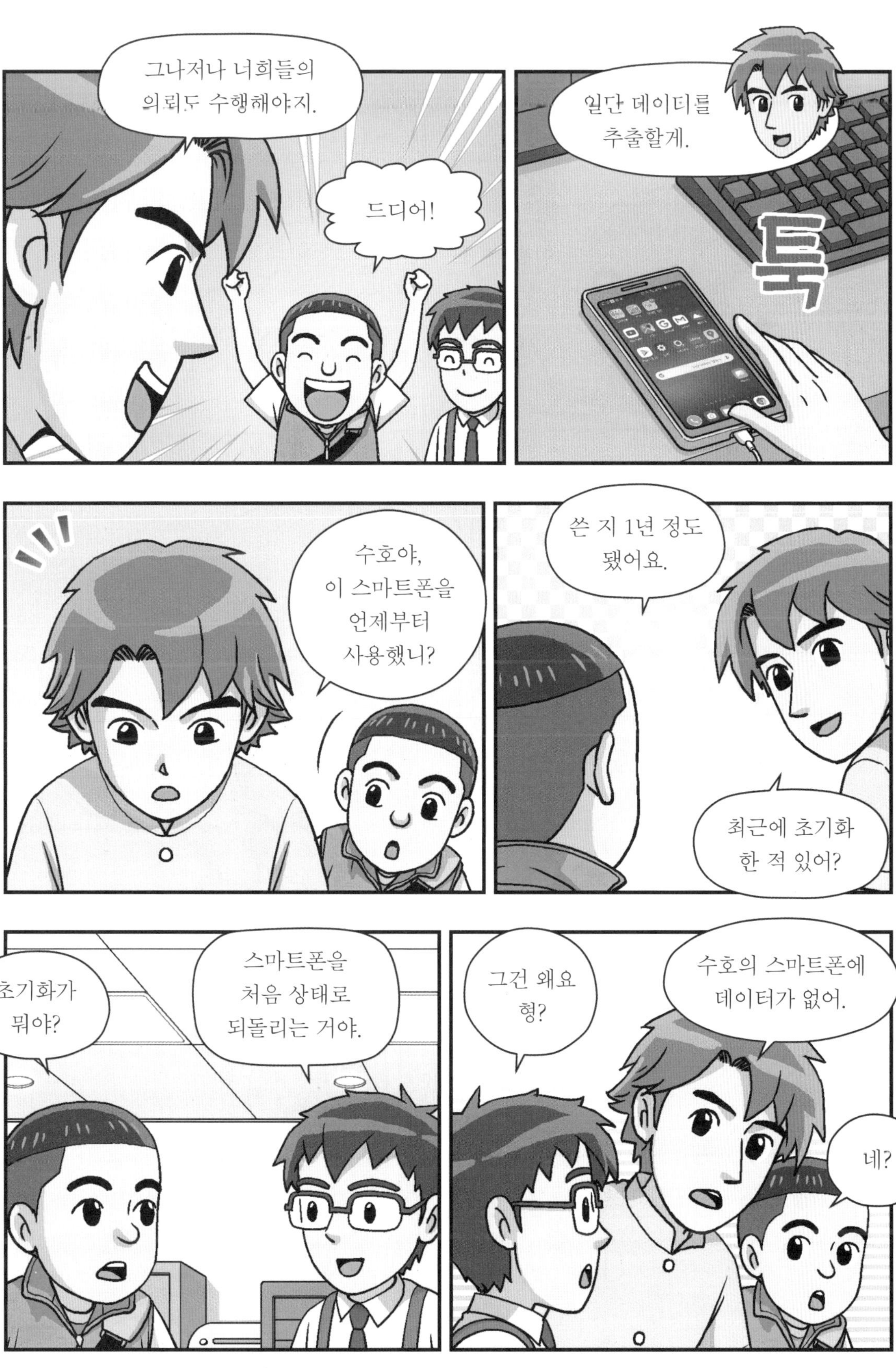
그나저나 너희들의 의뢰도 수행해야지.
드디어!
일단 데이터를 추출할게.
톡
수호야, 이 스마트폰을 언제부터 사용했니?
쓴 지 1년 정도 됐어요.
최근에 초기화 한 적 있어?
초기화가 뭐야?
스마트폰을 처음 상태로 되돌리는 거야.
그건 왜요 형?
수호의 스마트폰에 데이터가 없어.
네?

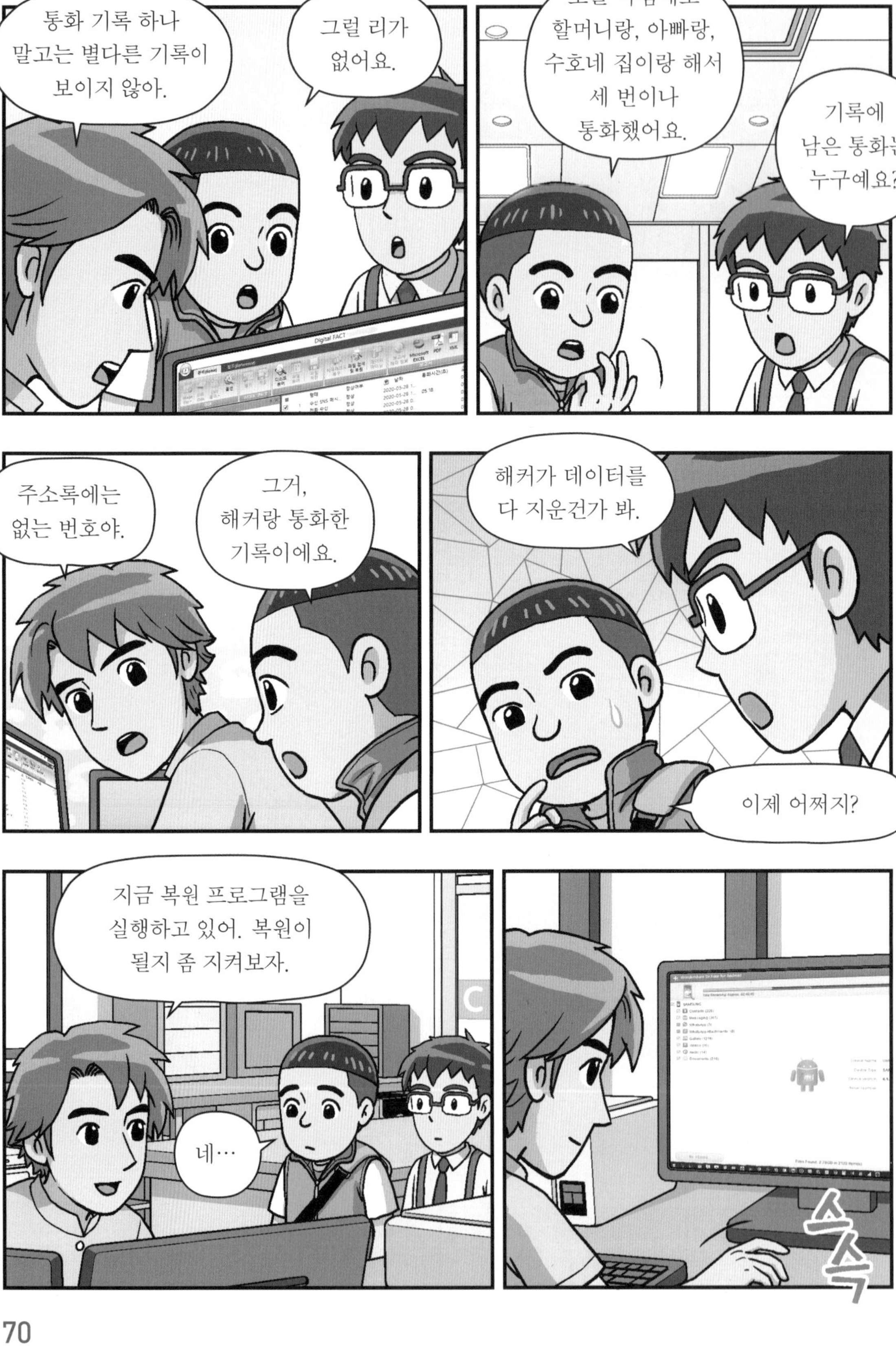
통화 기록 하나 말고는 별다른 기록이 보이지 않아.
그럴 리가 없어요.
오늘 아침에도 할머니랑, 아빠랑, 수호네 집이랑 해서 세 번이나 통화했어요.
기록에 남은 통화는 누구예요?
주소록에는 없는 번호야.
그거, 해커랑 통화한 기록이에요.
해커가 데이터를 다 지운건가 봐.
이제 어쩌지?
지금 복원 프로그램을 실행하고 있어. 복원이 될지 좀 지켜보자.
네…
스윽

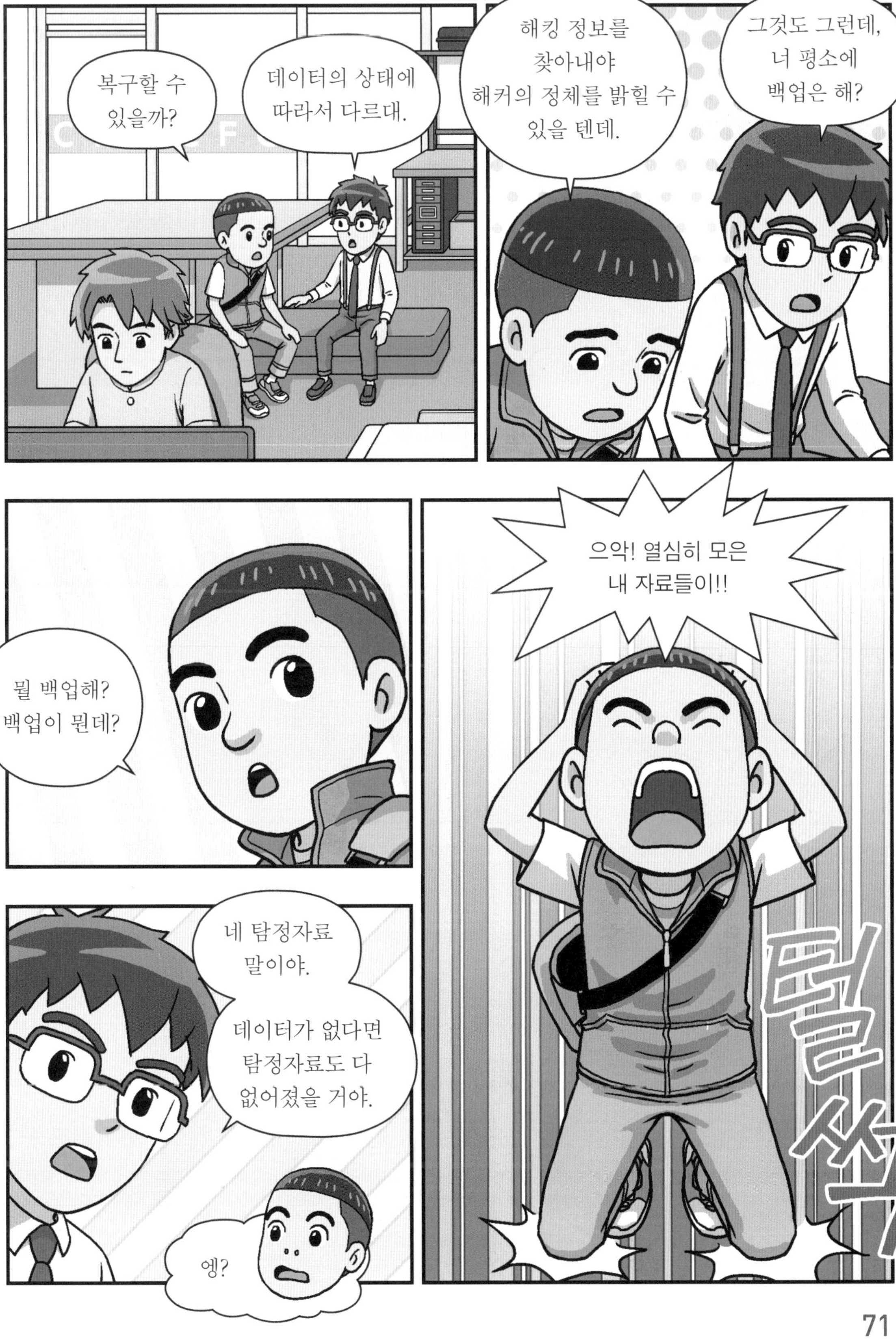
복구할 수
있을까?
데이터의 상태에
따라서 다르대.
해킹 정보를
찾아내야
해커의 정체를 밝힐 수
있을 텐데.
그것도 그런데,
너 평소에
백업은 해?
뭘 백업해?
백업이 뭔데?
네 탐정자료
말이야.
데이터가 없다면
탐정자료도 다
없어졌을 거야.
엥?
으악! 열심히 모은
내 자료들이!!
털썩

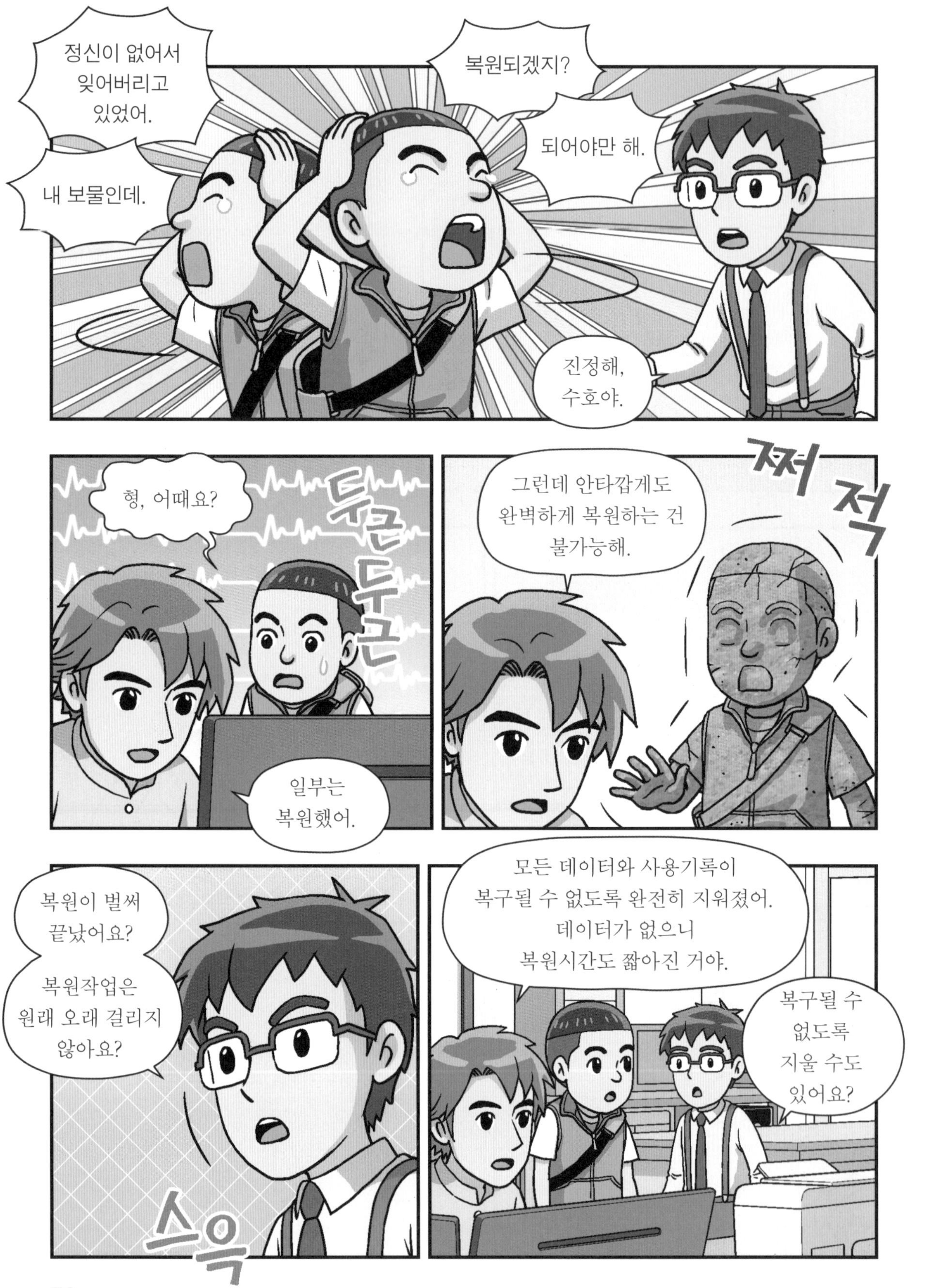

정신이 없어서 잊어버리고 있었어.
내 보물인데.
복원되겠지?
되어야만 해.
진정해, 수호야.
형, 어때요?
두근 두근
일부는 복원했어.
그런데 안타깝게도 완벽하게 복원하는 건 불가능해.
쩌저 적
복원이 벌써 끝났어요?
복원작업은 원래 오래 걸리지 않아요?
스윽
모든 데이터와 사용기록이 복구될 수 없도록 완전히 지워졌어. 데이터가 없으니 복원시간도 짧아진 거야.
복구될 수 없도록 지울 수도 있어요?

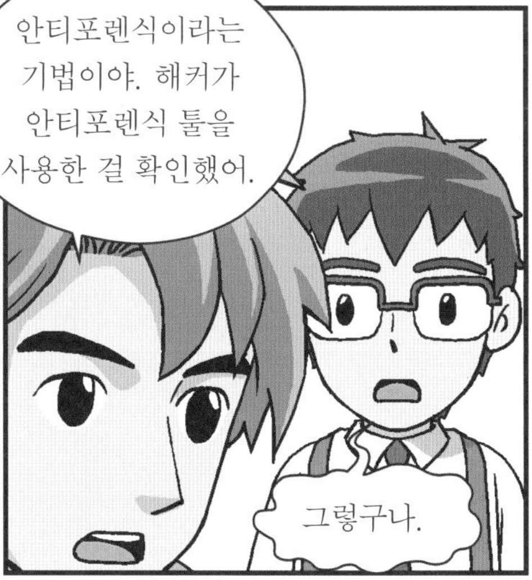
안티포렌식이라는 기법이야. 해커가 안티포렌식 툴을 사용한 걸 확인했어.
그렇구나.

안티포렌식

디지털포렌식 기술을 방어하기 위한 수단으로 자신에게 불리할 수 있는 증거물을 훼손, 차단하는 것을 말합니다. 안티포렌식(Anti-Forensics)의 대표적인 기법은 데이터 삭제, 데이터 은닉, 데이터 변조 등으로 나뉩니다. 안티포렌식에 대응하기 위한 연구도 계속되고 있습니다.

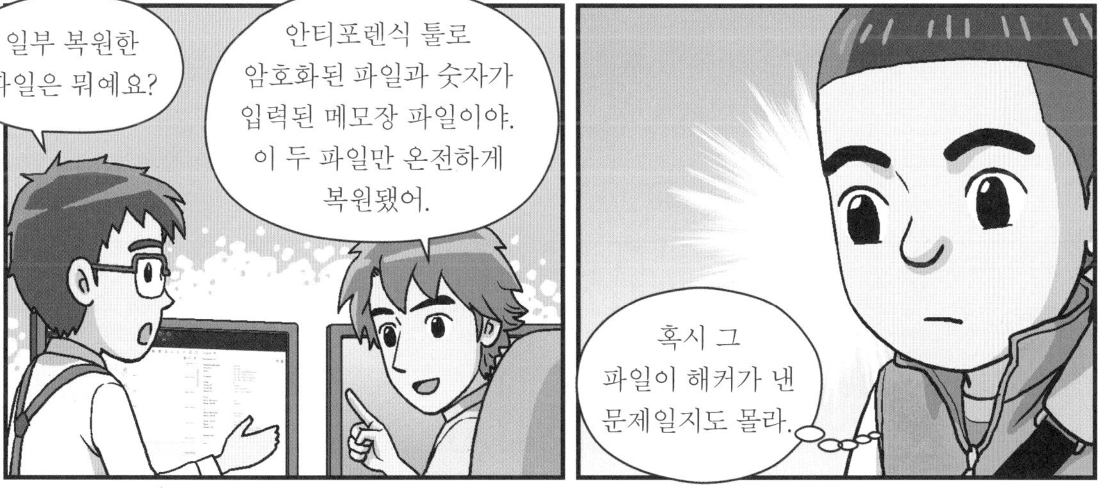
일부 복원한 파일은 뭐예요?
안티포렌식 툴로 암호화된 파일과 숫자가 입력된 메모장 파일이야. 이 두 파일만 온전하게 복원됐어.
혹시 그 파일이 해커가 낸 문제일지도 몰라.

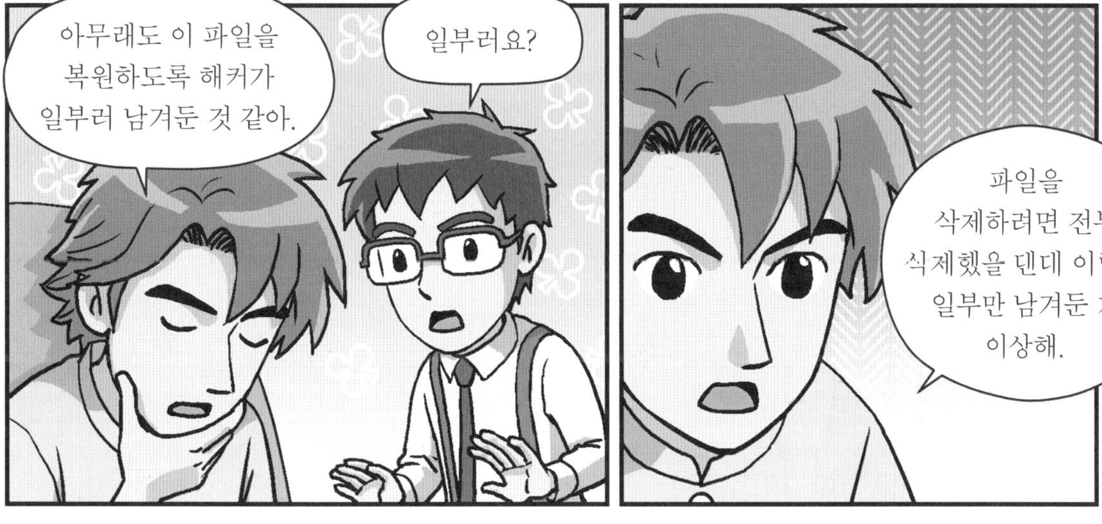
아무래도 이 파일을 복원하도록 해커가 일부러 남겨둔 것 같아.
일부러요?
파일을 삭제하려면 전부 삭제했을 텐데 이렇게 일부만 남겨둔 게 이상해.

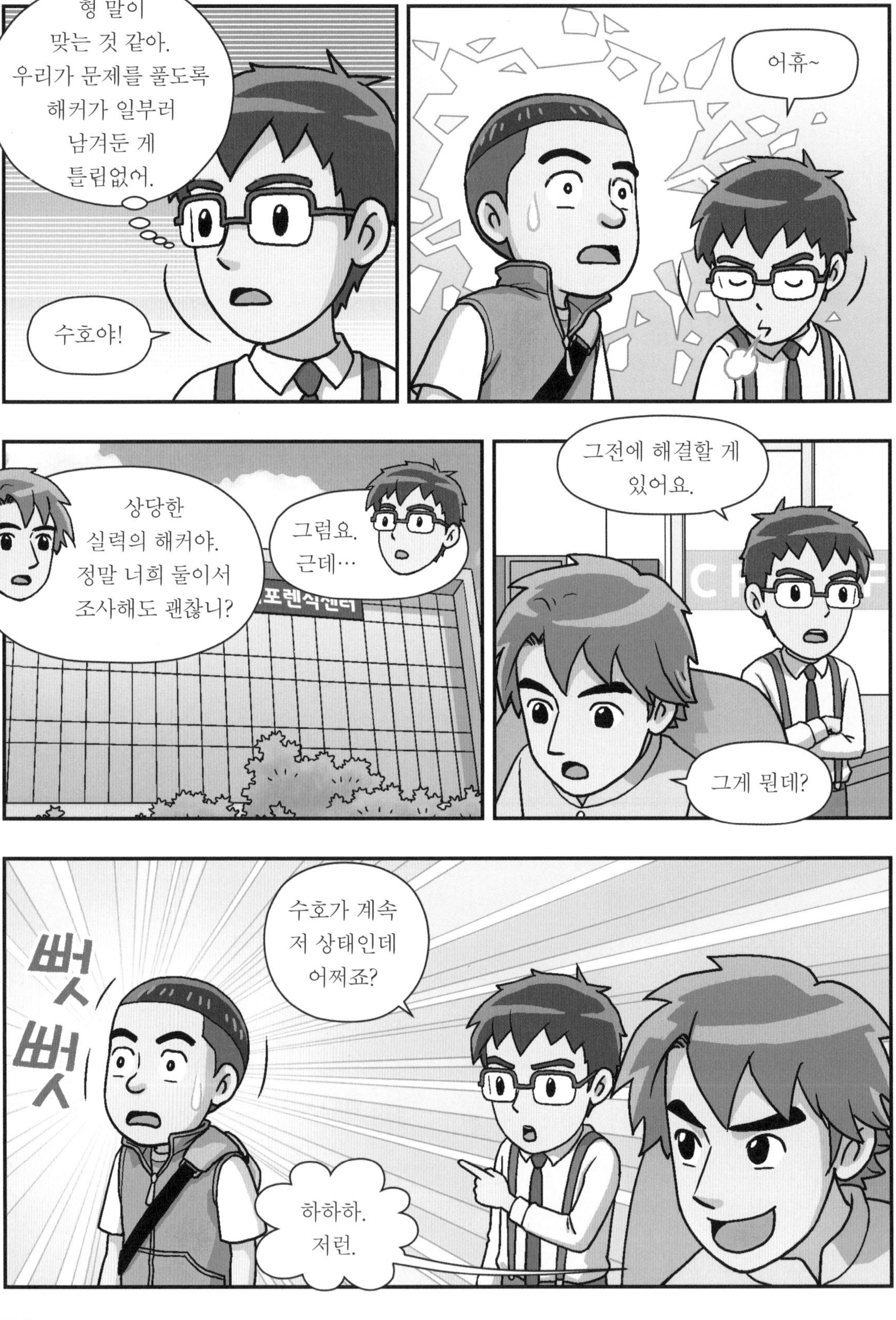
형 말이 맞는 것 같아. 우리가 문제를 풀도록 해커가 일부러 남겨둔 게 틀림없어.
수호야!
어휴~
상당한 실력의 해커야. 정말 너희 둘이서 조사해도 괜찮니?
그럼요. 근데…
포렌식센터
그전에 해결할 게 있어요.
그게 뭔데?
뻐 뻐
수호가 계속 저 상태인데 어쩌죠?
하하하. 저런.

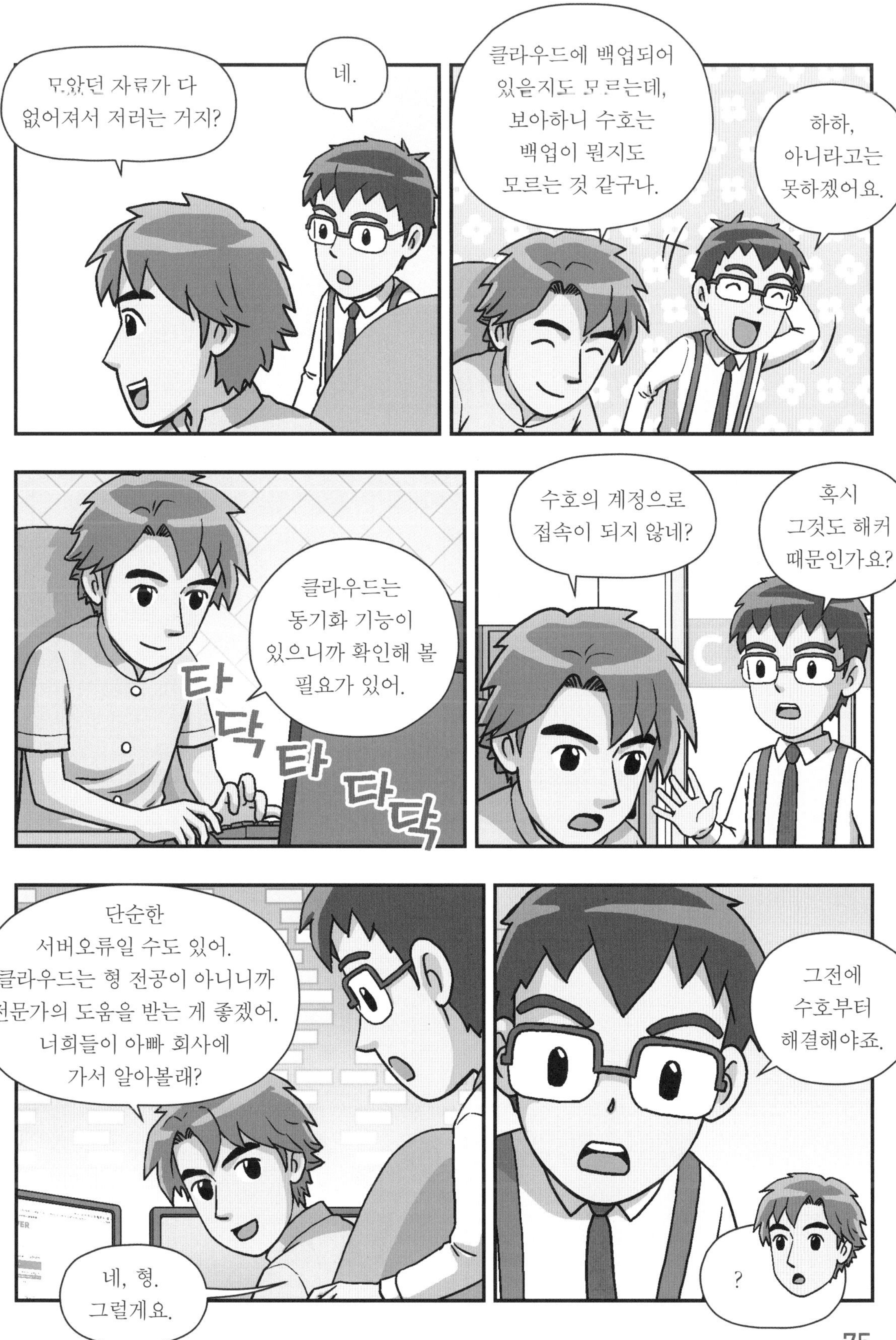
모았던 자료가 다 없어져서 저러는 거지?
네.
클라우드에 백업되어 있을지도 모르는데, 보아하니 수호는 백업이 뭔지도 모르는 것 같구나.
하하, 아니라고는 못하겠어요.
클라우드는 동기화 기능이 있으니까 확인해 볼 필요가 있어.
타닥 타닥
수호의 계정으로 접속이 되지 않네?
혹시 그것도 해커 때문인가요?
단순한 서버오류일 수도 있어. 클라우드는 형 전공이 아니니까 전문가의 도움을 받는 게 좋겠어. 너희들이 아빠 회사에 가서 알아볼래?
네, 형. 그럴게요.
그전에 수호부터 해결해야죠.
?

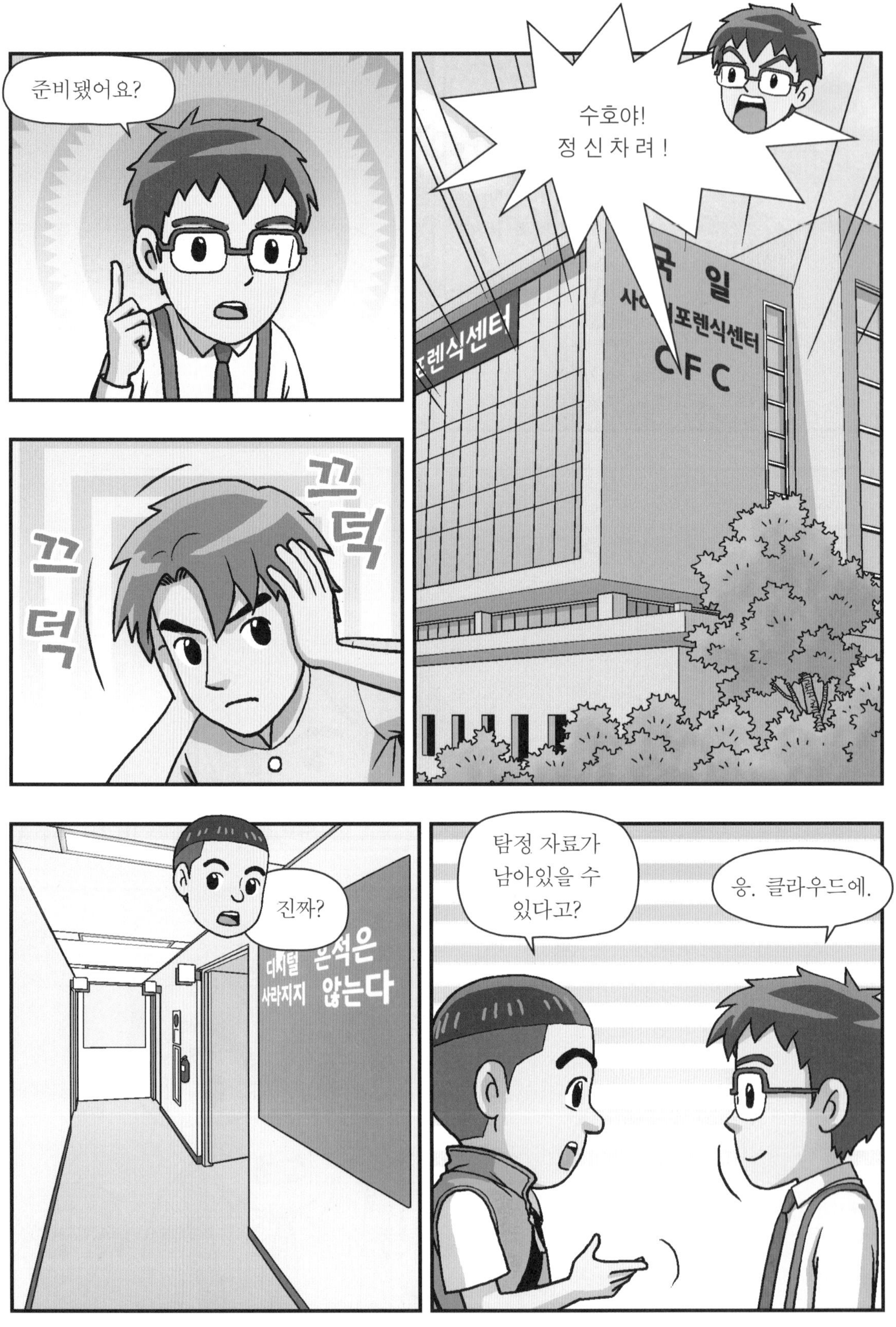
준비됐어요?
수호야!
정 신 차 려 !
끄덕
끄덕
포렌식센터
CFC
진짜?
사라지지 않는다
탐정 자료가
남아있을 수
있다고?
응. 클라우드에.

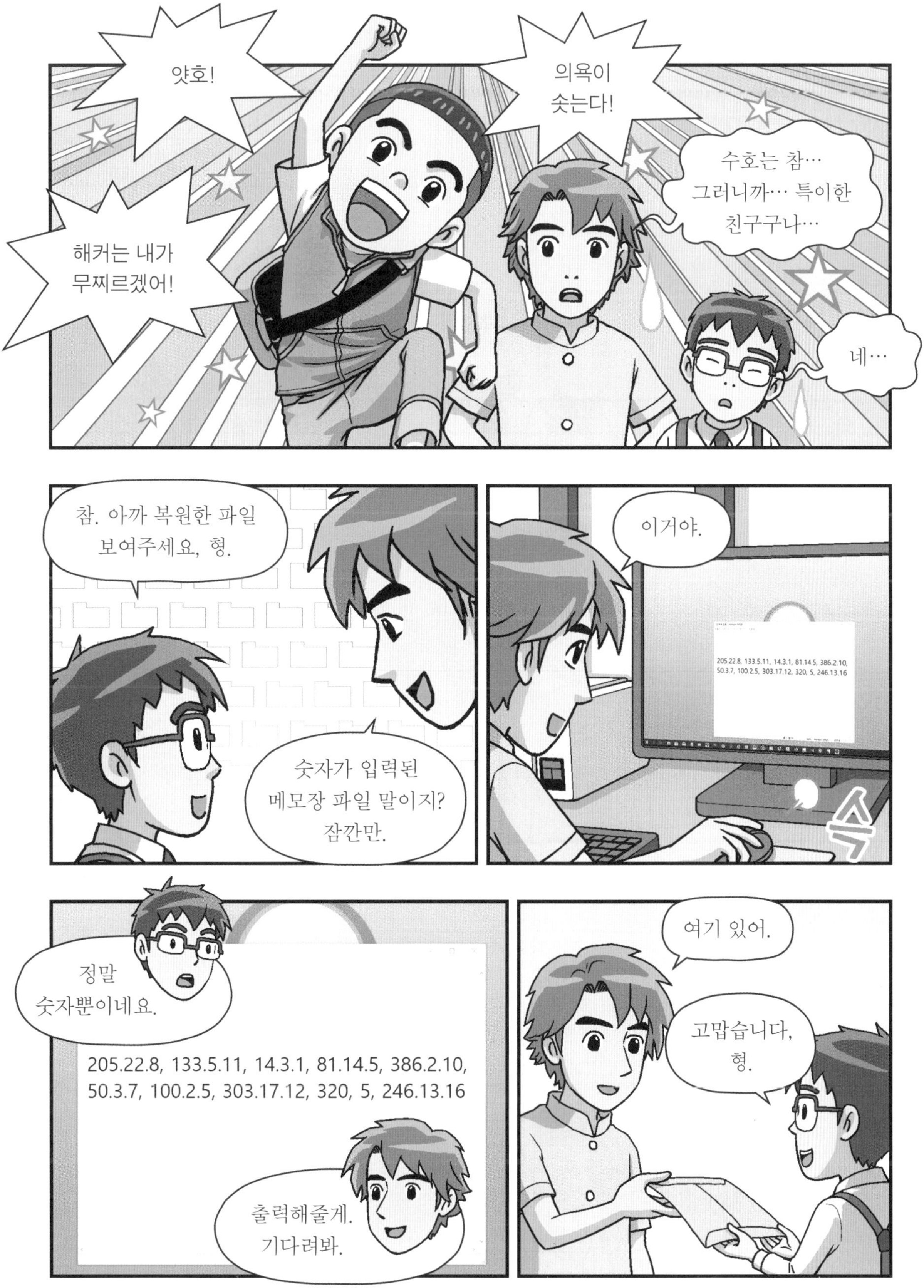

얏호!
의욕이 솟는다!
해커는 내가 무찌르겠어!
수호는 참… 그러니까… 특이한 친구구나…
네…
참. 아까 복원한 파일 보여주세요, 형.
숫자가 입력된 메모장 파일 말이지? 잠깐만.
이거야.
205.22.8, 133.5.11, 14.3.1, 81.14.5, 386.2.10, 50.3.7, 100.2.5, 303.17.12, 320, 5, 246.13.16
슥
정말 숫자뿐이네요.
205.22.8, 133.5.11, 14.3.1, 81.14.5, 386.2.10,
50.3.7, 100.2.5, 303.17.12, 320, 5, 246.13.16
출력해줄게. 기다려봐.
여기 있어.
고맙습니다, 형.

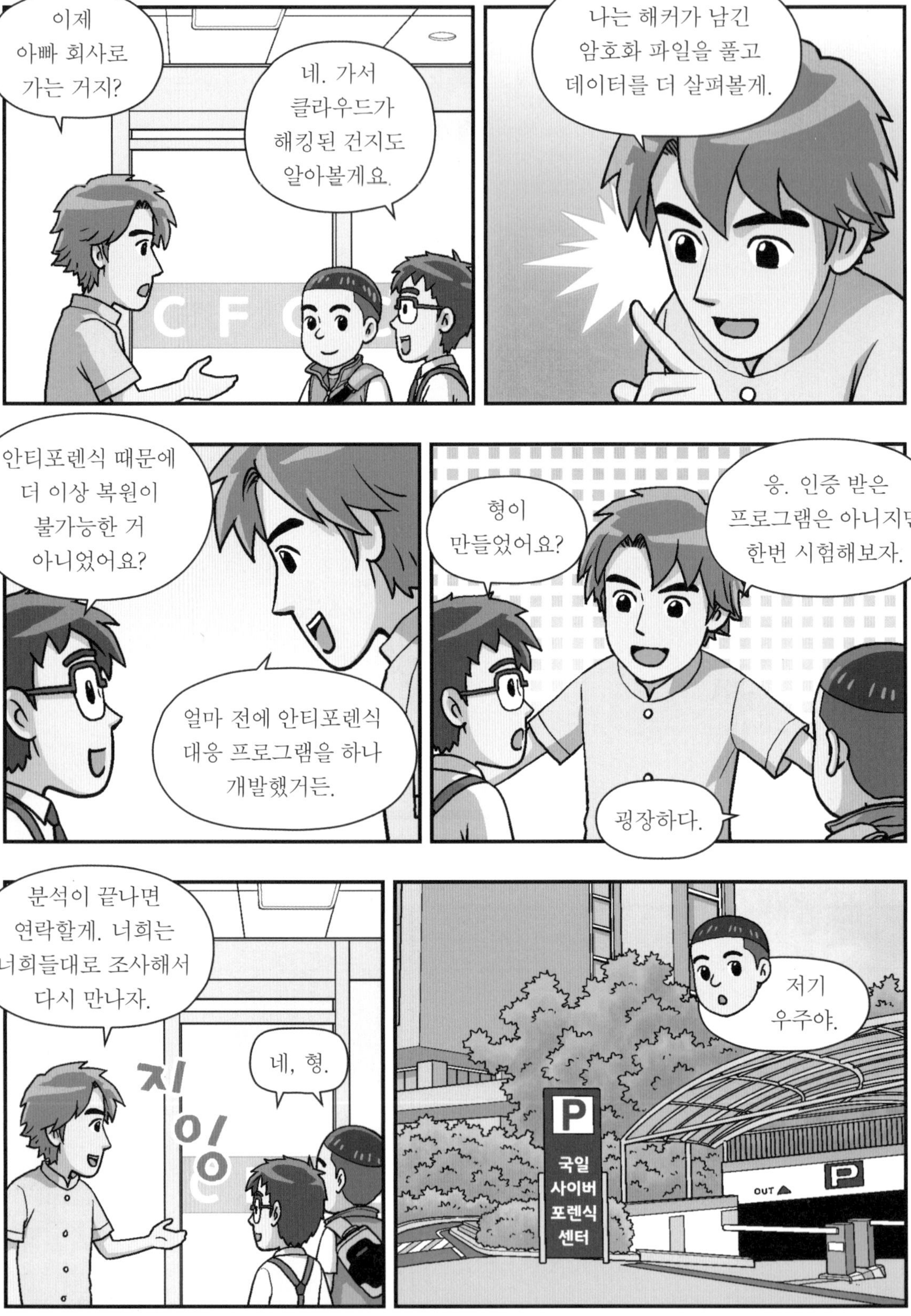
이제 아빠 회사로 가는 거지?
네. 가서 클라우드가 해킹된 건지도 알아볼게요.
C F O
나는 해커가 남긴 암호화 파일을 풀고 데이터를 더 살펴볼게.
안티포렌식 때문에 더 이상 복원이 불가능한 거 아니었어요?
얼마 전에 안티포렌식 대응 프로그램을 하나 개발했거든.
형이 만들었어요?
응. 인증 받은 프로그램은 아니지만 한번 시험해보자.
굉장하다.
분석이 끝나면 연락할게. 너희는 너희들대로 조사해서 다시 만나자.
지이잉
네, 형.
저기 우주야.
P
국일 사이버 포렌식 센터
OUT
P

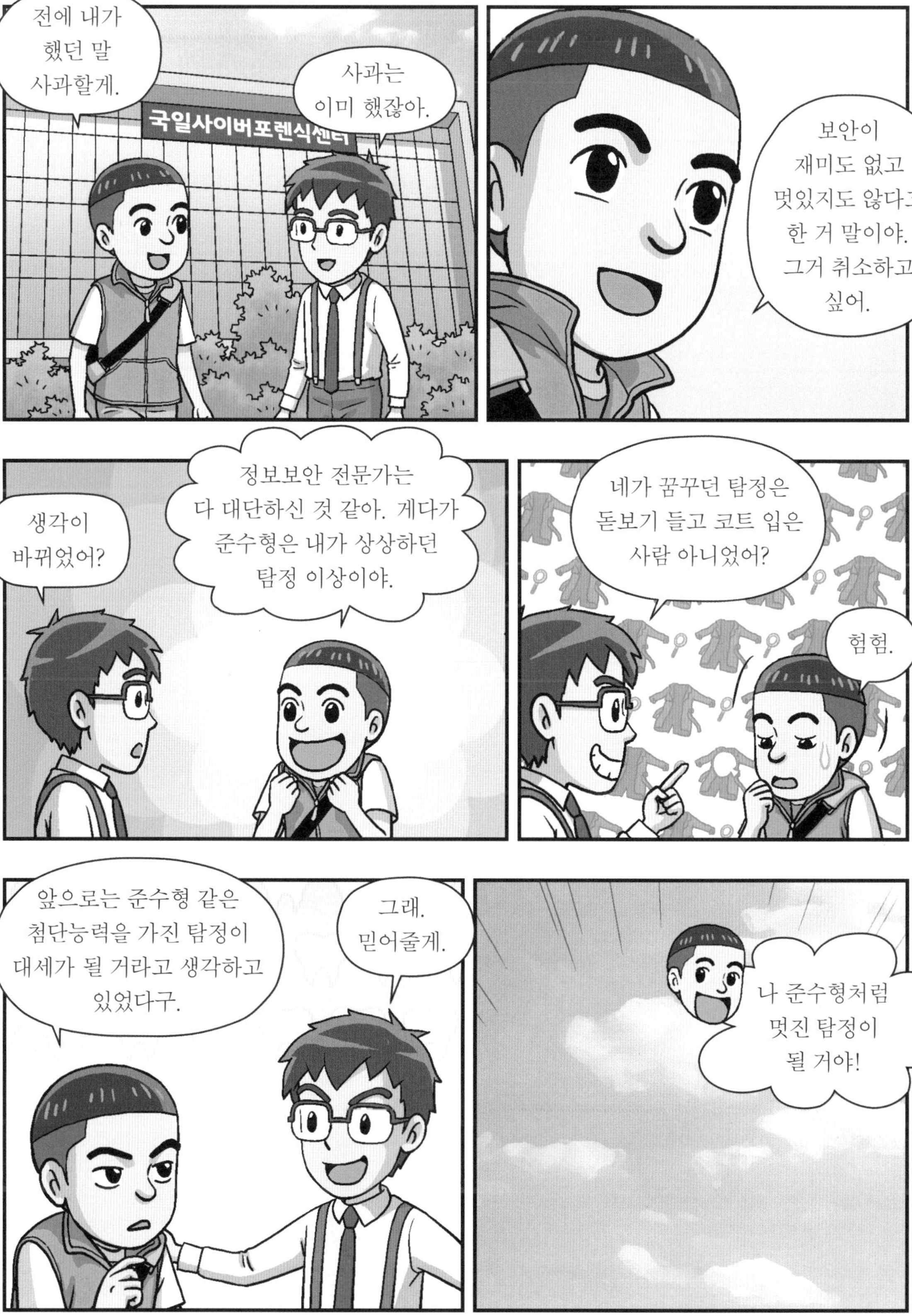
전에 내가 했던 말 사과할게.
사과는 이미 했잖아.
국일사이버포렌식센터
보안이 재미도 없고 멋있지도 않다고 한 거 말이야. 그거 취소하고 싶어.
생각이 바뀌었어?
정보보안 전문가는 다 대단하신 것 같아. 게다가 준수형은 내가 상상하던 탐정 이상이야.
네가 꿈꾸던 탐정은 돋보기 들고 코트 입은 사람 아니었어?
험험.
앞으로는 준수형 같은 첨단능력을 가진 탐정이 대세가 될 거라고 생각하고 있었다구.
그래. 믿어줄게.
나 준수형처럼 멋진 탐정이 될 거야!

사이버 범죄

사이버 범죄는 사이버 공간에서 일어나는 범죄를 말해요. 인터넷이 발달할수록 사이버 범죄도 늘어나는데, 정보보안이 제대로 이뤄지지 않을 경우 사이버 범죄에 쉽게 노출돼요. 사이버 범죄에는 어떤 것이 있는지 알아볼까요?

● 전자상거래 사기

인터넷 전자상거래를 이용한 사기에요. 시중가격보다 더 싸게 판매한다고 광고한 후 고객으로부터 돈을 먼저 받고 상품은 보내지 않고 잠적하는 수법이에요. 온라인 특성상 상대방 신분을 확인하기 어렵다는 점을 악용한 것이지요. 중고거래나 온라인 커뮤니티를 통해 개인간 물품 거래, 게임 아이템 거래 등에서 주로 발생해요. 가짜 사이트를 만들어서 불법으로 이용하는 경우도 있어요.

● 인터넷 명예훼손

인터넷 상에서 연예인이나 정치인 등 특정인에 대한 험담을 댓글로 작성하거나, 게임이나 온라인 커뮤니티에서 상대방에게 폭언을 하는 것이에요. 익명이라는 시스템 뒤에 숨어 상대방을 비난하고 명예를 훼손하는 일이지요. 그런데 이를 역으로 이용하여 일부러 상대방을 자극하여 욕을 하게끔 하고, 이를 명예훼손으로 고소하겠다며 협박하고 금품을 요구하는 범죄도 일어나고 있어요.

● 사이버 피싱

메신저나 전화로 상대방을 속여 개인정보나 금
융정보를 빼낸 후 이를 이용하여 돈을 가로채
는 범죄예요. 피싱의 영어 스펠링인 'phishing'
은 낚시를 뜻하는 'fishing'에서 나온 말이에

요. 즉 미끼를 던져 물고기를 낚듯 사람을 낚아챈다는 의미예요. 예를 들면 코로
나19 피해자를 위한 기부금을 모금한다거나, 인기있는 물건을 싸게 판다는 식으로
속이는 경우가 많으니 온라인에서 금융 거래를 할 때는 유의해야 해요.

● 스미싱

불법 문자 메시지로 돈을 갈취하는 범죄예
요. 휴대폰 사용자에게 웹사이트 링크를 포
함한 문자 메시지를 보내 그 링크를 누르면
악성코드인 트로이목마를 주입해 휴대폰을
통제하면서 개인정보를 빼내는 거예요. 예를
들면 '해외 여행 무료 티켓'이라는 문자와 인

터넷 사이트 링크가 도착하는데, 그 링크를 클릭하면 악성코드가 바로 휴대전화
에 설치되어 소액 결제 피해를 입게 되는 것이지요.

해커의 문제를 풀어라

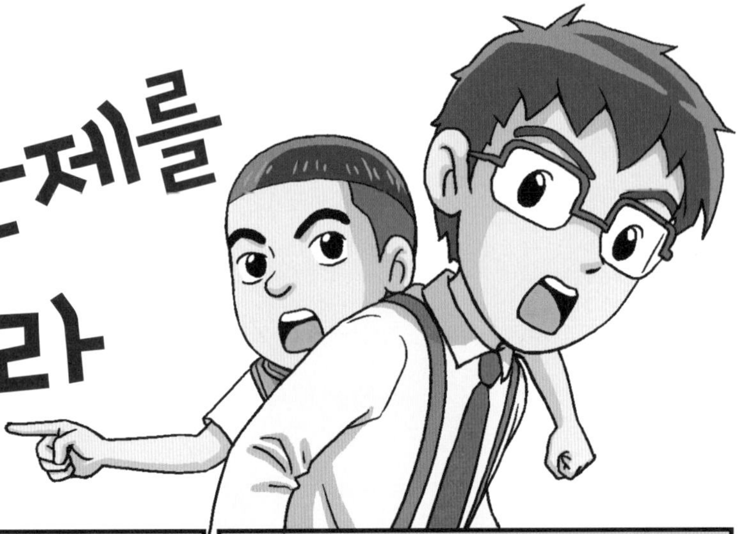

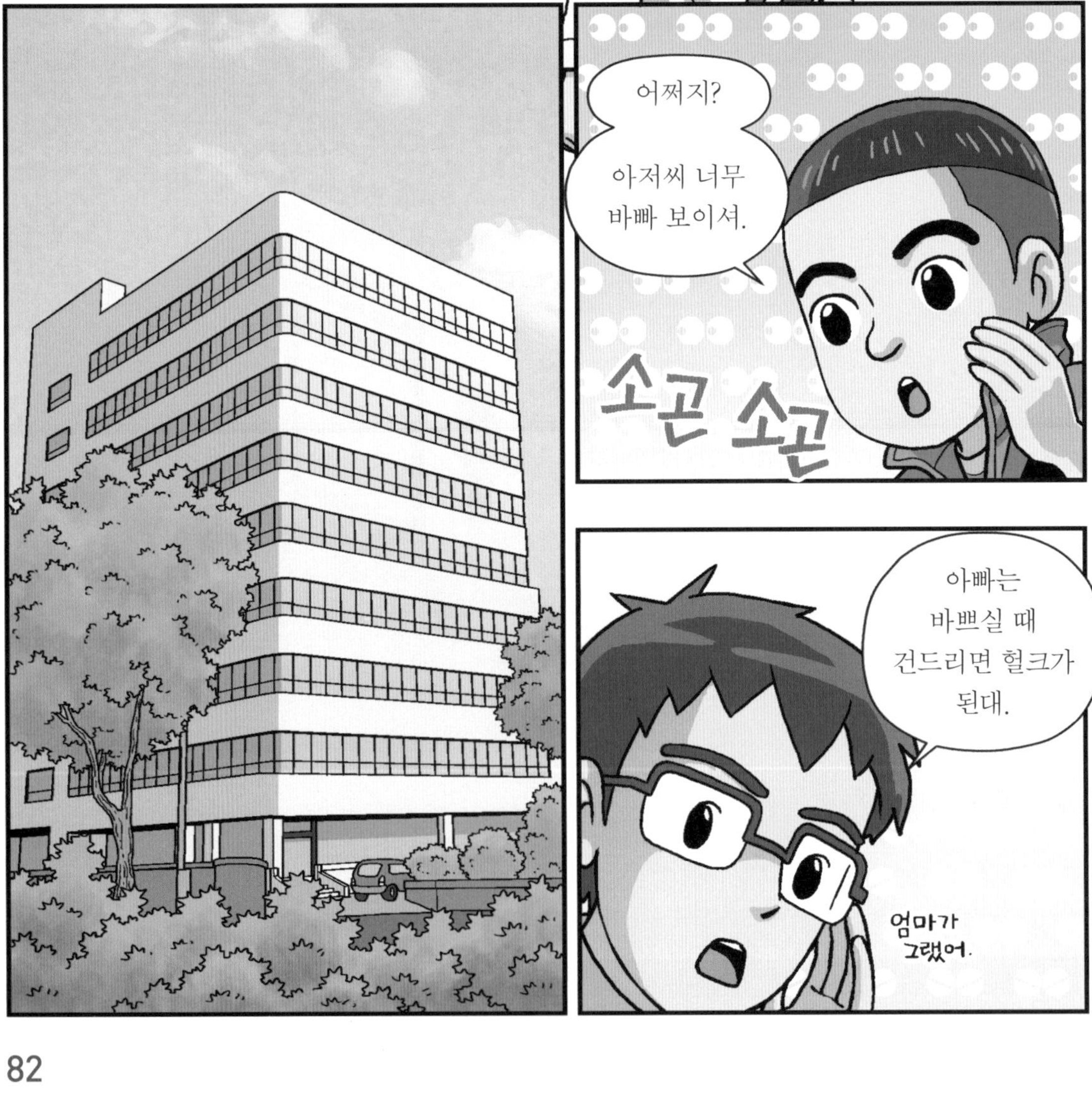

어쩌지?
아저씨 너무 바빠 보이셔.
소곤 소곤
아빠는 바쁘실 때 건드리면 헐크가 된대.
엄마가 그랬어.

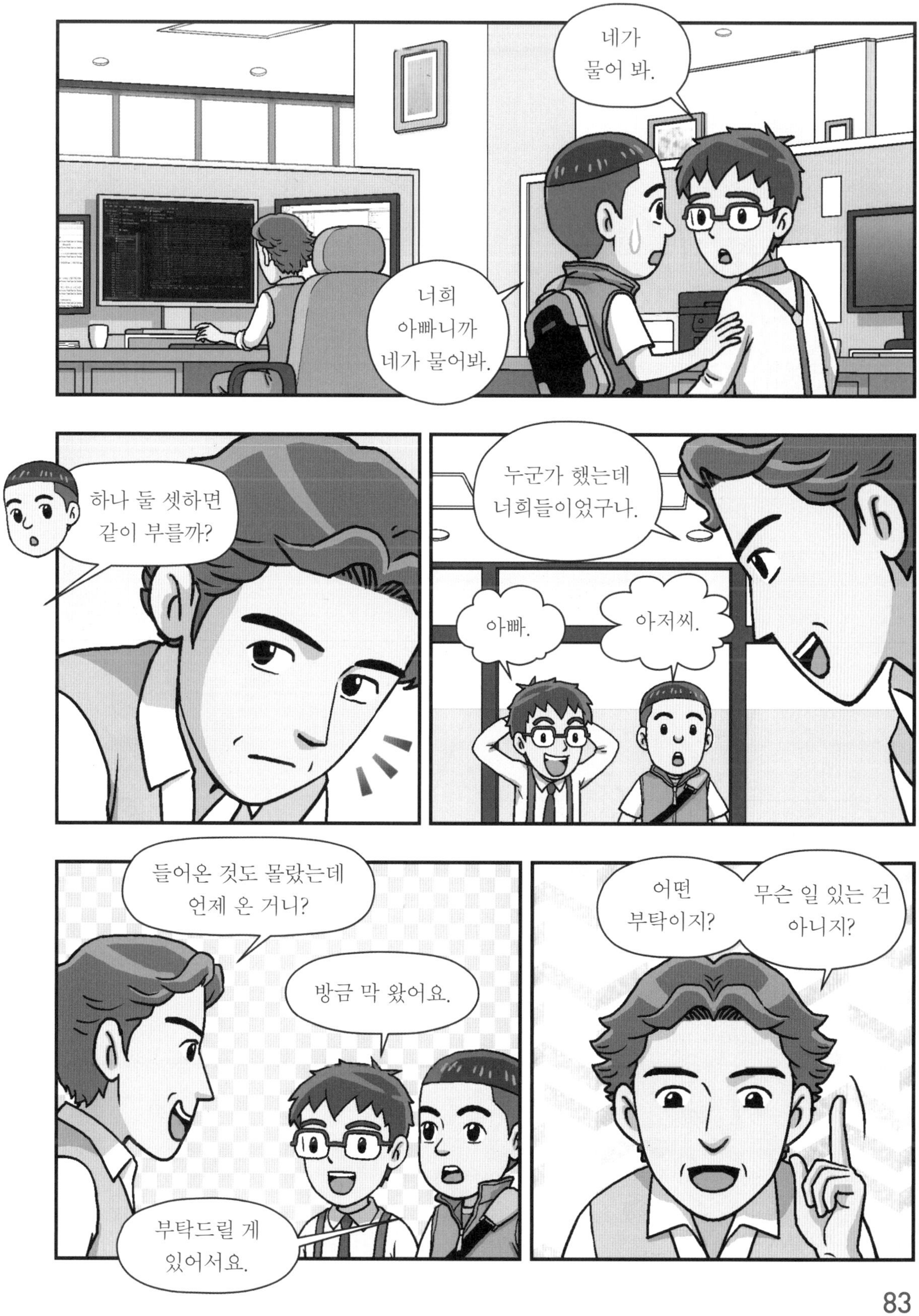

네가
물어 봐.
너희
아빠니까
네가 물어봐.
하나 둘 셋하면
같이 부를까?
누군가 했는데
너희들이었구나.
아빠.
아저씨.
들어온 것도 몰랐는데
언제 온 거니?
방금 막 왔어요.
부탁드릴 게
있어서요.
어떤
부탁이지?
무슨 일 있는 건
아니지?

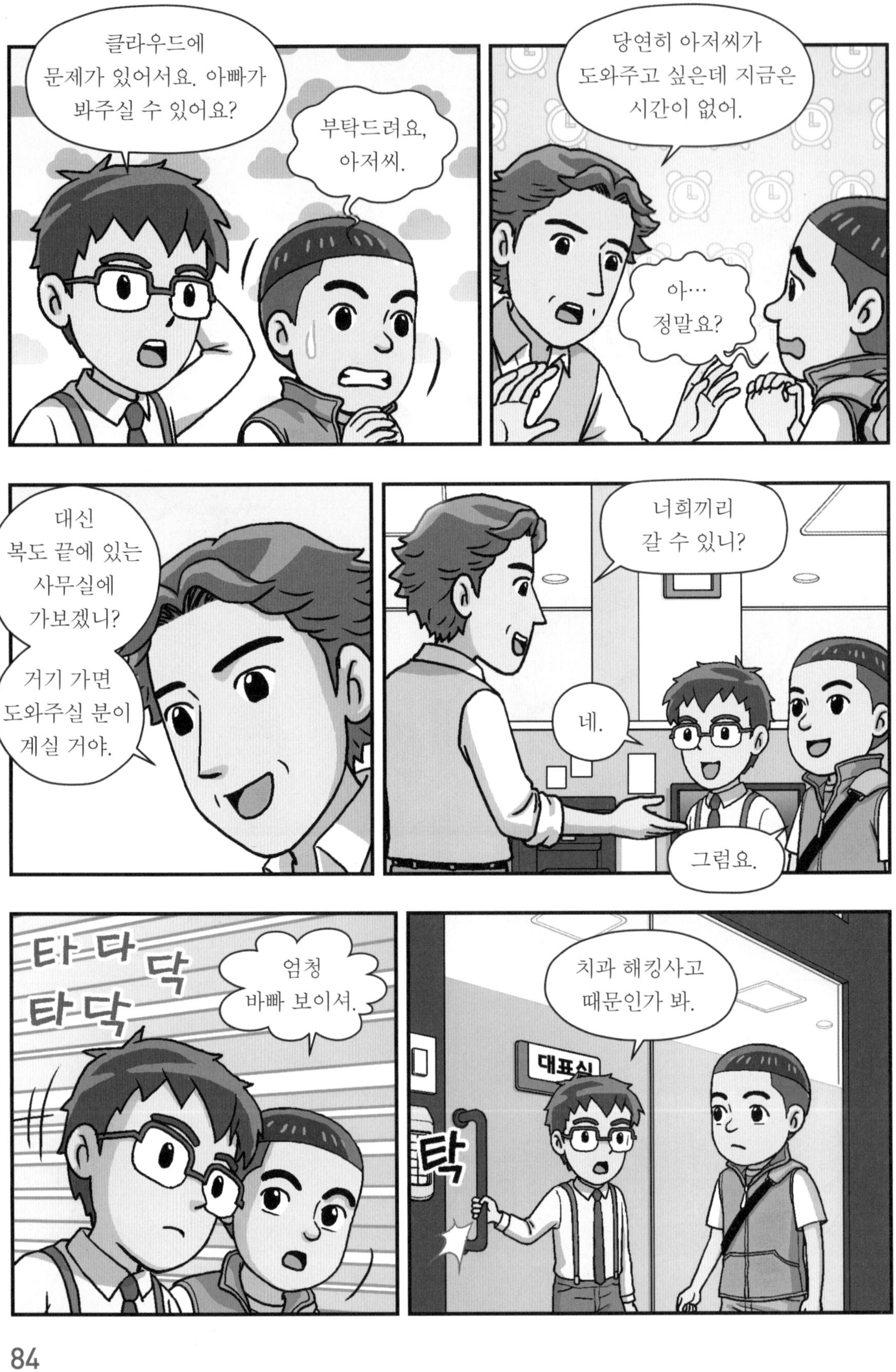

클라우드에 문제가 있어서요. 아빠가 봐주실 수 있어요?
부탁드려요, 아저씨.
당연히 아저씨가 도와주고 싶은데 지금은 시간이 없어.
아… 정말요?
대신 복도 끝에 있는 사무실에 가보겠니?
거기 가면 도와주실 분이 계실 거야.
너희끼리 갈 수 있니?
네.
그럼요.
타다닥
타닥
엄청 바빠 보이셔.
치과 해킹사고 때문인가 봐.
대표실
탁

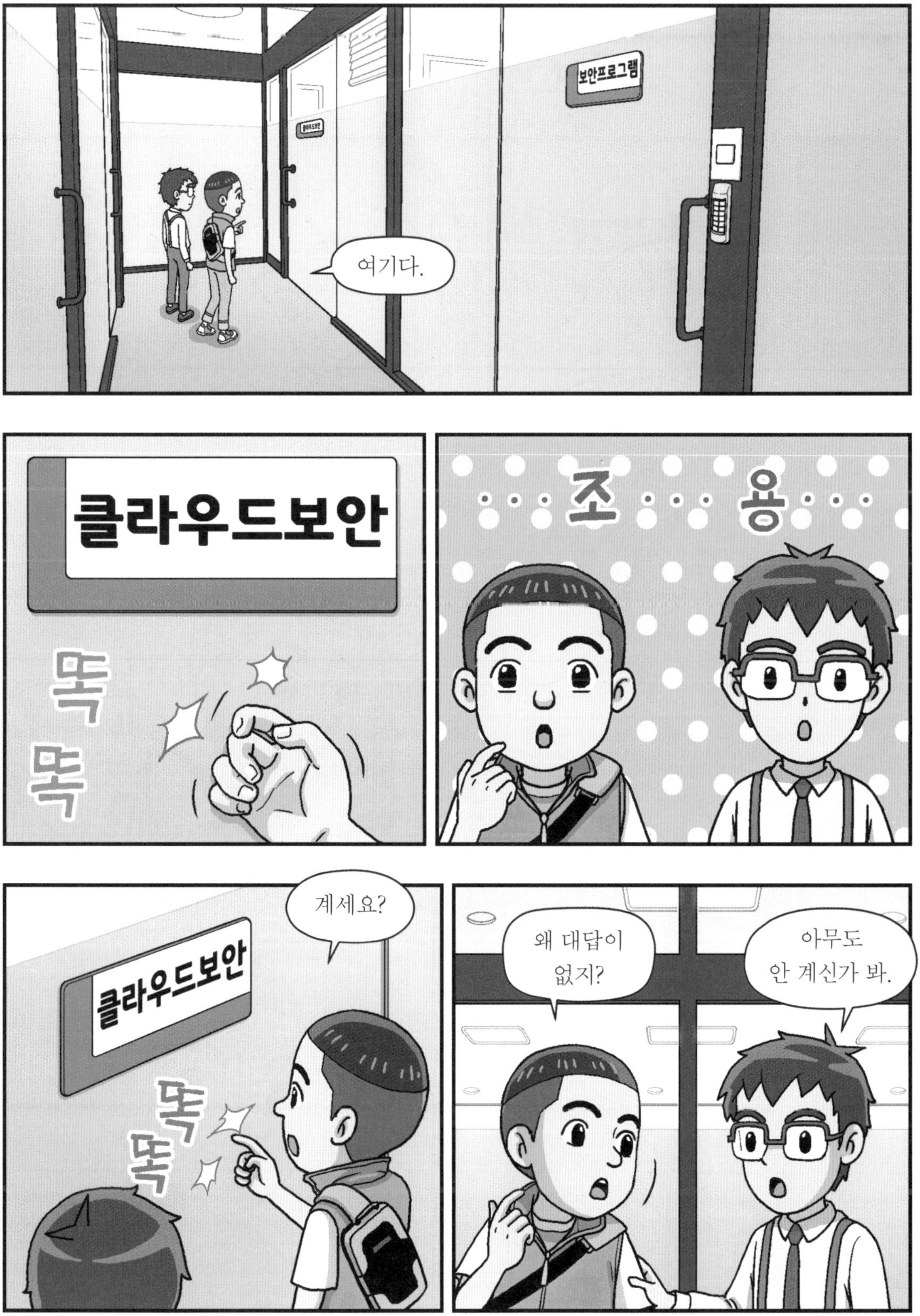
보안프로그램
여기다.
클라우드보안
똑
똑
조...용...
계세요?
클라우드보안
똑
똑
왜 대답이 없지?
아무도 안 계신가 봐.

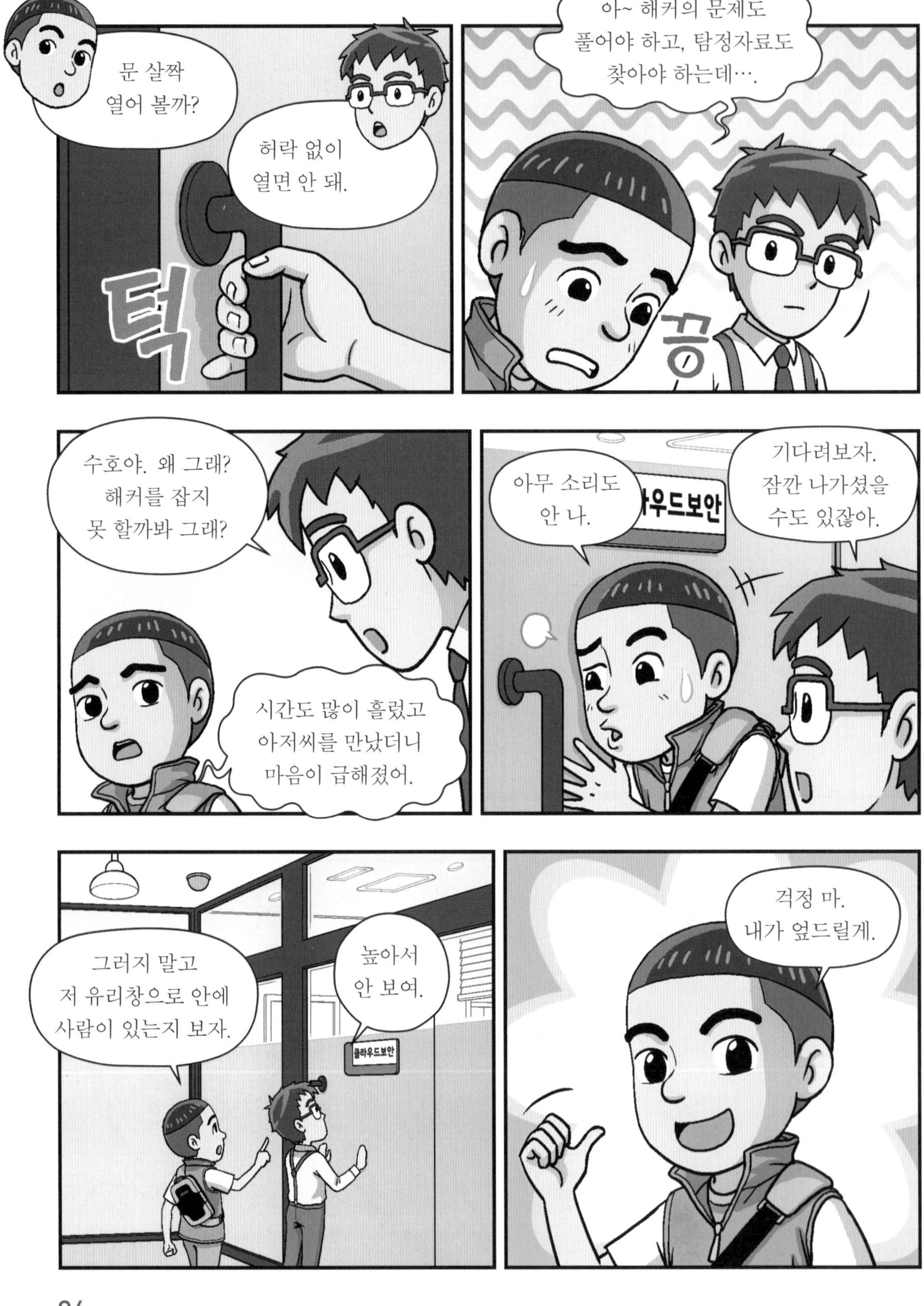

문 살짝
열어 볼까?
허락 없이
열면 안 돼.
턱
아~ 해커의 문제도
풀어야 하고, 탐정자료도
찾아야 하는데….
끙
수호야. 왜 그래?
해커를 잡지
못 할까봐 그래?
시간도 많이 흘렀고
아저씨를 만났더니
마음이 급해졌어.
아무 소리도
안 나.
기다려보자.
잠깐 나가셨을
수도 있잖아.
그러지 말고
저 유리창으로 안에
사람이 있는지 보자.
높아서
안 보여.
걱정 마.
내가 엎드릴게.

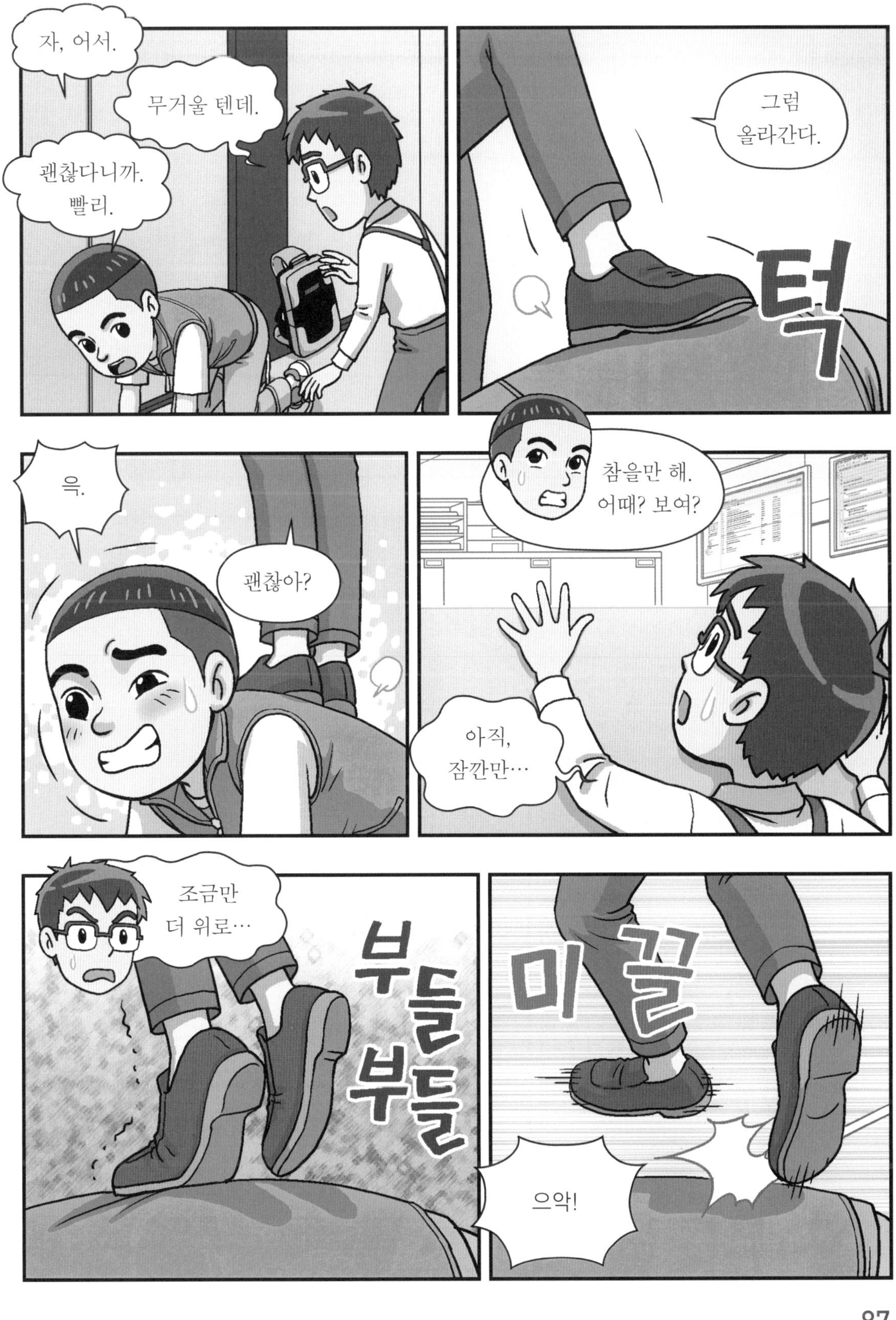

자, 어서.
무거울 텐데.
괜찮다니까. 빨리.
그럼 올라간다.
턱
윽.
괜찮아?
참을만 해. 어때? 보여?
아직, 잠깐만…
조금만 더 위로…
부들 부들
미끌
으악!

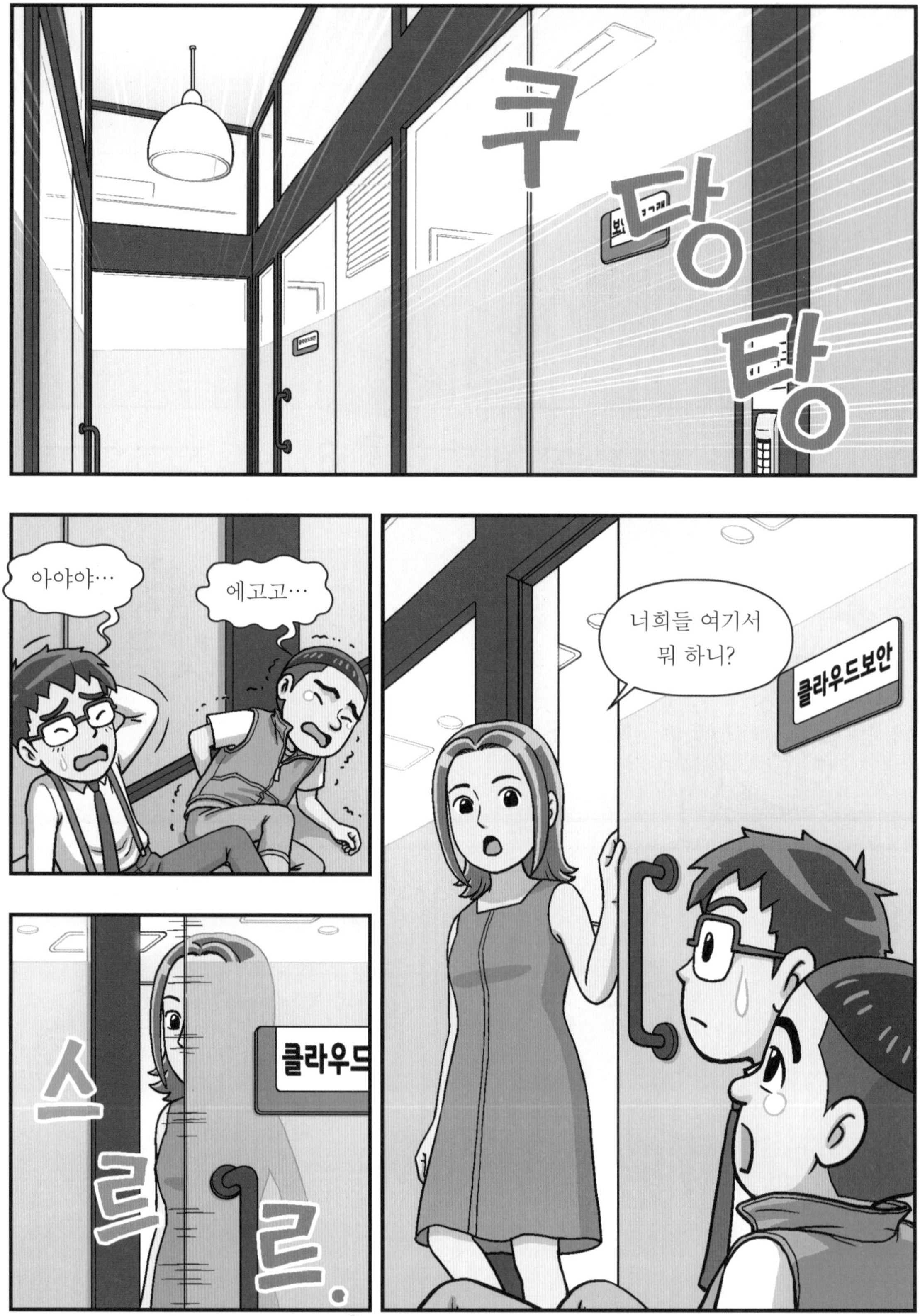
쿠
당
탕
아야야…
에고고…
너희들 여기서
뭐 하니?
클라우드보안
스
르
르.
클라우드

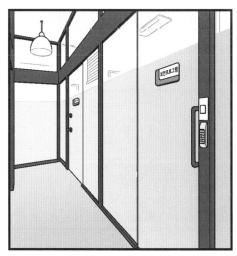

괜찮니?
다친 데는 없어?

네.
멀쩡해요.

거기서 뭐하고
있었던 거야?

노크를 했는데
반응이 없어서
아무도 없나 보려고
하다가 그만.
헤헤.

집중하느라 못 들었나봐.
나한테 볼일이 있니?

네. 클라우드에
접속이 안 돼서요.

스마트폰이 해킹을
당했는데 클라우드에도
피해가 있지 않은지
걱정이에요.

그런 일이
있었어?

문제가 있는지
한번 살펴보자.

척

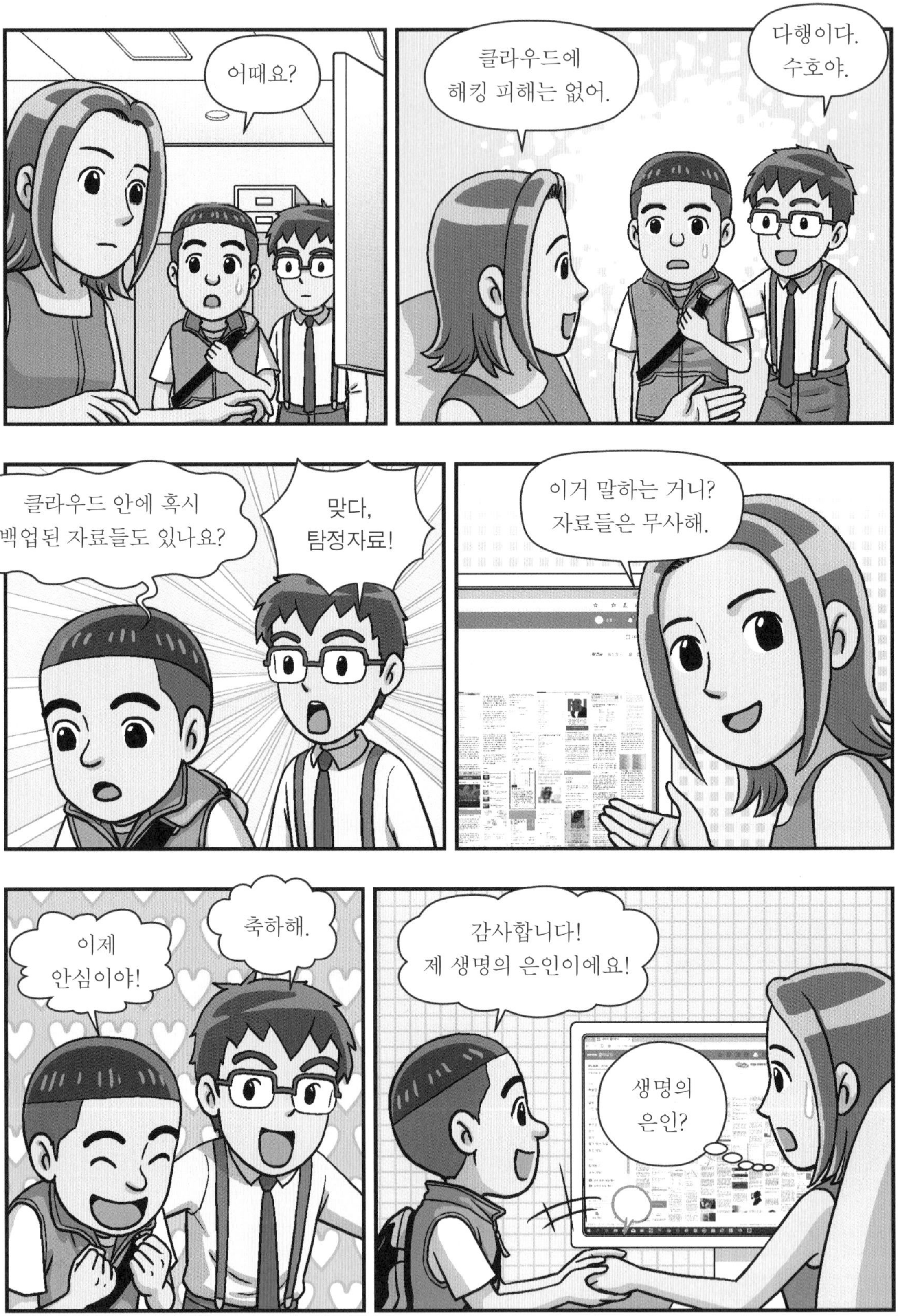
어때요?
클라우드에 해킹 피해는 없어.
다행이다. 수호야.
클라우드 안에 혹시 백업된 자료들도 있나요?
맞다, 탐정자료!
이거 말하는 거니? 자료들은 무사해.
이제 안심이야!
축하해.
감사합니다! 제 생명의 은인이에요!
생명의 은인?

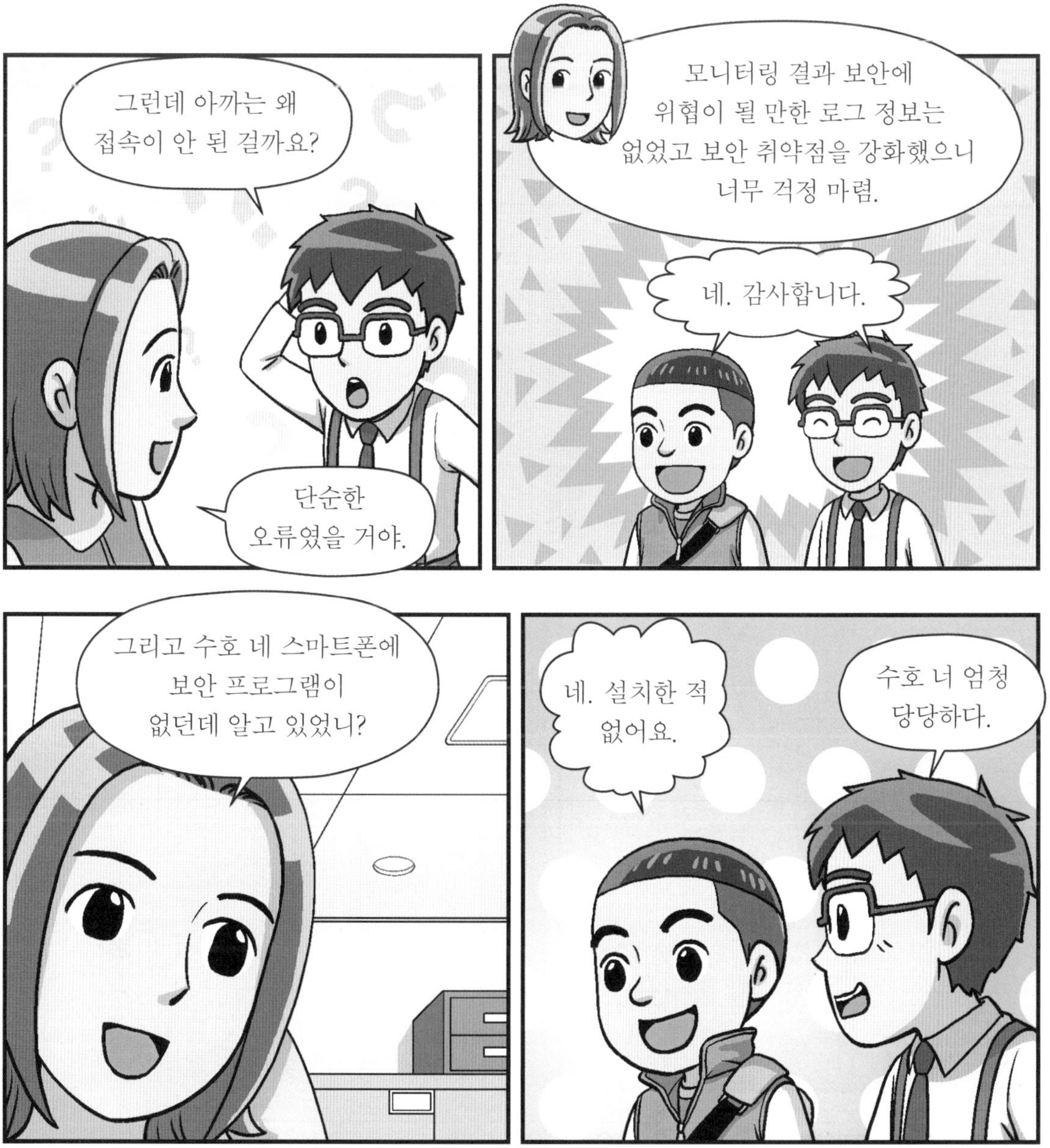
그런데 아까는 왜 접속이 안 된 걸까요?
단순한 오류였을 거야.
모니터링 결과 보안에 위협이 될 만한 로그 정보는 없었고 보안 취약점을 강화했으니 너무 걱정 마렴.
네. 감사합니다.
그리고 수호 네 스마트폰에 보안 프로그램이 없던데 알고 있었니?
네. 설치한 적 없어요.
수호 너 엄청 당당하다.

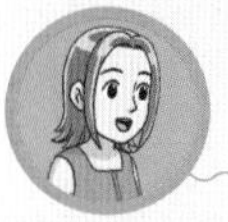

클라우드보안 전문가

클라우드 환경에서 일어나는 각종 보안 문제들을 해결하거나 보안 시스템을 만드는 일을 합니다. 데이터의 유출을 방지하기 위해 허락받지 않은 방식에 의한 정보와 소프트웨어에 대한 접근 및 정보변경이 이뤄지지 않도록 정확성과 안정성을 확보합니다. 클라우드 시장이 점점 확대됨에 따라서 방대한 데이터가 있는 클라우드의 보안이 더욱 중요해지고 있습니다.

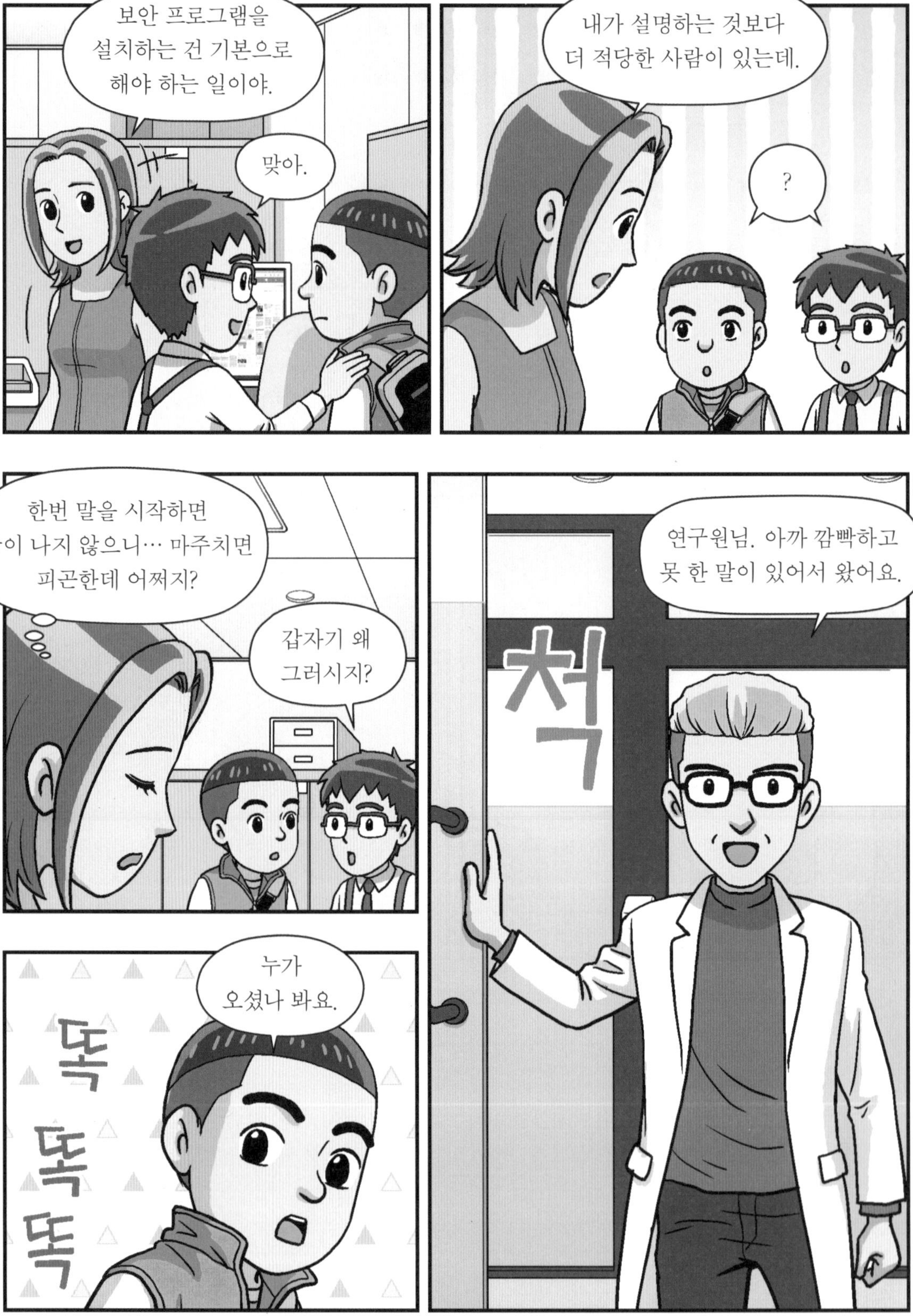
보안 프로그램을 설치하는 건 기본으로 해야 하는 일이야.
맞아.
내가 설명하는 것보다 더 적당한 사람이 있는데.
?
한번 말을 시작하면 끝이 나지 않으니… 마주치면 피곤한데 어쩌지?
갑자기 왜 그러시지?
똑 똑 똑
누가 오셨나 봐요.
척
연구원님. 아까 깜빡하고 못 한 말이 있어서 왔어요.

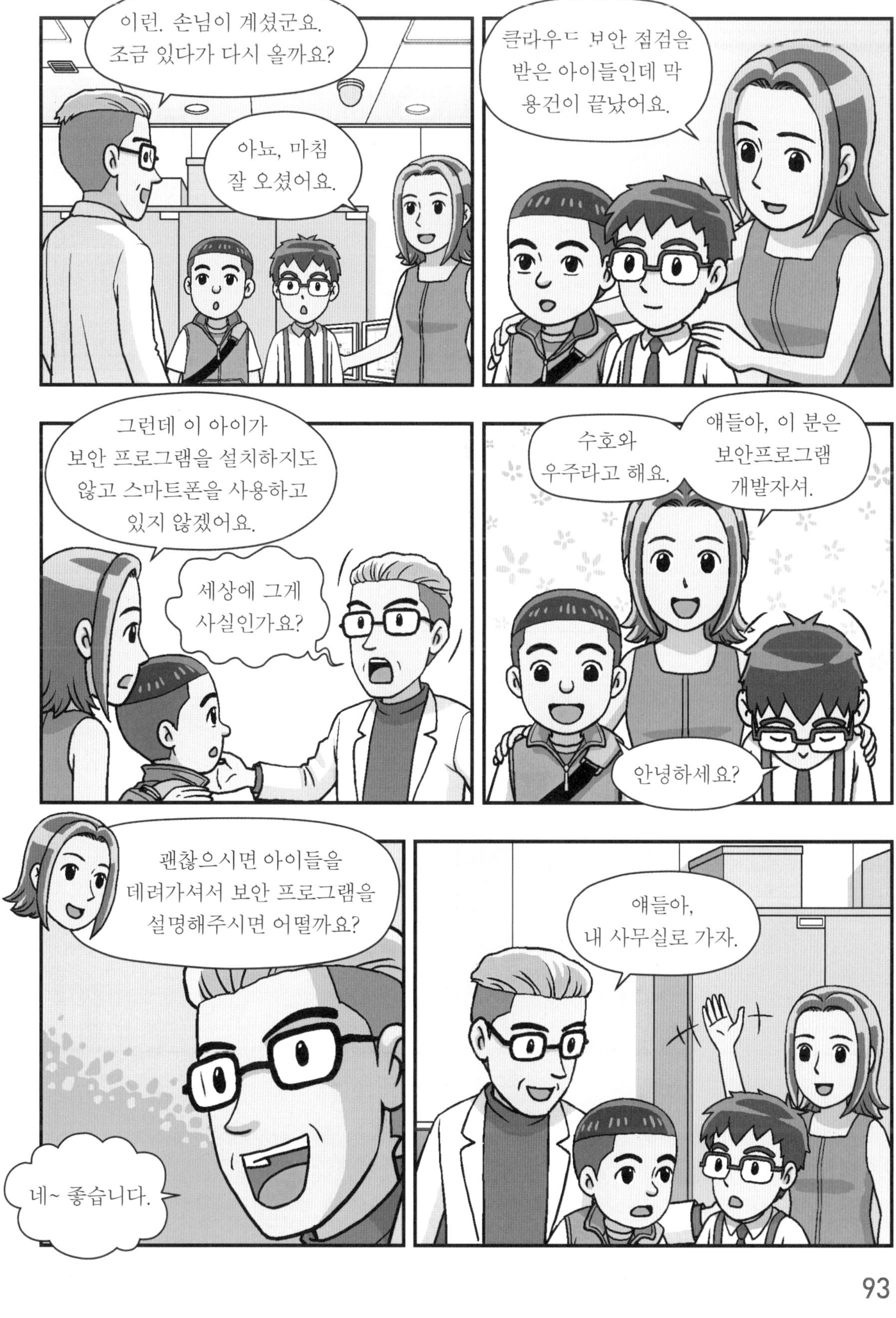

이런. 손님이 계셨군요. 조금 있다가 다시 올까요?
아뇨, 마침 잘 오셨어요.
클라우드 보안 점검을 받은 아이들인데 막 용건이 끝났어요.
그런데 이 아이가 보안 프로그램을 설치하지도 않고 스마트폰을 사용하고 있지 않겠어요.
세상에 그게 사실인가요?
애들아, 이 분은 보안프로그램 개발자셔.
수호와 우주라고 해요.
안녕하세요?
괜찮으시면 아이들을 데려가셔서 보안 프로그램을 설명해주시면 어떨까요?
네~ 좋습니다.
애들아, 내 사무실로 가자.

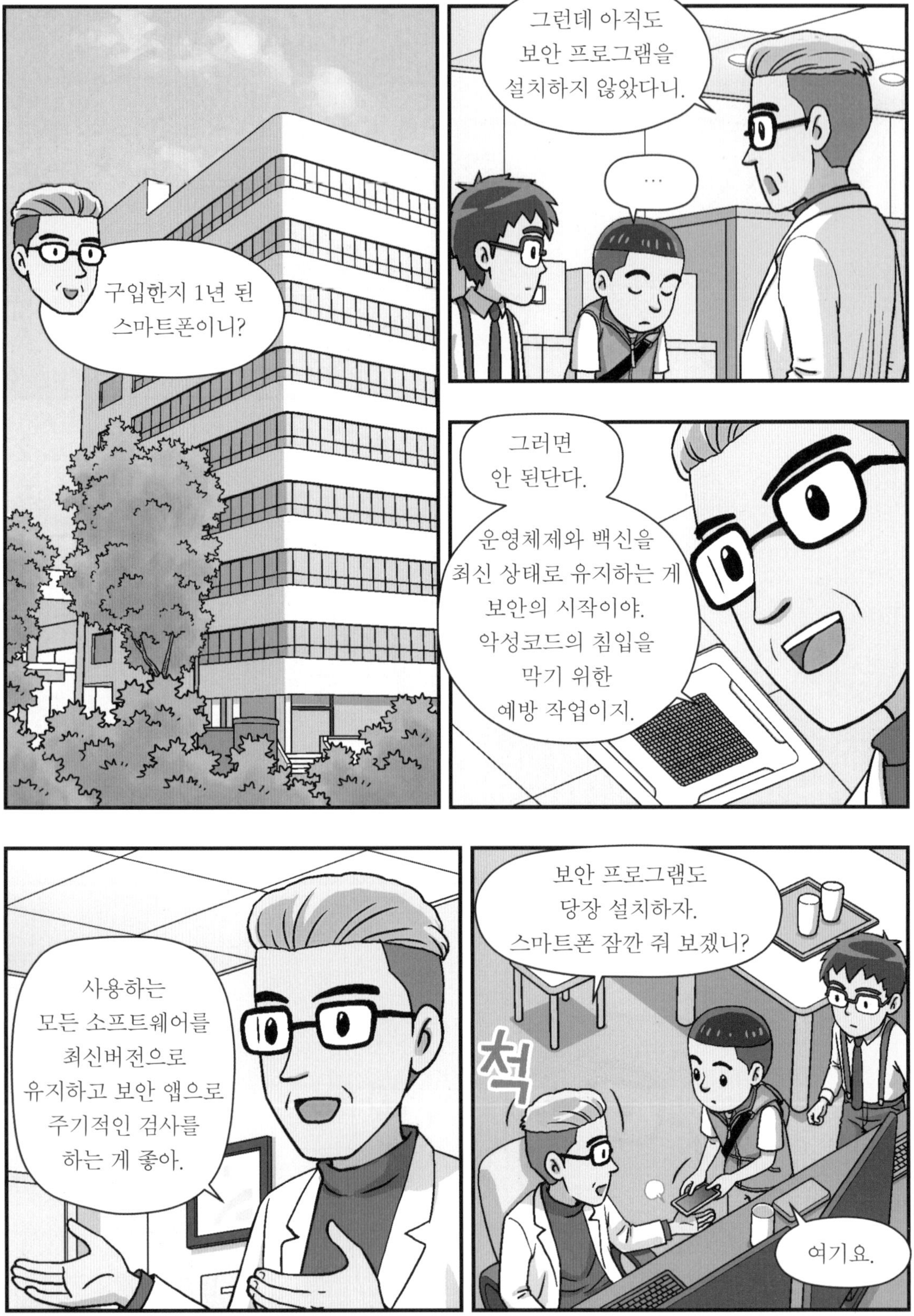
구입한지 1년 된 스마트폰이니?
그런데 아직도 보안 프로그램을 설치하지 않았다니.
...
그러면 안 된단다.
운영체제와 백신을 최신 상태로 유지하는 게 보안의 시작이야. 악성코드의 침입을 막기 위한 예방 작업이지.
사용하는 모든 소프트웨어를 최신버전으로 유지하고 보안 앱으로 주기적인 검사를 하는 게 좋아.
보안 프로그램도 당장 설치하자. 스마트폰 잠깐 줘 보겠니?
척
여기요.

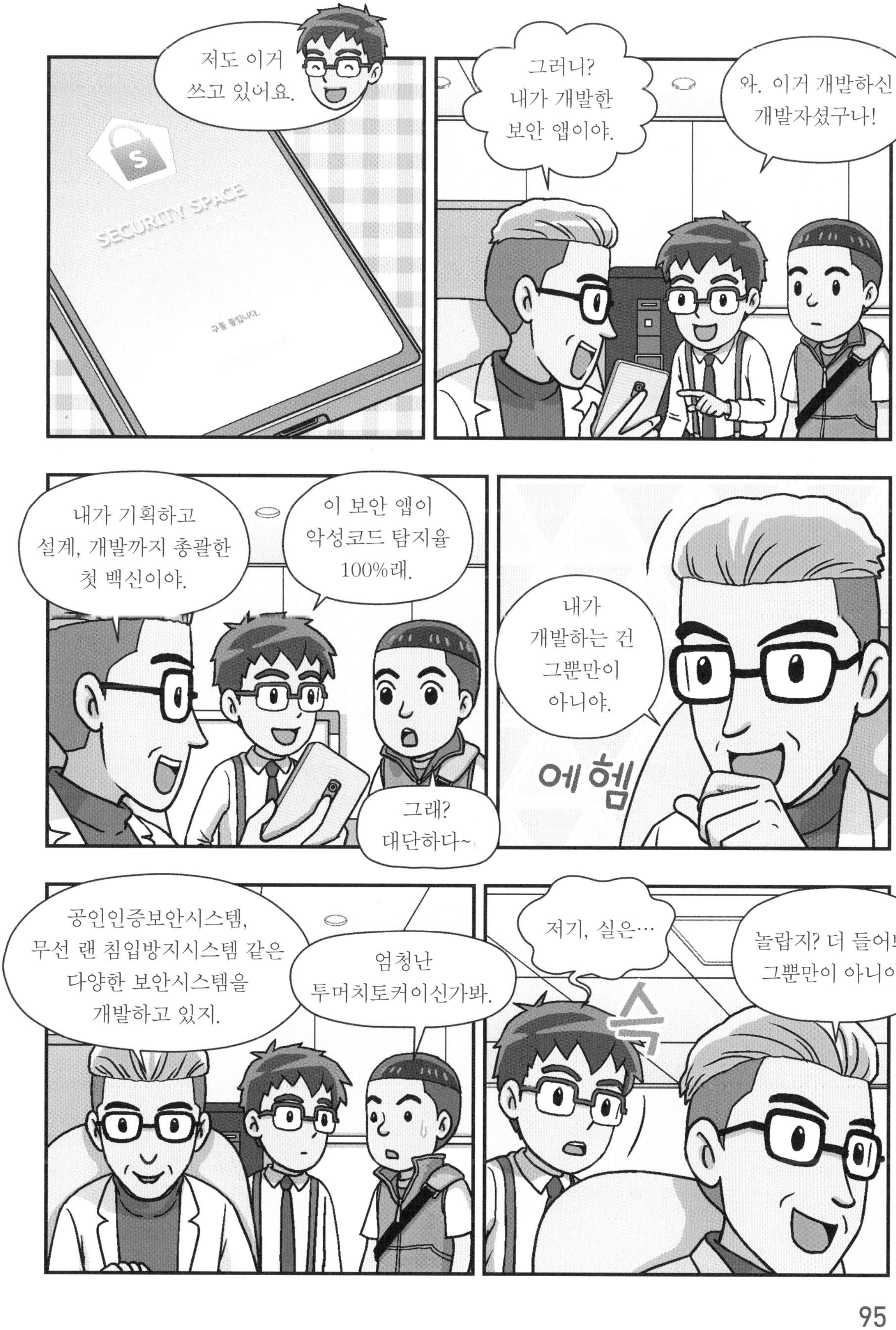
저도 이거 쓰고 있어요.
SECURITY SPACE
구동 중입니다.
그러니? 내가 개발한 보안 앱이야.
와. 이거 개발하신 개발자셨구나!
내가 기획하고 설계, 개발까지 총괄한 첫 백신이야.
이 보안 앱이 악성코드 탐지율 100%래.
그래? 대단하다~
내가 개발하는 건 그뿐만이 아니야.
에헴
공인인증보안시스템, 무선 랜 침입방지시스템 같은 다양한 보안시스템을 개발하고 있지.
엄청난 투머치토커이신가봐.
저기, 실은…
슥
놀랍지? 더 들어봐. 그뿐만이 아니야.

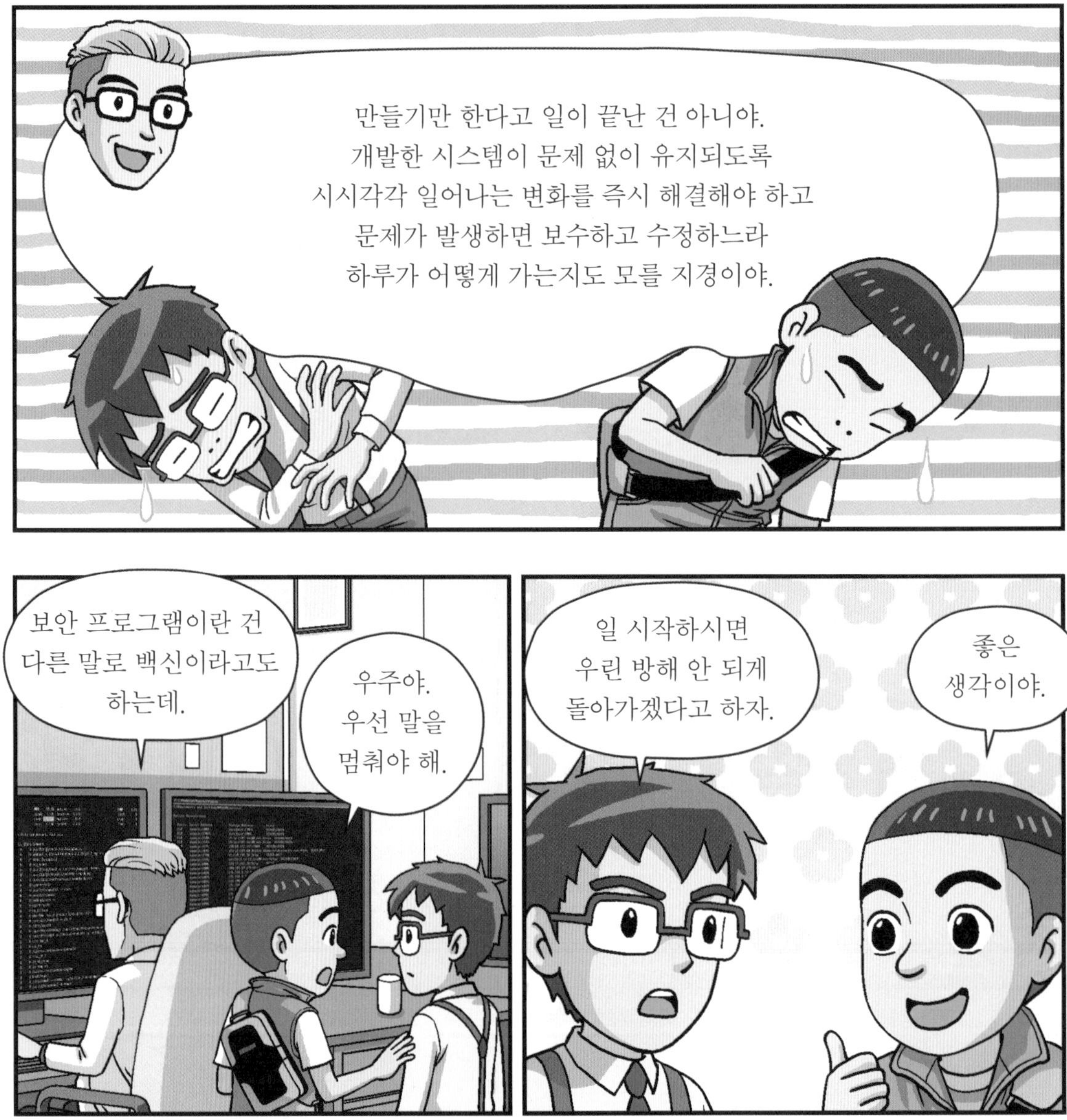

만들기만 한다고 일이 끝난 건 아니야. 개발한 시스템이 문제 없이 유지되도록 시시각각 일어나는 변화를 즉시 해결해야 하고 문제가 발생하면 보수하고 수정하느라 하루가 어떻게 가는지도 모를 지경이야.
보안 프로그램이란 건 다른 말로 백신이라고도 하는데.
우주야. 우선 말을 멈춰야 해.
일 시작하시면 우린 방해 안 되게 돌아가겠다고 하자.
좋은 생각이야.

보안프로그램 개발자

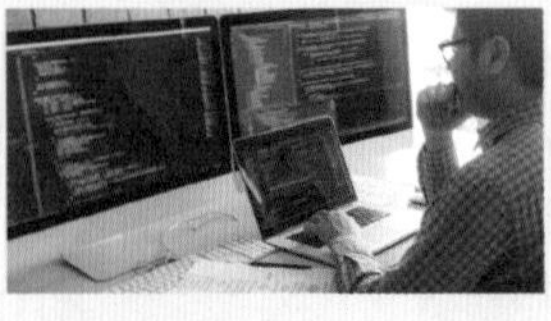

바이러스, 웜, 트로이목마, 스파이웨어 등의 악성코드가 일으키는 보안사고를 예방하고 치료하기 위한 프로그램을 개발하는 일을 합니다. 또한 다양한 해킹방법을 조사, 연구하며 보안상태를 점검하기 위한 시험도구(test tool)를 개발합니다. 국내에는 V3와 알약이 대표적인 보안 프로그램입니다.

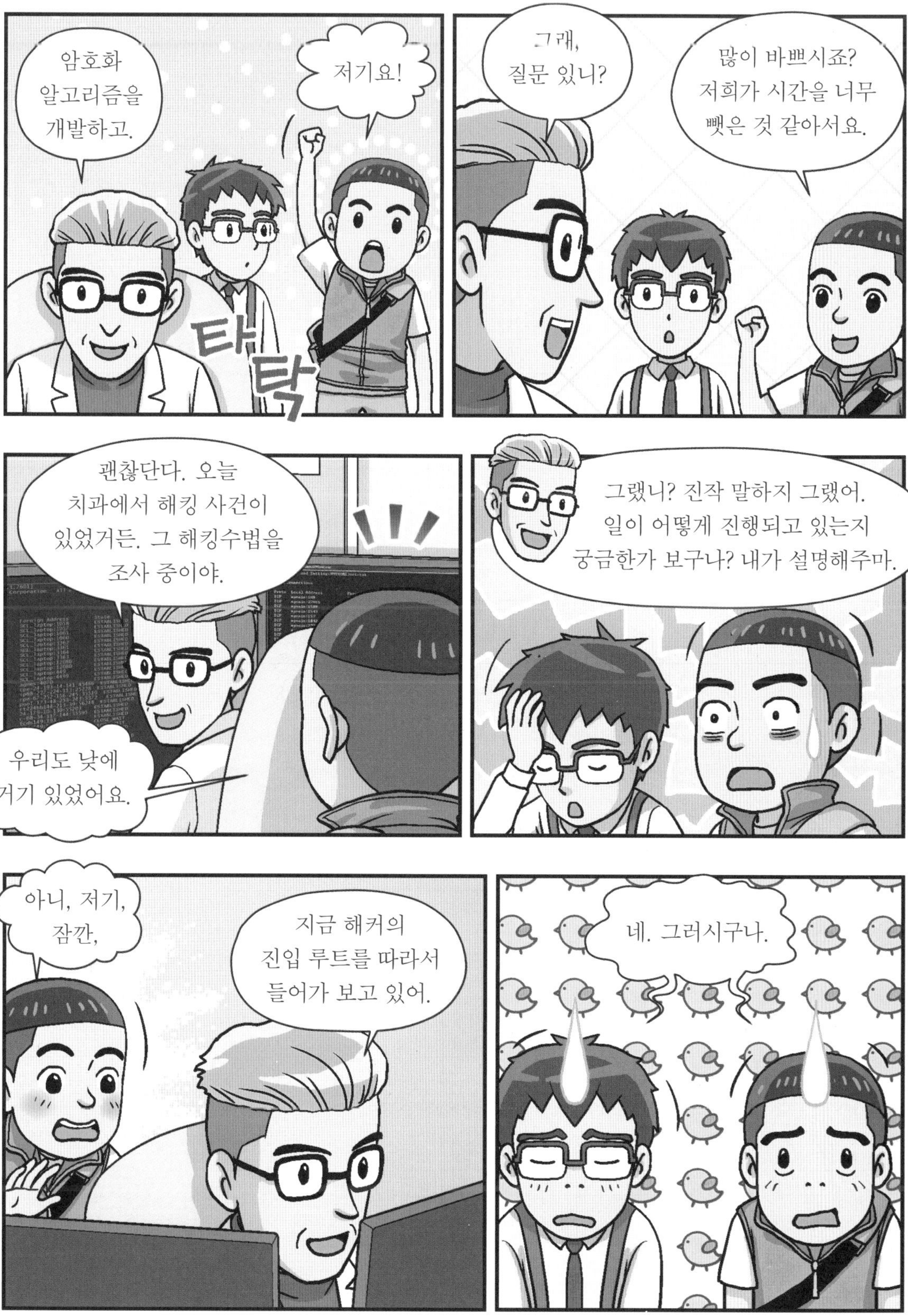
암호화 알고리즘을 개발하고.
저기요!
타탁
그래, 질문 있니?
많이 바쁘시죠? 저희가 시간을 너무 뺏은 것 같아서요.
괜찮단다. 오늘 치과에서 해킹 사건이 있었거든. 그 해킹수법을 조사 중이야.
우리도 낮에 거기 있었어요.
그랬니? 진작 말하지 그랬어. 일이 어떻게 진행되고 있는지 궁금한가 보구나? 내가 설명해주마.
아니, 저기, 잠깐,
지금 해커의 진입 루트를 따라서 들어가 보고 있어.
네. 그러시구나.

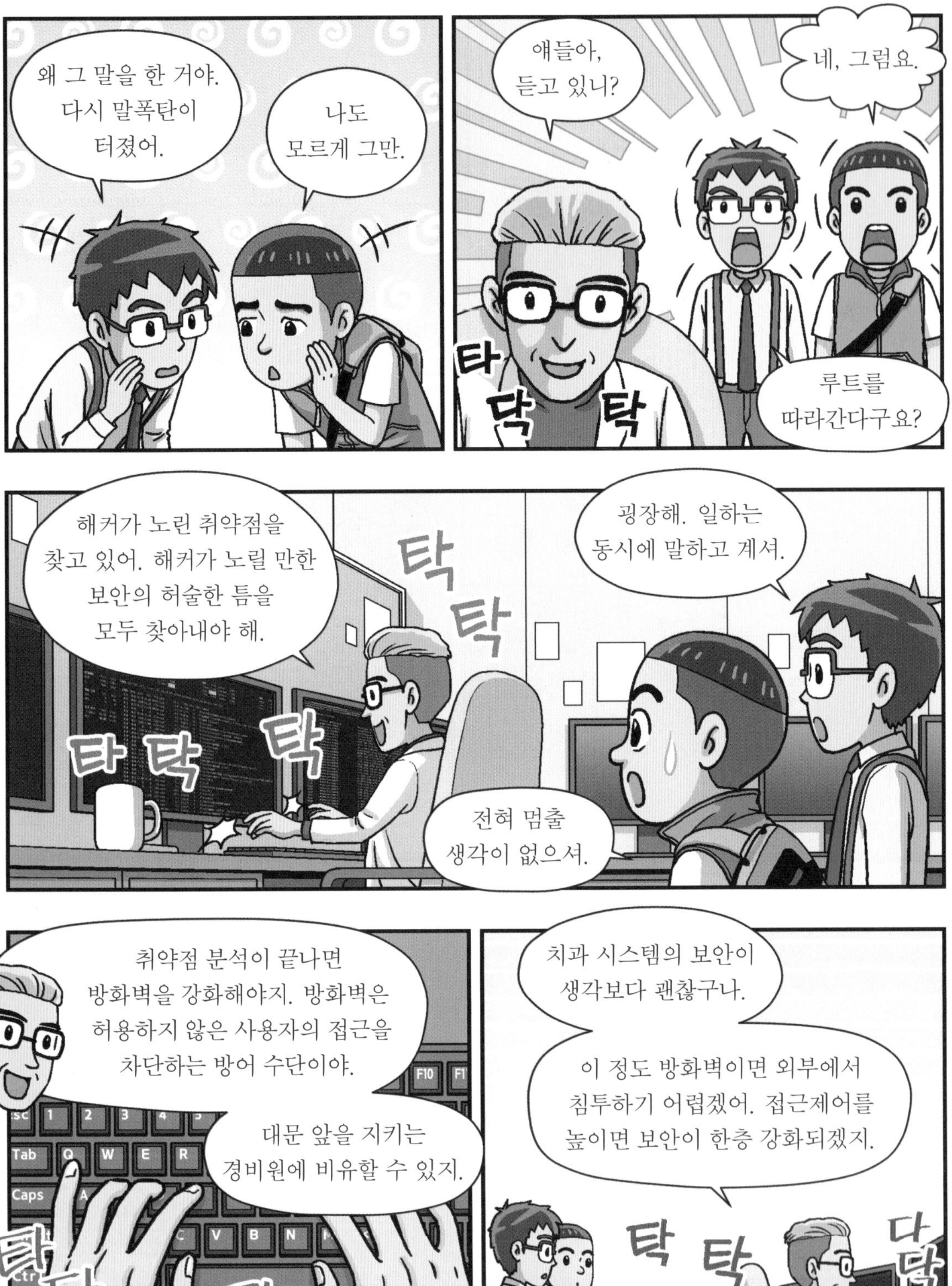
왜 그 말을 한 거야. 다시 말폭탄이 터졌어.
나도 모르게 그만.
얘들아, 듣고 있니?
네, 그럼요.
타 닥 탁
루트를 따라간다구요?
해커가 노린 취약점을 찾고 있어. 해커가 노릴 만한 보안의 허술한 틈을 모두 찾아내야 해.
탁 탁
타 탁 탁
굉장해. 일하는 동시에 말하고 계셔.
전혀 멈출 생각이 없으셔.
취약점 분석이 끝나면 방화벽을 강화해야지. 방화벽은 허용하지 않은 사용자의 접근을 차단하는 방어 수단이야.
대문 앞을 지키는 경비원에 비유할 수 있지.
타다닥
타다닥
치과 시스템의 보안이 생각보다 괜찮구나.
이 정도 방화벽이면 외부에서 침투하기 어렵겠어. 접근제어를 높이면 보안이 한층 강화되겠지.
탁 탁
다다닥
다닥

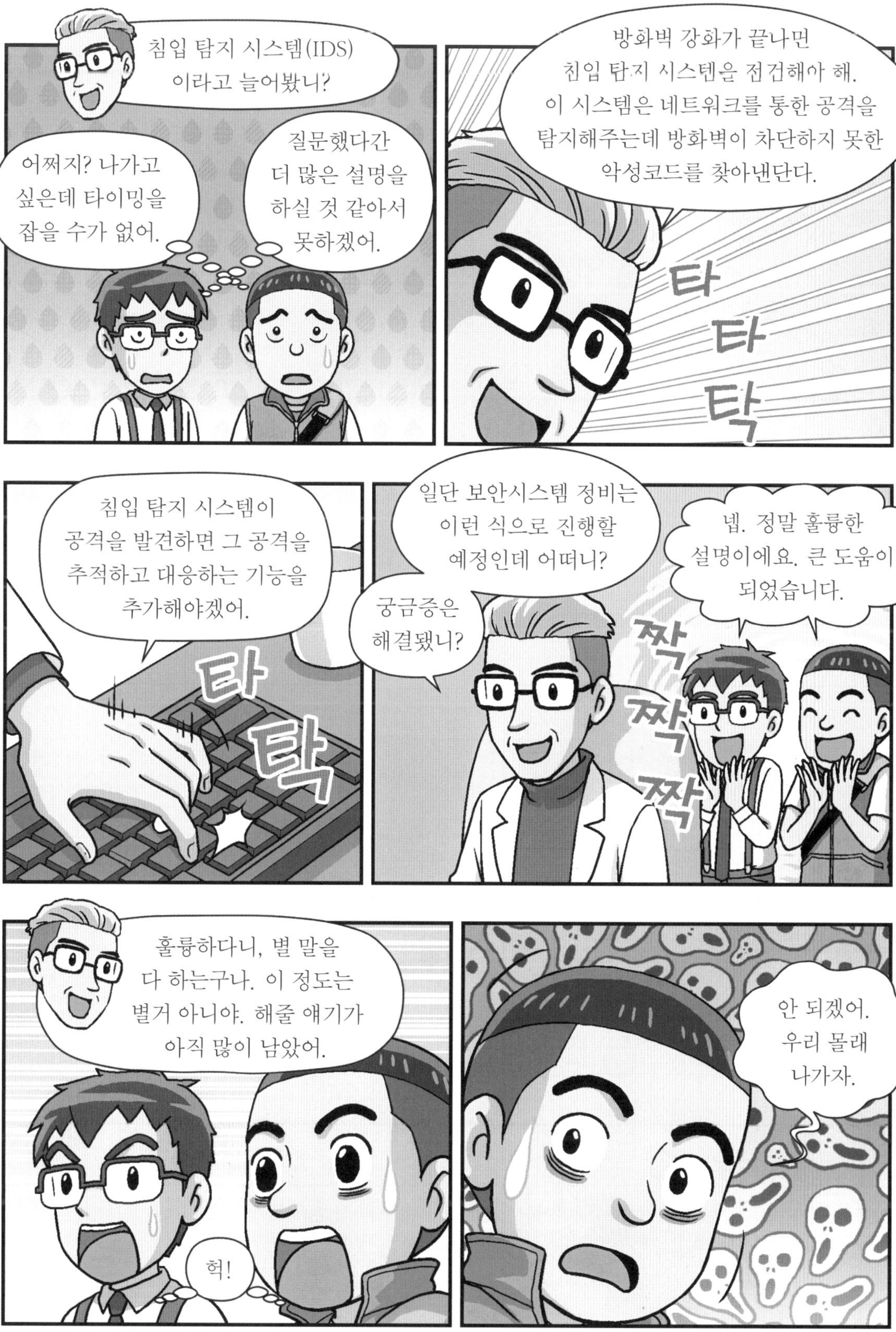
침입 탐지 시스템(IDS) 이라고 들어봤니?
어쩌지? 나가고 싶은데 타이밍을 잡을 수가 없어.
질문했다간 더 많은 설명을 하실 것 같아서 못하겠어.
방화벽 강화가 끝나면 침입 탐지 시스템을 점검해야 해. 이 시스템은 네트워크를 통한 공격을 탐지해주는데 방화벽이 차단하지 못한 악성코드를 찾아낸단다.
타 타 탁
침입 탐지 시스템이 공격을 발견하면 그 공격을 추적하고 대응하는 기능을 추가해야겠어.
타 탁
일단 보안시스템 정비는 이런 식으로 진행할 예정인데 어떠니?
궁금증은 해결됐니?
넵. 정말 훌륭한 설명이에요. 큰 도움이 되었습니다.
짝 짝 짝
훌륭하다니, 별 말을 다 하는구나. 이 정도는 별거 아니야. 해줄 얘기가 아직 많이 남았어.
헉!
안 되겠어. 우리 몰래 나가자.

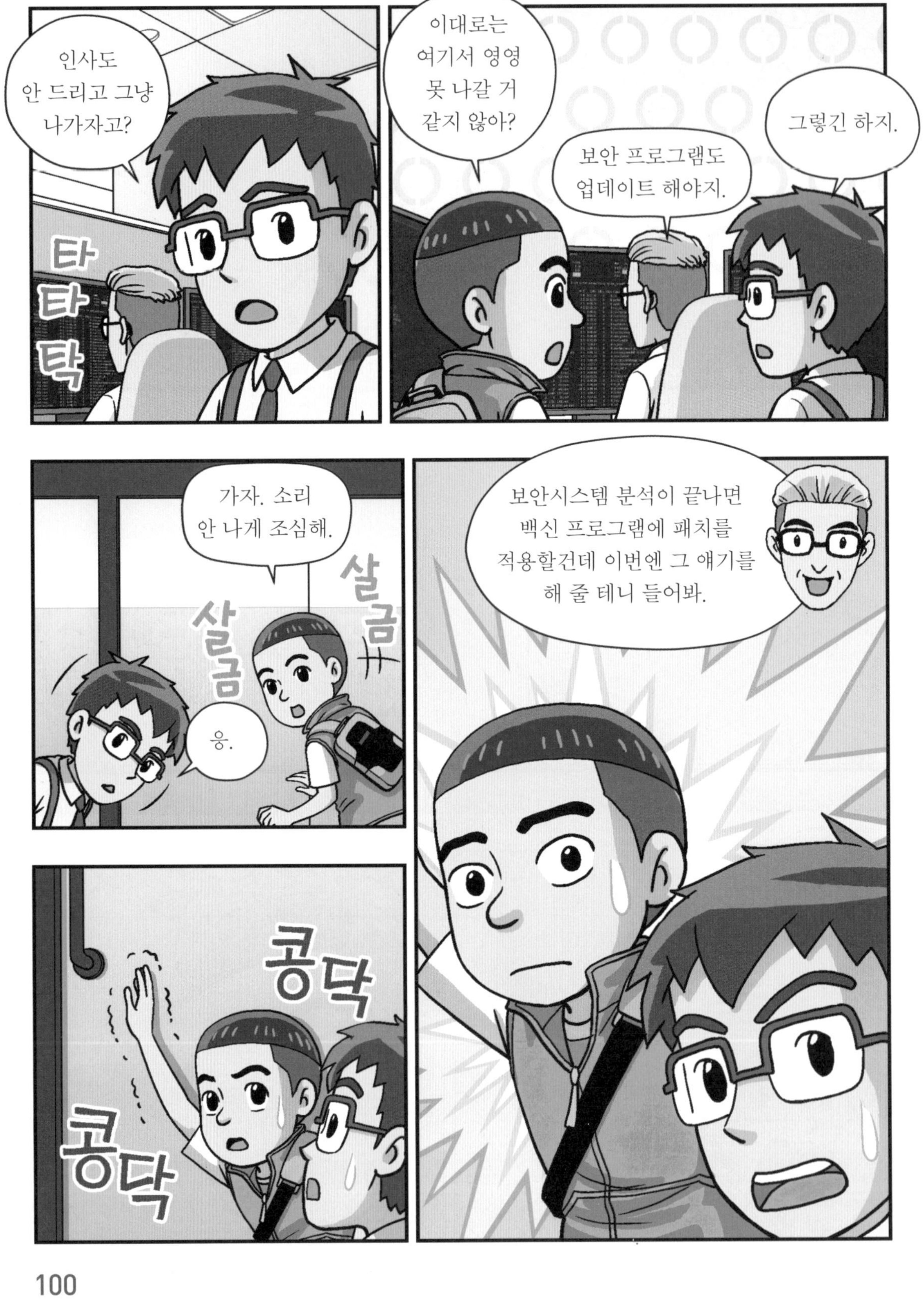
인사도 안 드리고 그냥 나가자고?
타 타 탁
이대로는 여기서 영영 못 나갈 거 같지 않아?
보안 프로그램도 업데이트 해야지.
그렇긴 하지.
가자. 소리 안 나게 조심해.
살금 살금
응.
보안시스템 분석이 끝나면 백신 프로그램에 패치를 적용할건데 이번엔 그 얘기를 해 줄 테니 들어봐.
콩닥 콩닥

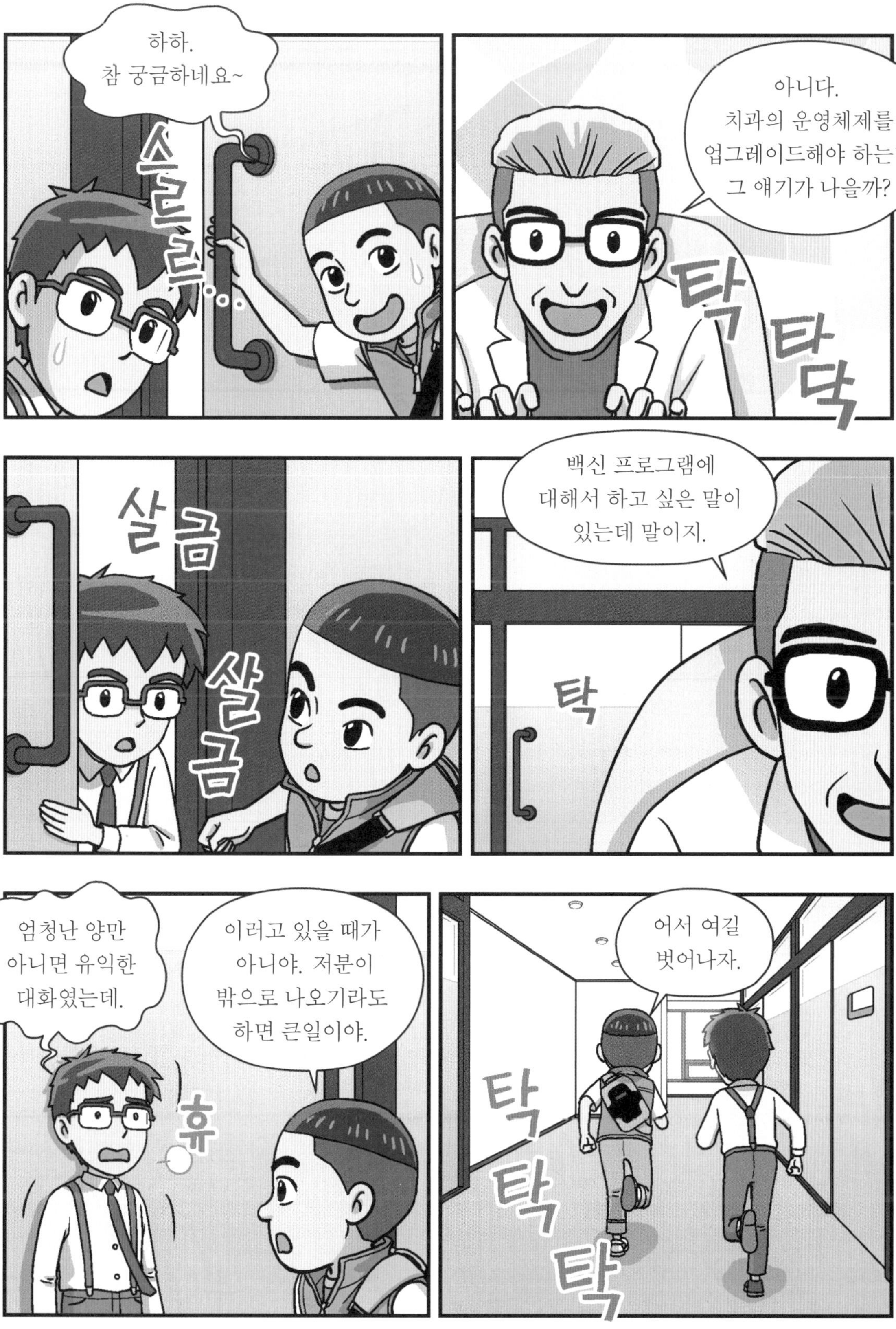
하하.
참 궁금하네요~
스르르...
아니다.
치과의 운영체제를
업그레이드해야 하는데
그 얘기가 나올까?
탁 타닥
살금
살금
백신 프로그램에
대해서 하고 싶은 말이
있는데 말이지.
탁
엄청난 양만
아니면 유익한
대화였는데.
휴
이러고 있을 때가
아니야. 저분이
밖으로 나오기라도
하면 큰일이야.
어서 여길
벗어나자.
탁 탁 탁

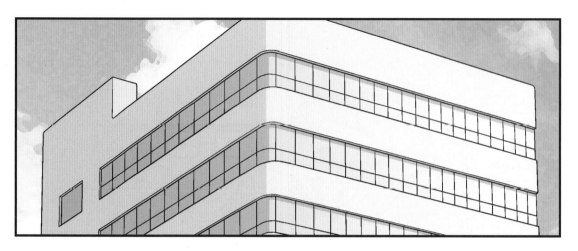

으갸갸…

오늘 보안공부 엄청 했다, 그치?

수호야. 왜 그래? 피곤해서 그래?

해커의 문제를 풀어야 하는데, 탐정 자료가 무사한지 알아보다가 시간이 너무 많이 흘렀어.

벌써 4시가 넘었네.

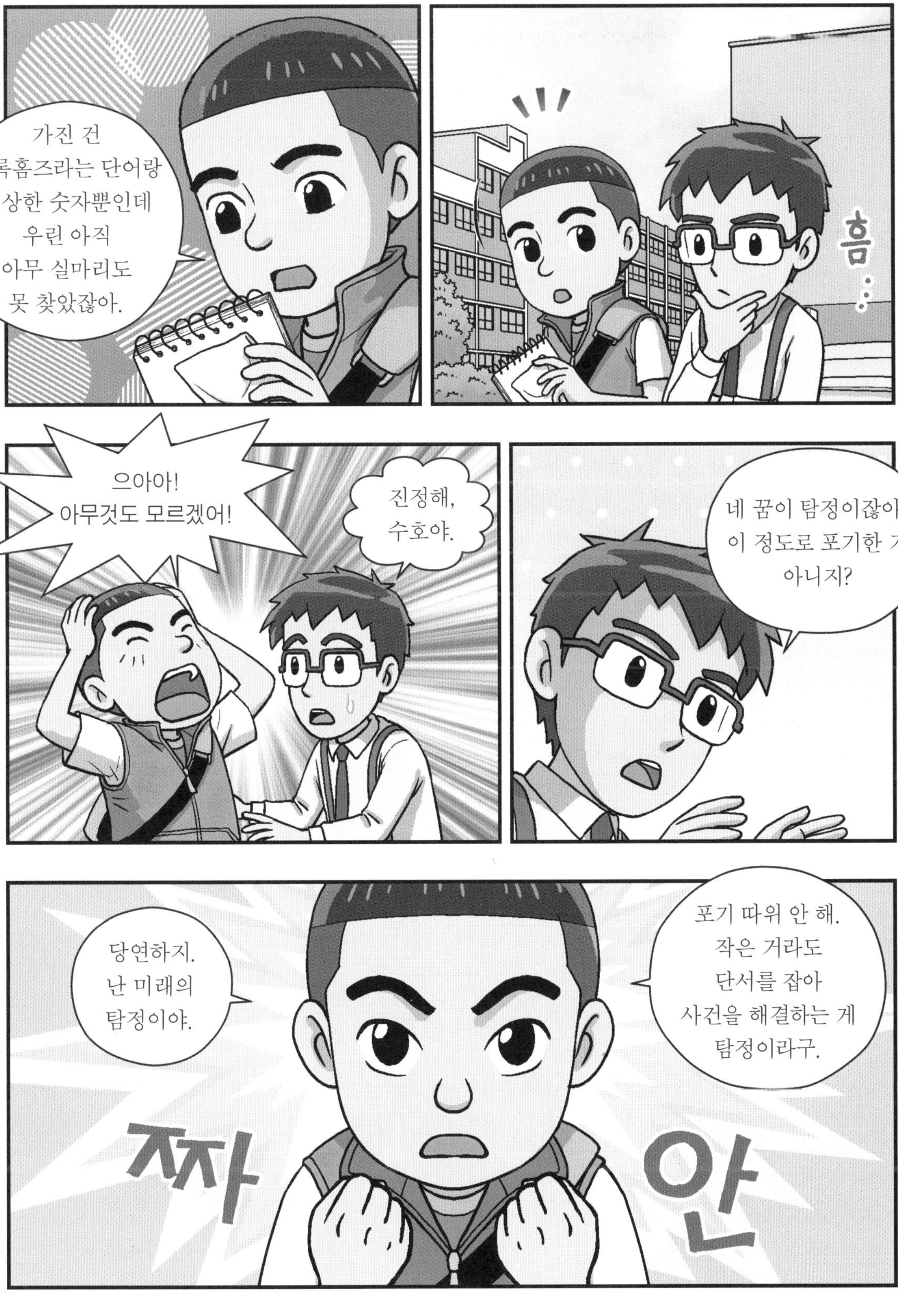
가진 건 셜록홈즈라는 단어랑 이상한 숫자뿐인데 우린 아직 아무 실마리도 못 찾았잖아.
흠…
으아아! 아무것도 모르겠어!
진정해, 수호야.
네 꿈이 탐정이잖아. 이 정도로 포기한 거 아니지?
당연하지. 난 미래의 탐정이야.
포기 따위 안 해. 작은 거라도 단서를 잡아 사건을 해결하는 게 탐정이라구.
짜안

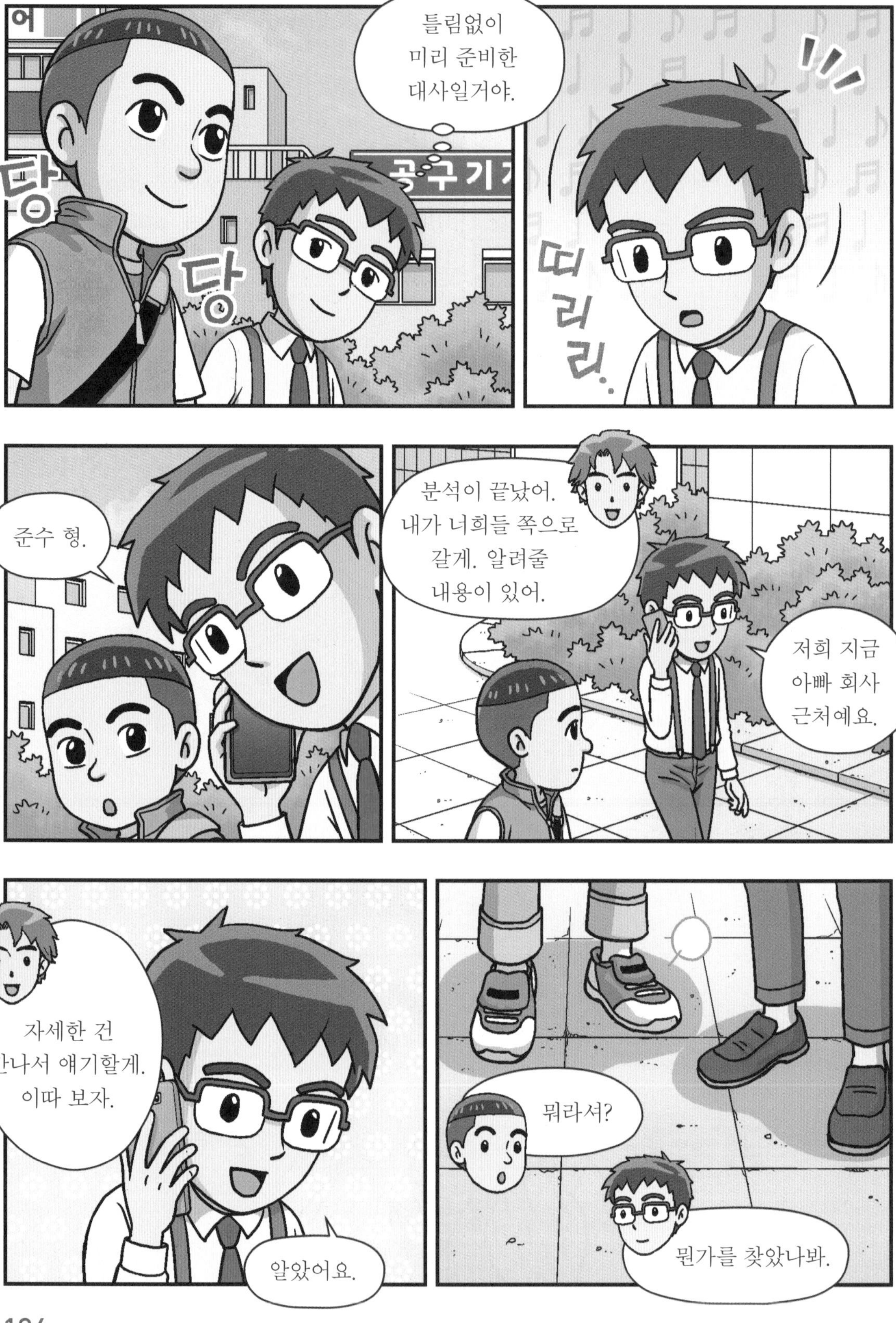
당
당
틀림없이 미리 준비한 대사일거야.
띠리리..
준수 형.
분석이 끝났어. 내가 너희들 쪽으로 갈게. 알려줄 내용이 있어.
저희 지금 아빠 회사 근처예요.
자세한 건 만나서 얘기할게. 이따 보자.
알았어요.
뭐라셔?
뭔가를 찾았나봐.

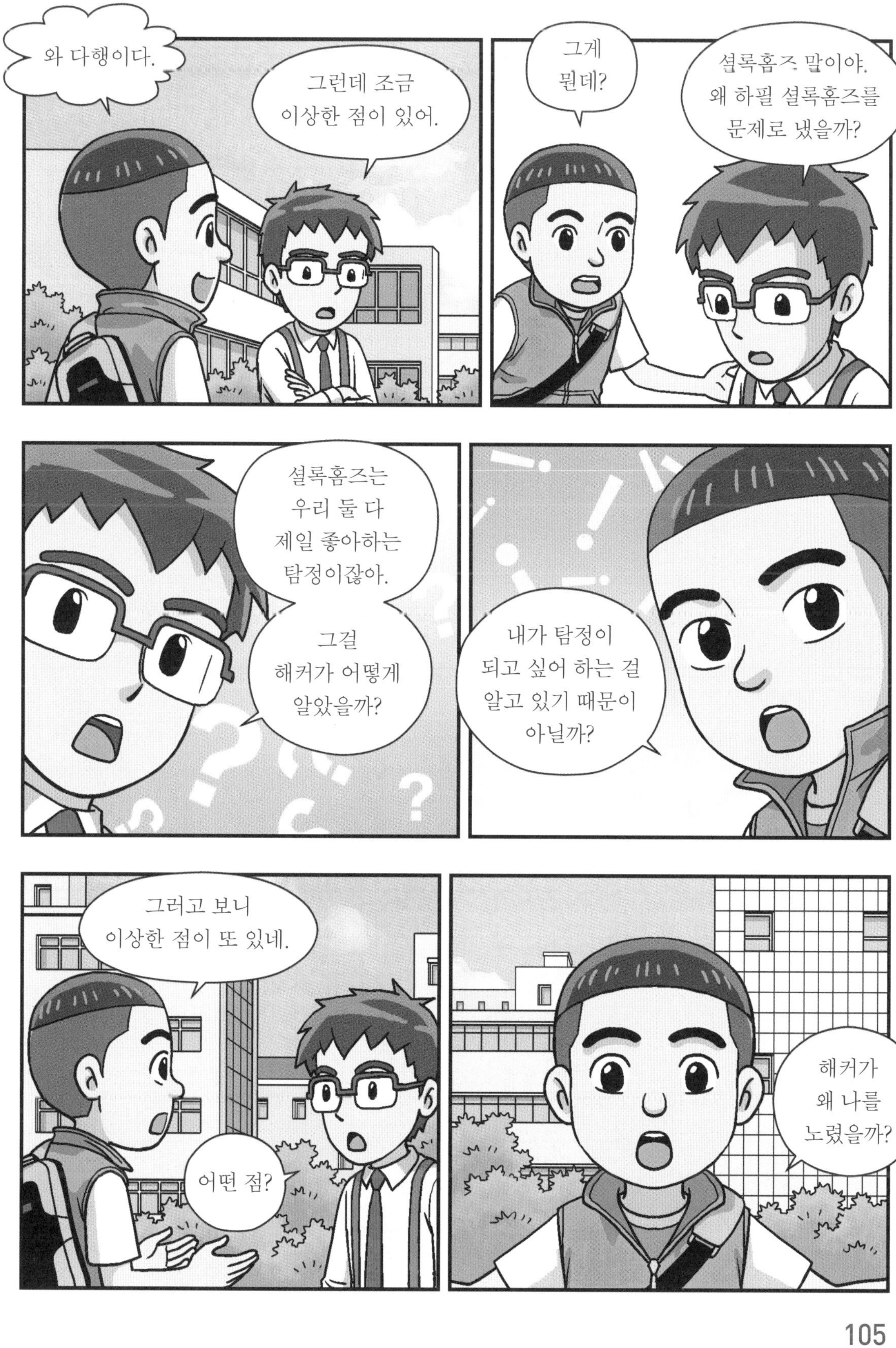
와 다행이다.
그런데 조금 이상한 점이 있어.
그게 뭔데?
셜록홈즈 말이야. 왜 하필 셜록홈즈를 문제로 냈을까?
셜록홈즈는 우리 둘 다 제일 좋아하는 탐정이잖아.
그걸 해커가 어떻게 알았을까?
내가 탐정이 되고 싶어 하는 걸 알고 있기 때문이 아닐까?
그러고 보니 이상한 점이 또 있네.
어떤 점?
해커가 왜 나를 노렸을까?

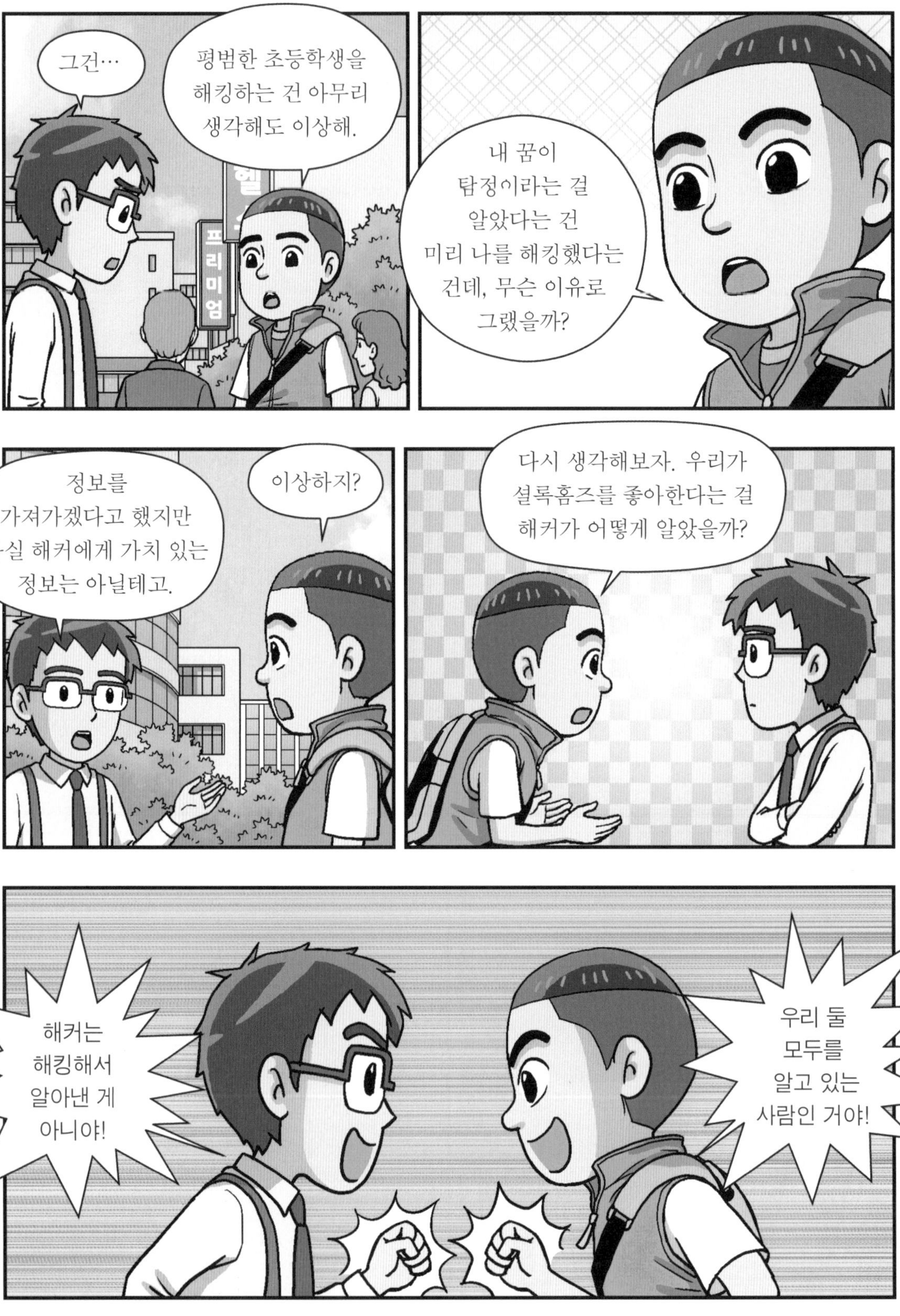
그건…
평범한 초등학생을 해킹하는 건 아무리 생각해도 이상해.
프리미엄
내 꿈이 탐정이라는 걸 알았다는 건 미리 나를 해킹했다는 건데, 무슨 이유로 그랬을까?
정보를 가져가겠다고 했지만 사실 해커에게 가치 있는 정보는 아닐테고.
이상하지?
다시 생각해보자. 우리가 셜록홈즈를 좋아한다는 걸 해커가 어떻게 알았을까?
해커는 해킹해서 알아낸 게 아니야!
우리 둘 모두를 알고 있는 사람인 거야!

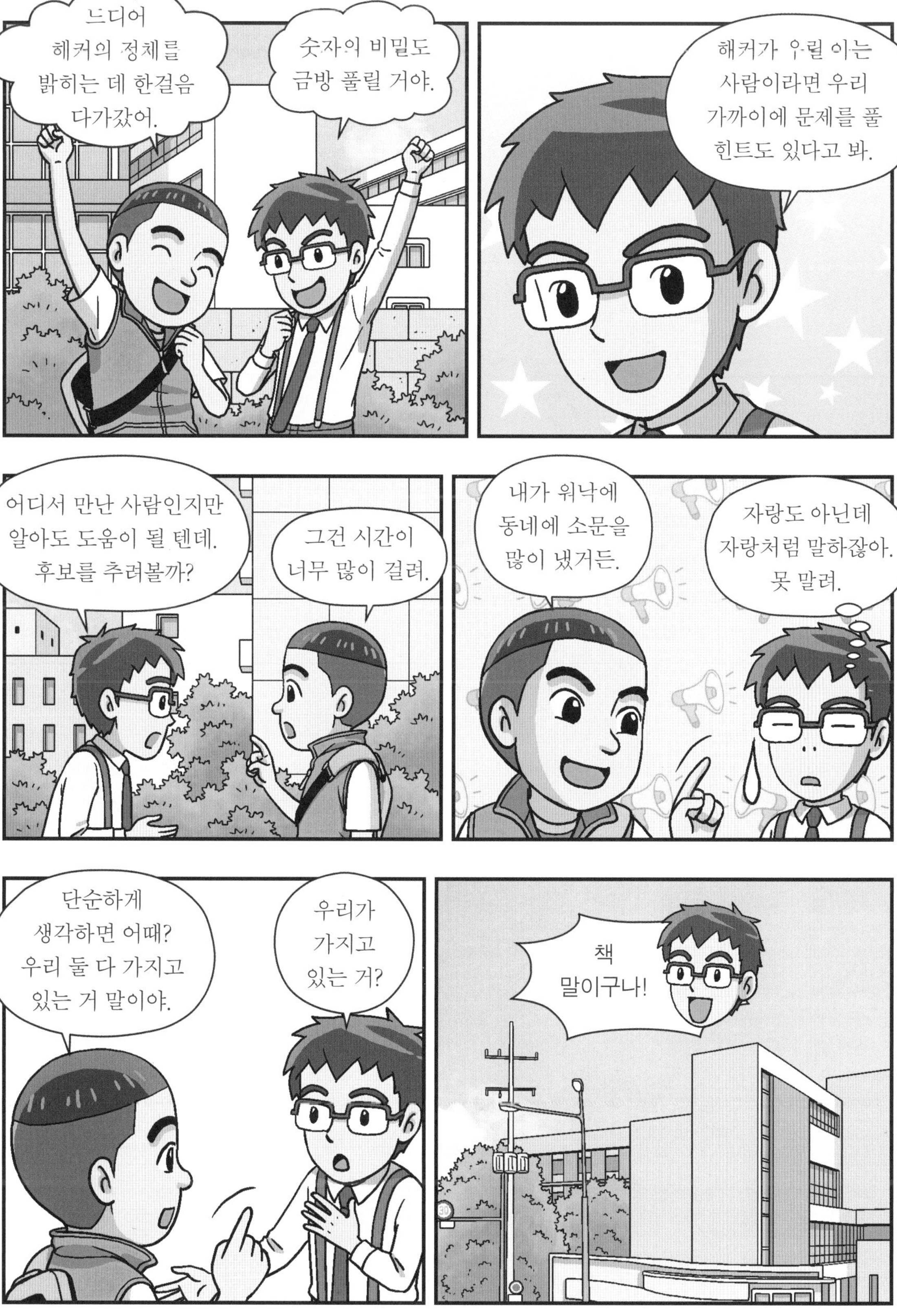

느디어 헤커의 정체를 밝히는 데 한걸음 다가갔어.
숫자의 비밀도 금방 풀릴 거야.
해커가 우릴 아는 사람이라면 우리 가까이에 문제를 풀 힌트도 있다고 봐.
어디서 만난 사람인지만 알아도 도움이 될 텐데. 후보를 추려볼까?
그건 시간이 너무 많이 걸려.
내가 워낙에 동네에 소문을 많이 냈거든.
자랑도 아닌데 자랑처럼 말하잖아. 못 말려.
단순하게 생각하면 어때? 우리 둘 다 가지고 있는 거 말이야.
우리가 가지고 있는 거?
책 말이구나!

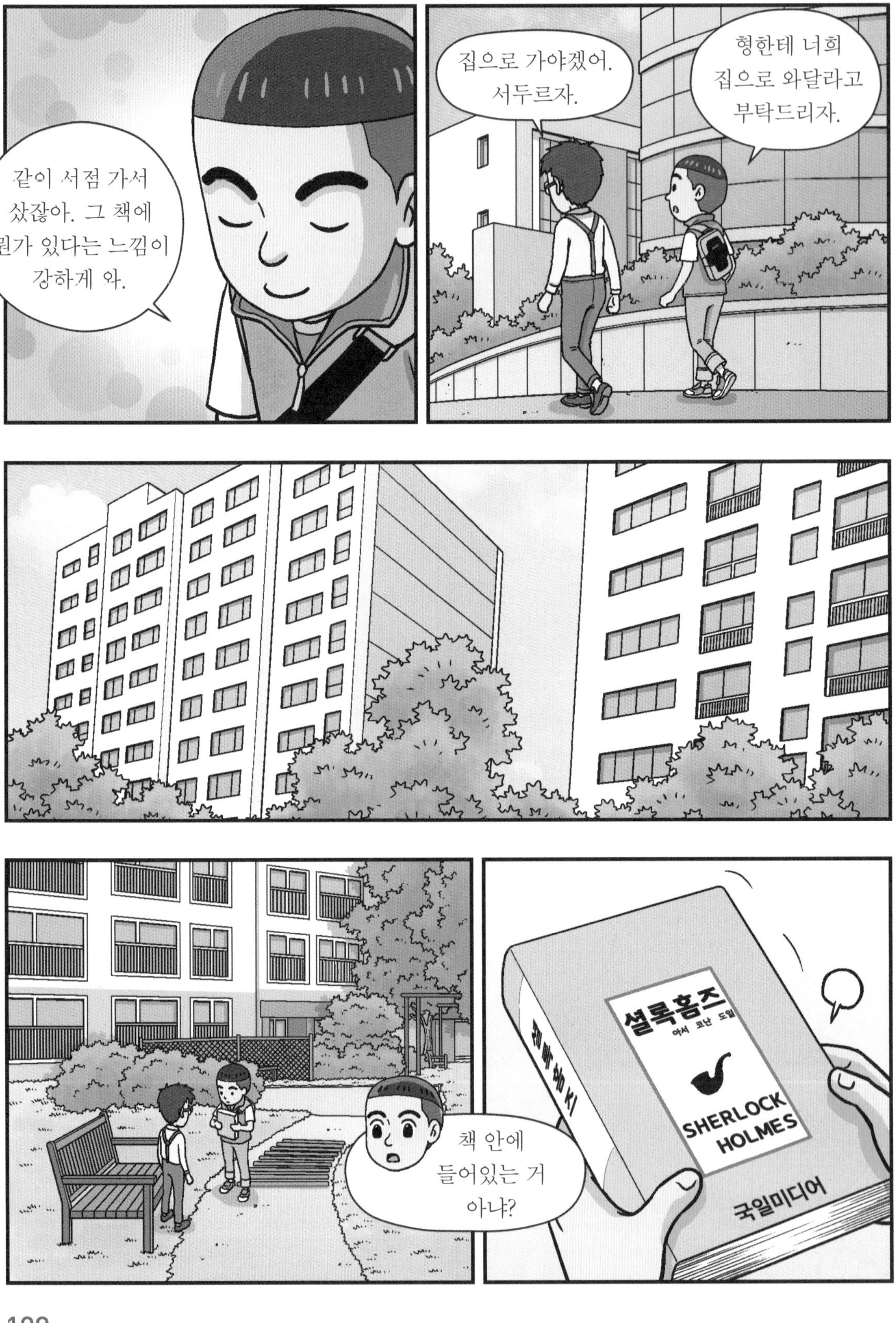
같이 서점 가서 샀잖아. 그 책에 뭔가 있다는 느낌이 강하게 와.
집으로 가야겠어. 서두르자.
형한테 너희 집으로 와달라고 부탁드리자.
책 안에 들어있는 거 아냐?
셜록홈즈
아서 코난 도일
SHERLOCK HOLMES
국일미디어

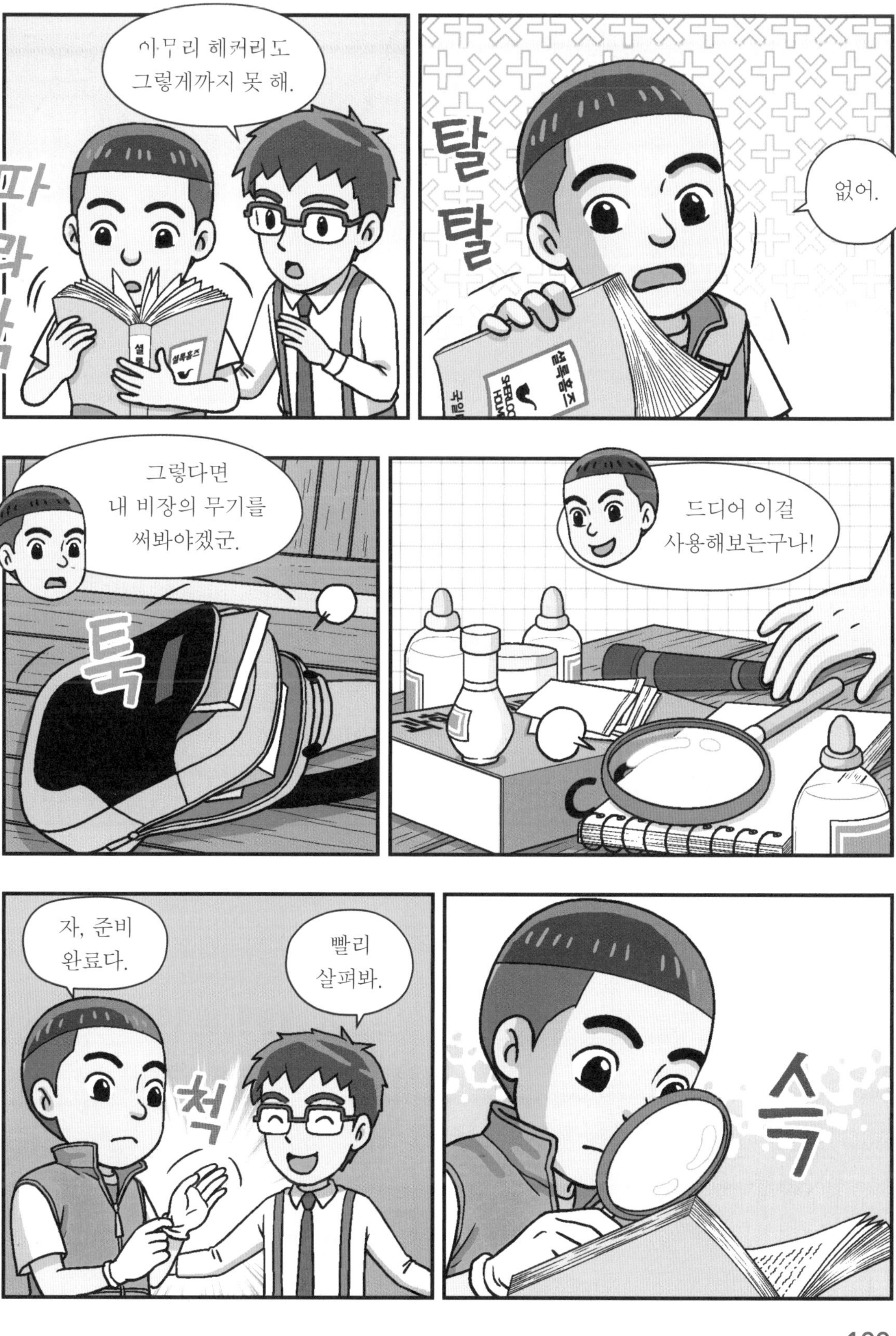

아무리 헤커리도
그렇게까지 못 해.
파라락
탈탈
없어.
그렇다면
내 비장의 무기를
써봐야겠군.
툭
드디어 이걸
사용해보는구나!
자, 준비
완료다.
빨리
살펴봐.
척
스윽

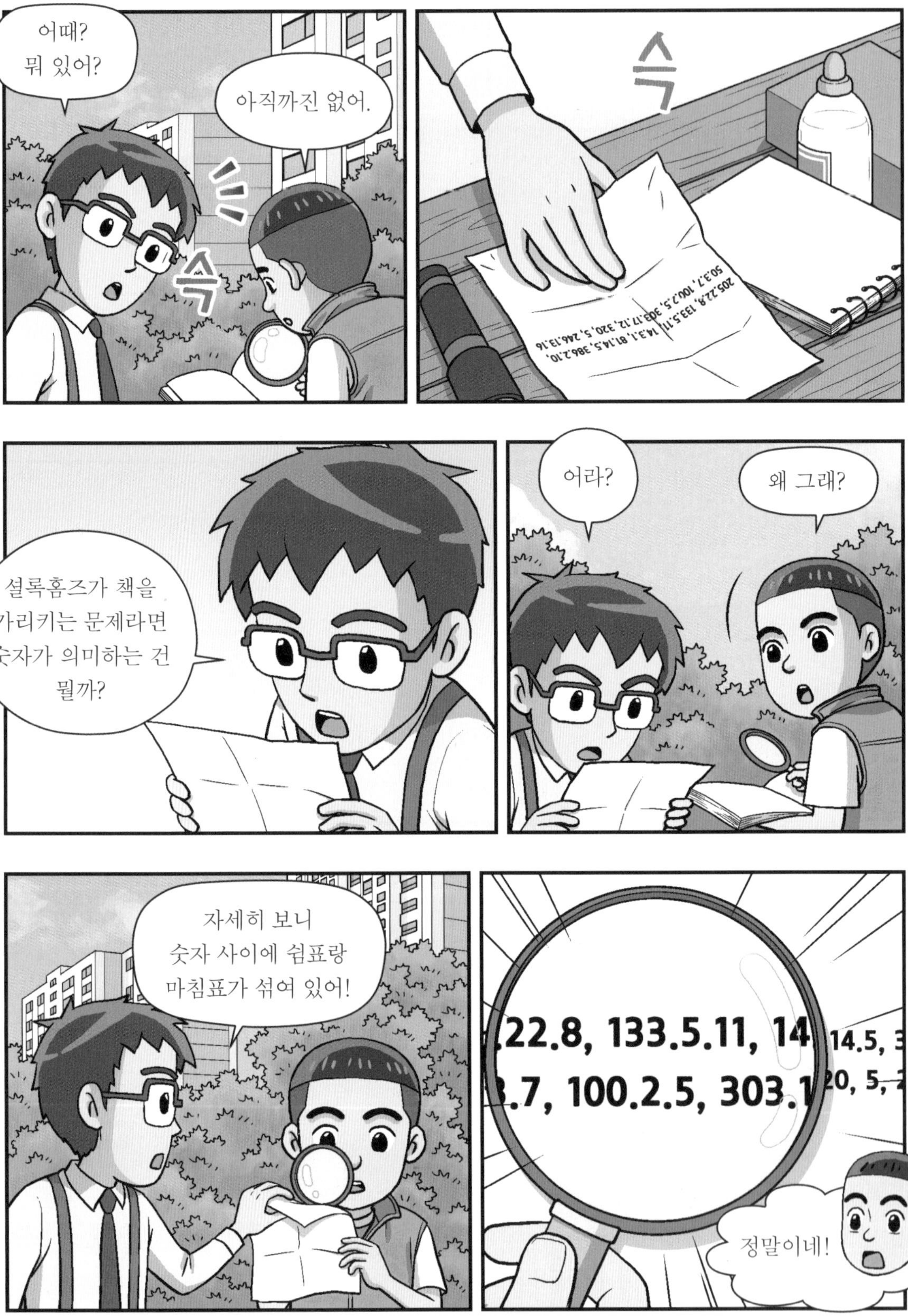
어때?
뭐 있어?
아직까진 없어.
슥
슥
설록홈즈가 책을 가리키는 문제라면 숫자가 의미하는 건 뭘까?
어라?
왜 그래?
자세히 보니 숫자 사이에 쉼표랑 마침표가 섞여 있어!
22.8, 133.5.11, 14
.7, 100.2.5, 303.1
정말이네!

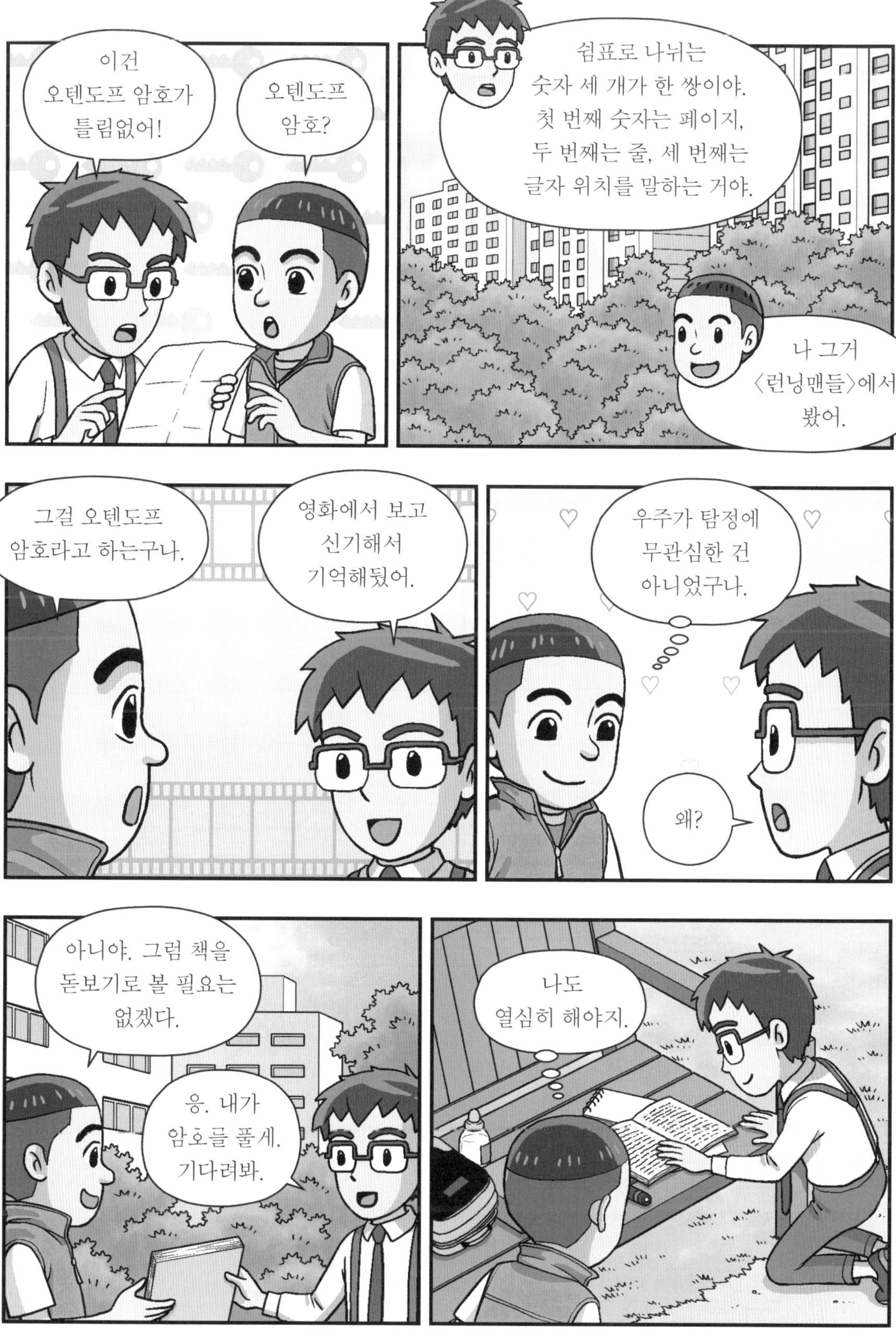
이건 오텐도프 암호가 틀림없어!
오텐도프 암호?
쉼표로 나뉘는 숫자 세 개가 한 쌍이야. 첫 번째 숫자는 페이지, 두 번째는 줄, 세 번째는 글자 위치를 말하는 거야.
나 그거 〈런닝맨들〉에서 봤어.
그걸 오텐도프 암호라고 하는구나.
영화에서 보고 신기해서 기억해뒀어.
우주가 탐정에 무관심한 건 아니었구나.
왜?
아니야. 그럼 책을 돋보기로 볼 필요는 없겠다.
응. 내가 암호를 풀게. 기다려봐.
나도 열심히 해야지.

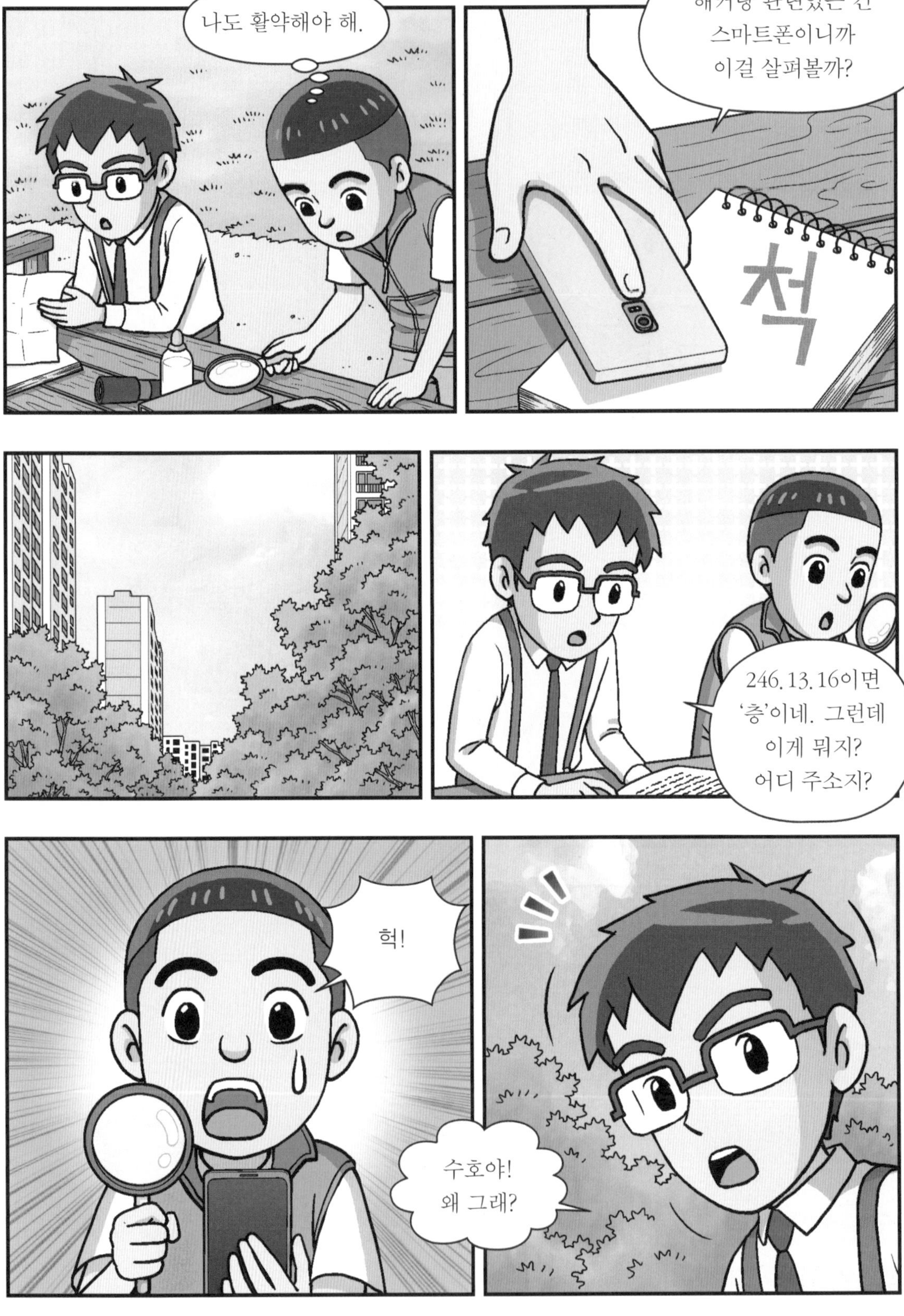
나도 활약해야 해.
해커랑 관련있는 건 스마트폰이니까 이걸 살펴볼까?
척
246.13.16이면 '층'이네. 그런데 이게 뭐지? 어디 주소지?
헉!
수호야! 왜 그래?

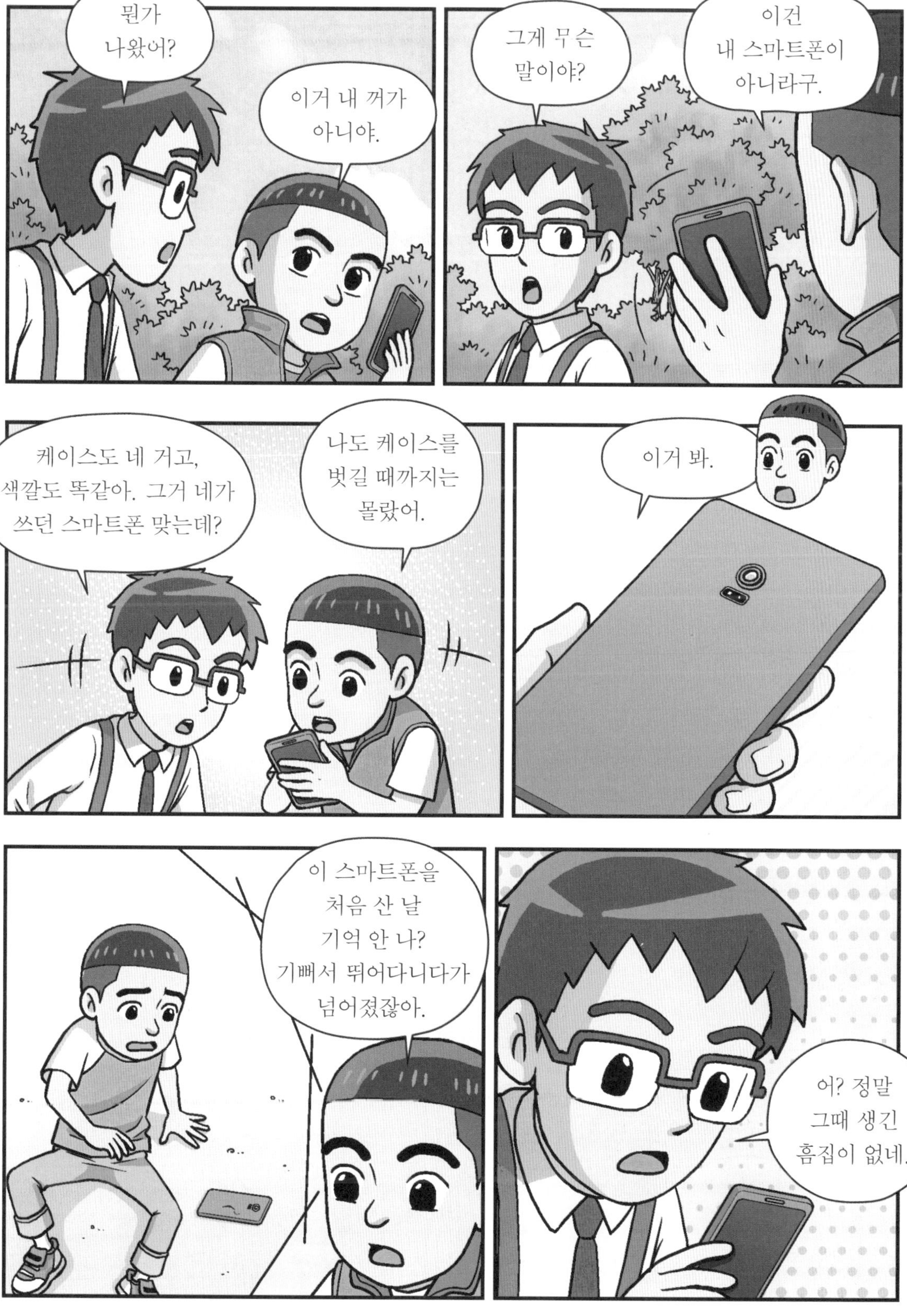

뭔가 나왔어?
이거 내 꺼가 아니야.
그게 무슨 말이야?
이건 내 스마트폰이 아니라구.
케이스도 네 거고, 색깔도 똑같아. 그거 네가 쓰던 스마트폰 맞는데?
나도 케이스를 벗길 때까지는 몰랐어.
이거 봐.
이 스마트폰을 처음 산 날 기억 안 나? 기뻐서 뛰어다니다가 넘어졌잖아.
어? 정말 그때 생긴 흠집이 없네.

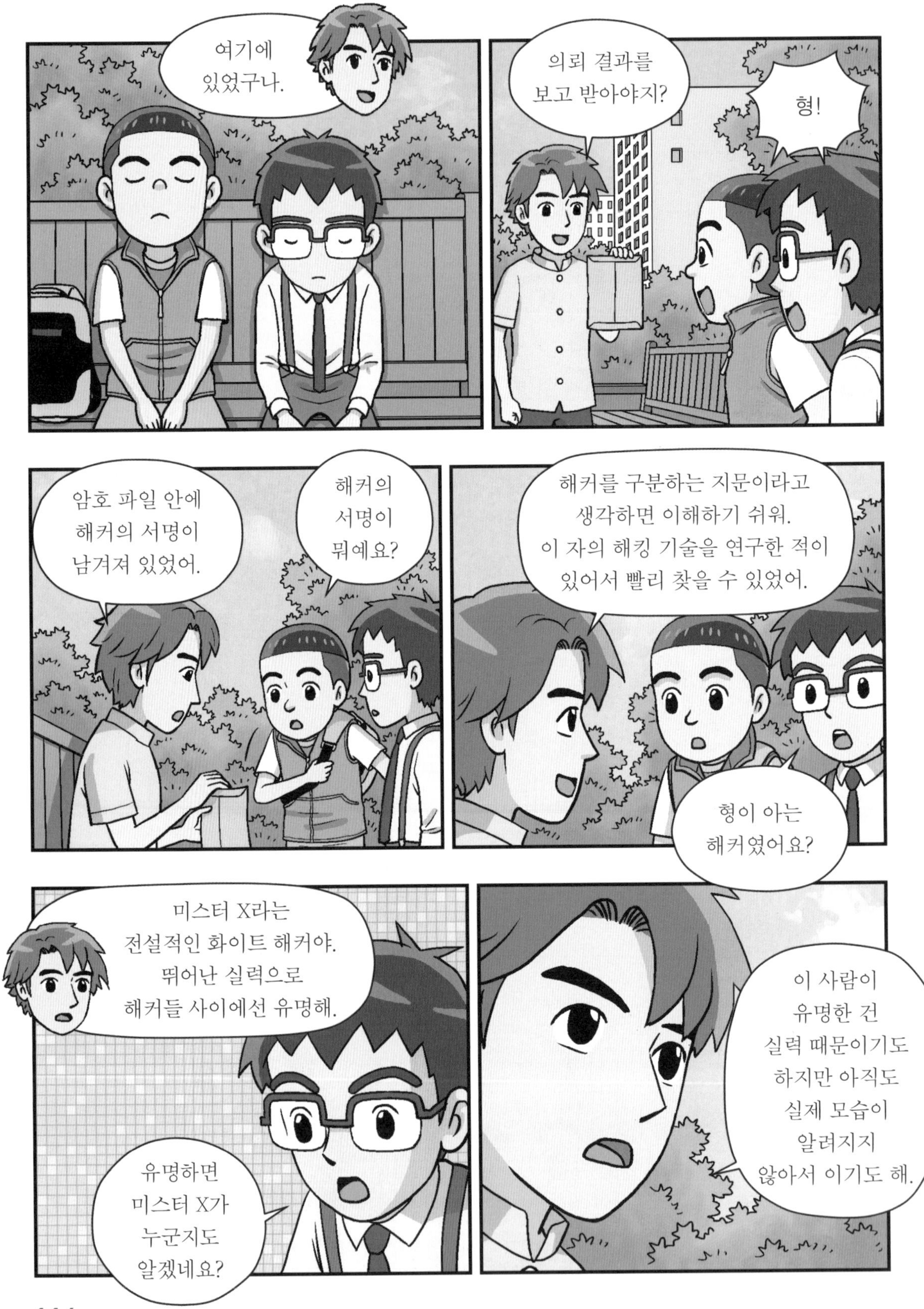

여기에 있었구나.
의뢰 결과를 보고 받아야지?
형!
암호 파일 안에 해커의 서명이 남겨져 있었어.
해커의 서명이 뭐예요?
해커를 구분하는 지문이라고 생각하면 이해하기 쉬워. 이 자의 해킹 기술을 연구한 적이 있어서 빨리 찾을 수 있었어.
형이 아는 해커였어요?
미스터 X라는 전설적인 화이트 해커야. 뛰어난 실력으로 해커들 사이에선 유명해.
유명하면 미스터 X가 누군지도 알겠네요?
이 사람이 유명한 건 실력 때문이기도 하지만 아직도 실제 모습이 알려지지 않아서 이기도 해.

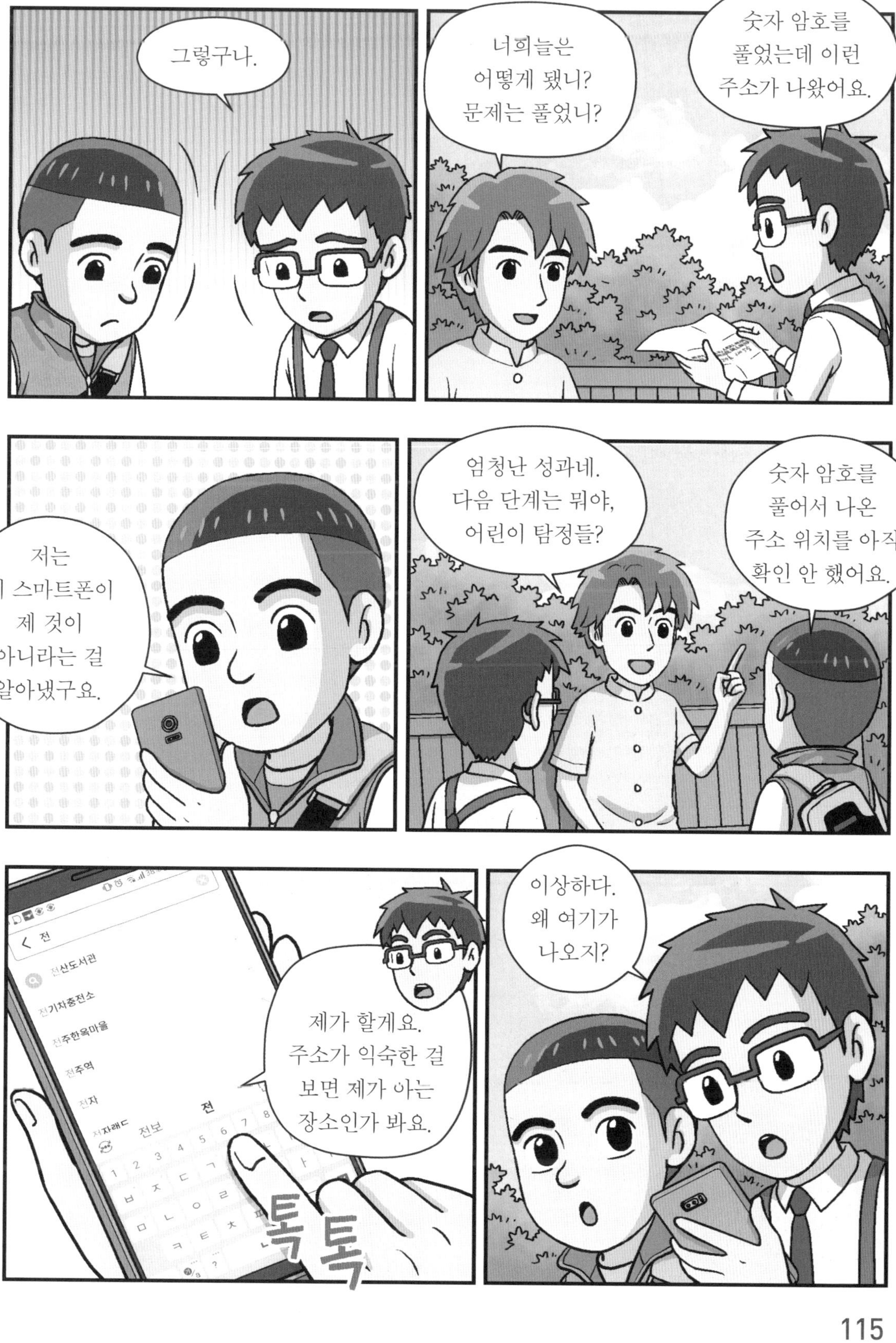
그렇구나.
너희들은 어떻게 됐니? 문제는 풀었니?
숫자 암호를 풀었는데 이런 주소가 나왔어요.
저는 이 스마트폰이 제 것이 아니라는 걸 알아냈구요.
엄청난 성과네. 다음 단계는 뭐야, 어린이 탐정들?
숫자 암호를 풀어서 나온 주소 위치를 아직 확인 안 했어요.
전산도서관
전기자충전소
전주한옥마을
전주역
전자
제가 할게요. 주소가 익숙한 걸 보면 제가 아는 장소인가 봐요.
톡톡
이상하다. 왜 여기가 나오지?

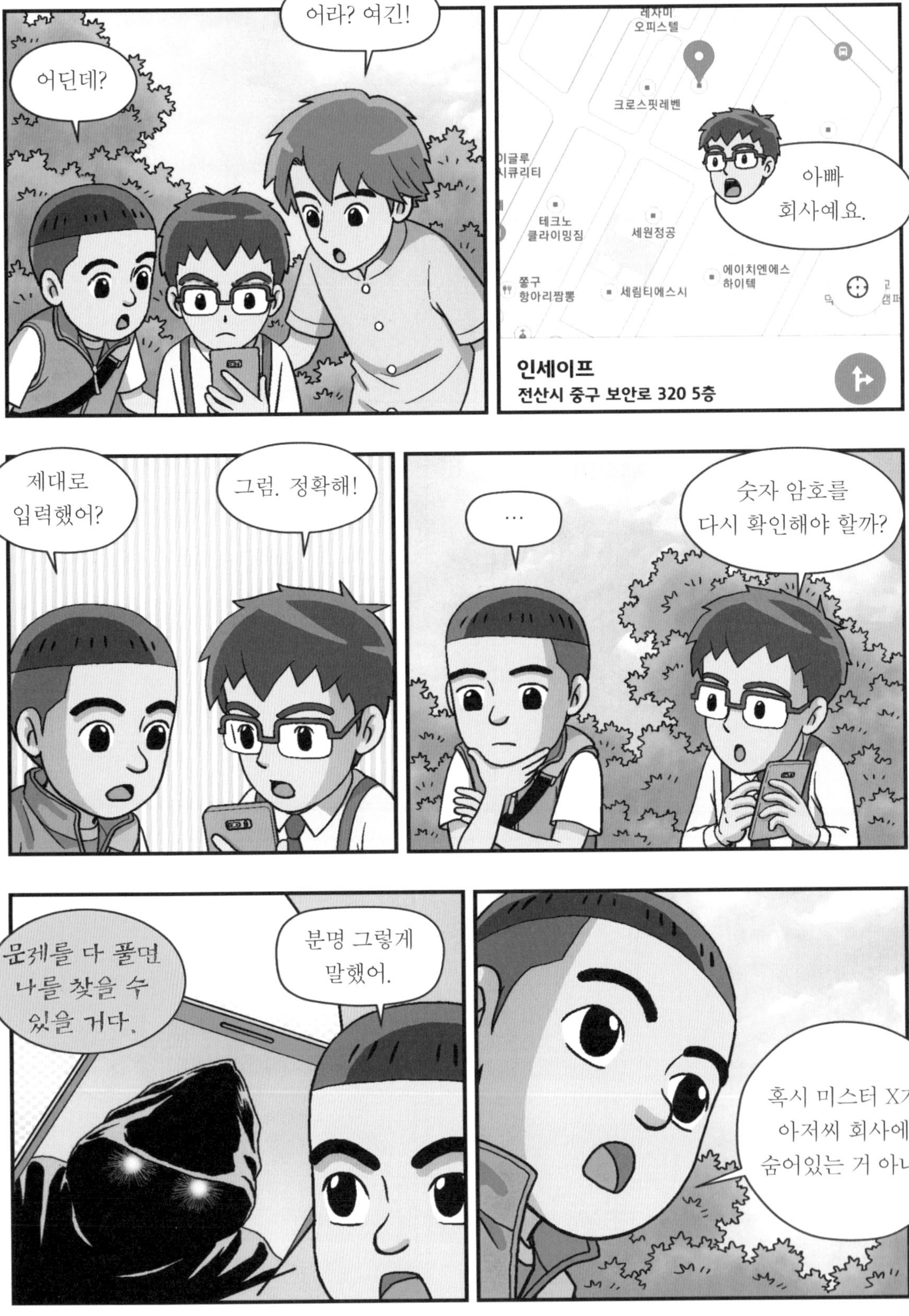
어라? 여긴!
어딘데?
오피스텔
크로스핏레벤
테크노 클라이밍짐
세원정공
에이치엔에스 하이텍
쭐구 항아리짬뽕
세림티에스시
아빠 회사예요.
인세이프
전산시 중구 보안로 320 5층
제대로 입력했어?
그럼. 정확해!
…
숫자 암호를 다시 확인해야 할까?
문제를 다 풀면 나를 찾을 수 있을 거다.
분명 그렇게 말했어.
혹시 미스터 X가 아저씨 회사에 숨어있는 거 아냐?

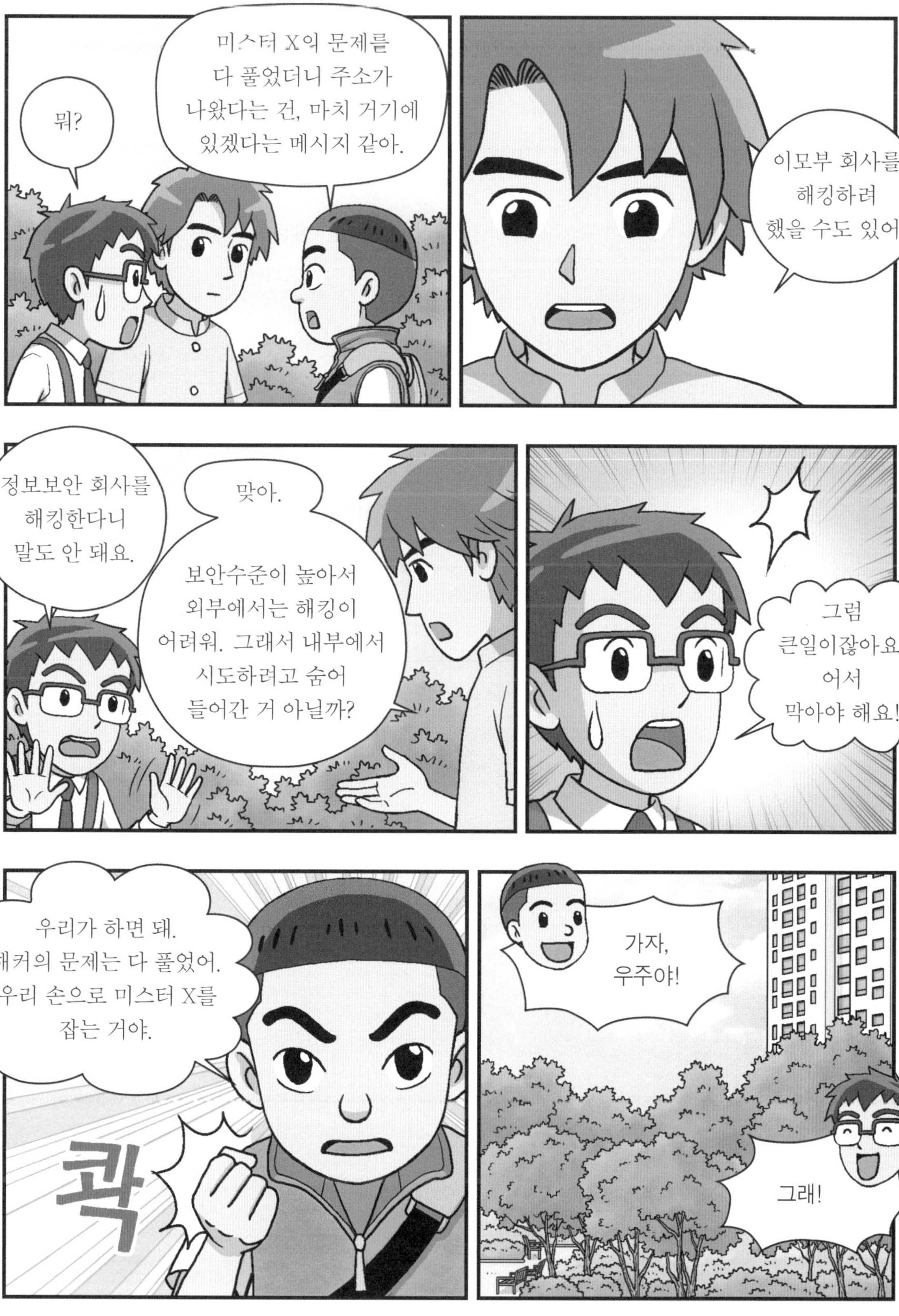
뭐?
미스터 X의 문제를 다 풀었더니 주소가 나왔다는 건, 마치 거기에 있겠다는 메시지 같아.
이모부 회사를 해킹하려 했을 수도 있어.
정보보안 회사를 해킹한다니 말도 안 돼요.
맞아.
보안수준이 높아서 외부에서는 해킹이 어려워. 그래서 내부에서 시도하려고 숨어 들어간 거 아닐까?
그럼 큰일이잖아요. 어서 막아야 해요!
우리가 하면 돼. 해커의 문제는 다 풀었어. 우리 손으로 미스터 X를 잡는 거야.
콱
가자, 우주야!
그래!

안티바이러스 소프트웨어

컴퓨터가 해킹을 당하면 저장해 놓았던 금융 정보나 공인인증서, 파일, 사진 등 중요한 자료를 다 빼앗기게 됩니다. 이런 일이 일어나는 것을 막는 것이 안티바이러스 소프트웨어예요. 안티바이러스 소프트웨어는 컴퓨터에서 인터넷보다도 더 필요한 프로그램이에요. 안티바이러스 소프트웨어는 무엇인지, 어떤 종류가 있는지 알아볼까요?

안티바이러스 소프트웨어(antivirus software)는 컴퓨터의 바이러스, 악성코드를 찾아내고 바이러스 감염 여부를 판별하며, 바이러스에 의해 손상된 것을 치료하는 소프트웨어를 말해요. 우리나라에서는 '백신' 혹은 '백신 프로그램'이라고 말하지만 세계적으로 '안티바이러스 소프트웨어'라고 표현한답니다.

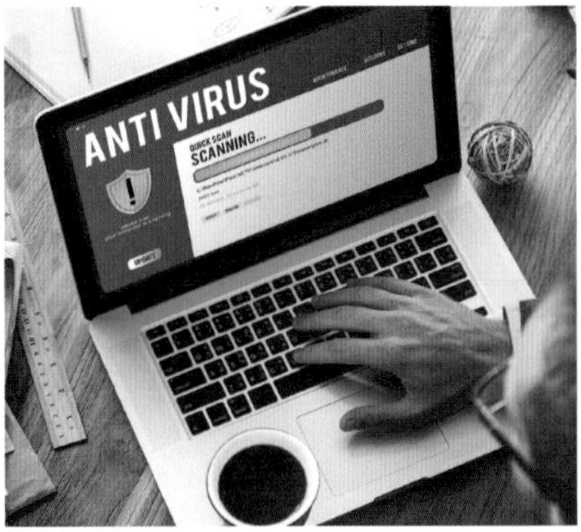
ANTI VIRUS
QUICK SCAN
SCANNING...

매일 늘어나는 새로운 악성코드에 대비하기 위해 거의 모든 백신에는 자동 업데이트 기능이 구성되어 있어요. 백신 프로그램에 따라 다르지만 실시간 보호(파일), 방화벽, 네트워크 침입차단, 행위기반 침입차단 등의 기능이 있어요. 또한 실시간 감시 기능을 가진 소프트웨어가 많고 외장하드나 USB 메모리도 이러한 기능이 적용되도록 해요.

백신 프로그램은 기본적으로 한 대의 컴퓨터에 한 가지 프로그램만 구동하는 것이 원칙이에요. 안티바이러스 프로그램은 악성 프로그램을 잡기 위해 실시간 감시 기능을 구동하는데, 보통 읽기·쓰기가 이루어진 컴퓨터의 파일을 확인하는 형식으로 이루어져요.

안티바이러스 소프트웨어는 세 가지 종류가 있어요. 예방용, 진단용, 치료용 백신 프로그램이에요. 예방용 백신 프로그램은 바이러스 공격을 미리 막을 수 있는 프로그램이고, 진단용 백신 프로그램은 이미 알려져 있는 바이러스와 새로운 바이러스에 대한 진단을, 치료용 백신 프로그램은 바이러스에 감염된 것이 확인되면 해당 파일을 치료하여 복구하는 프로그램이에요.

밝혀진 해커의 정체

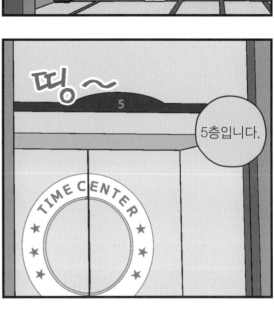

띵~

5

5층입니다.

TIME CENTER

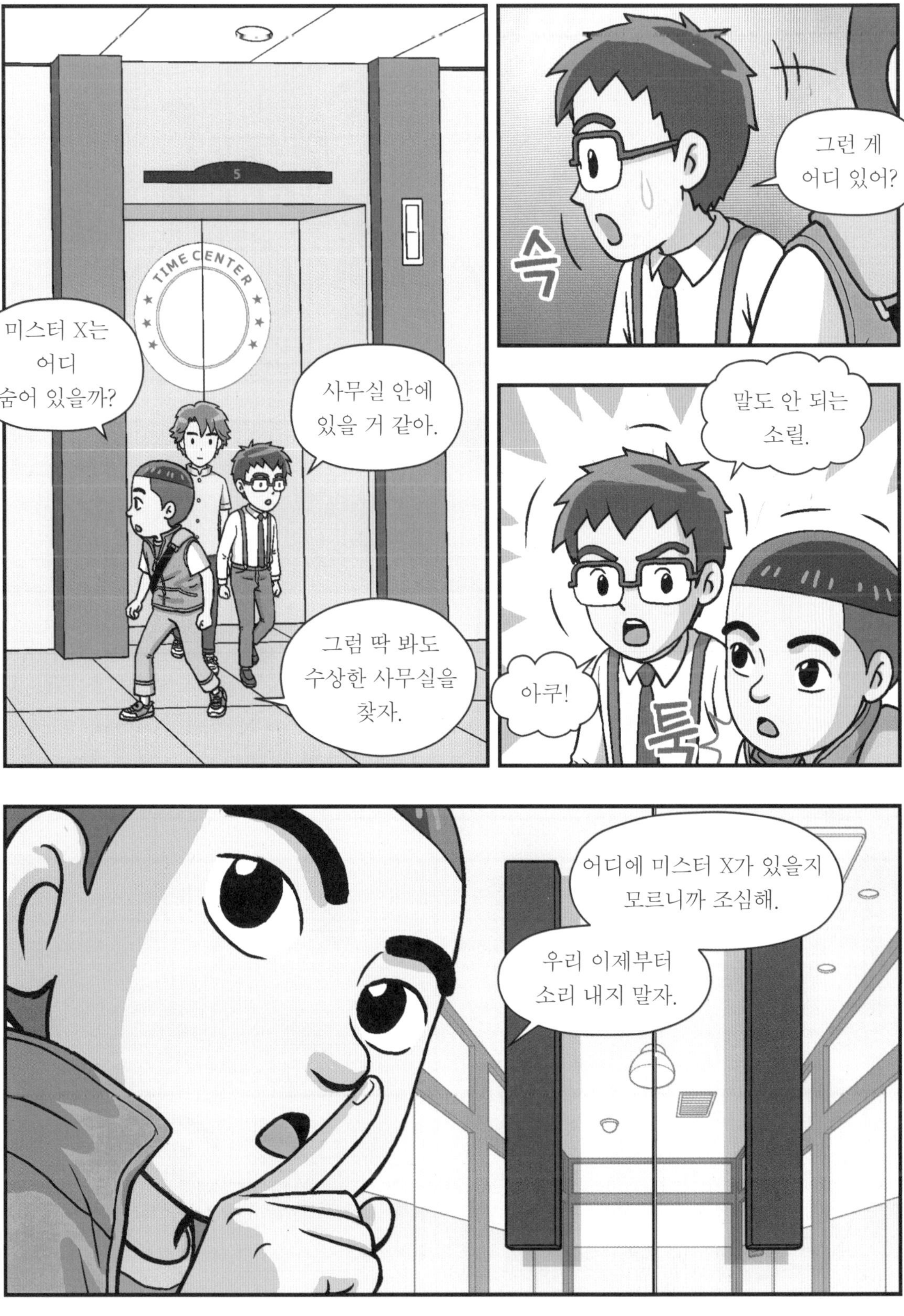
5
TIME CENTER
미스터 X는 어디 숨어 있을까?
사무실 안에 있을 거 같아.
그럼 딱 봐도 수상한 사무실을 찾자.
그런 게 어디 있어?
슥
말도 안 되는 소릴.
아쿠!
툭
어디에 미스터 X가 있을지 모르니까 조심해.
우리 이제부터 소리 내지 말자.

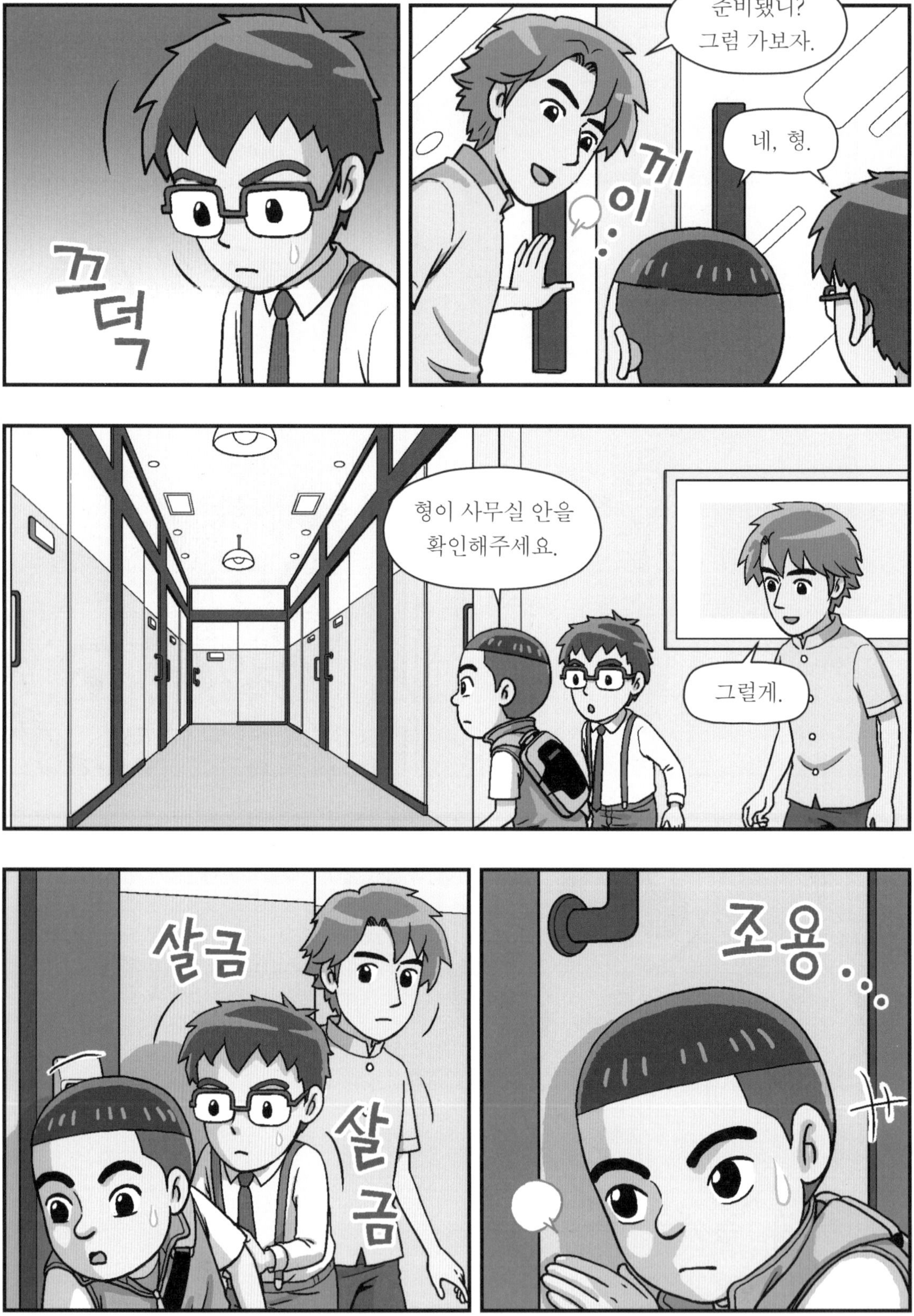
끄덕
준비됐니? 그럼 가보자.
끼이
네, 형.
형이 사무실 안을 확인해주세요.
그럴게.
살금
살금
조용...

?

저기 봐.

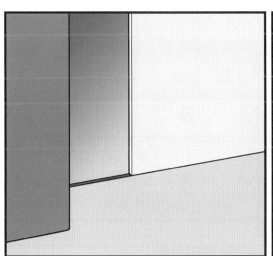

타닥...

타다닥

아빠 사무실이야.

키보드 소리가 들려.

응. 누가 있는지 살짝 보자.

샤샥

타닥...

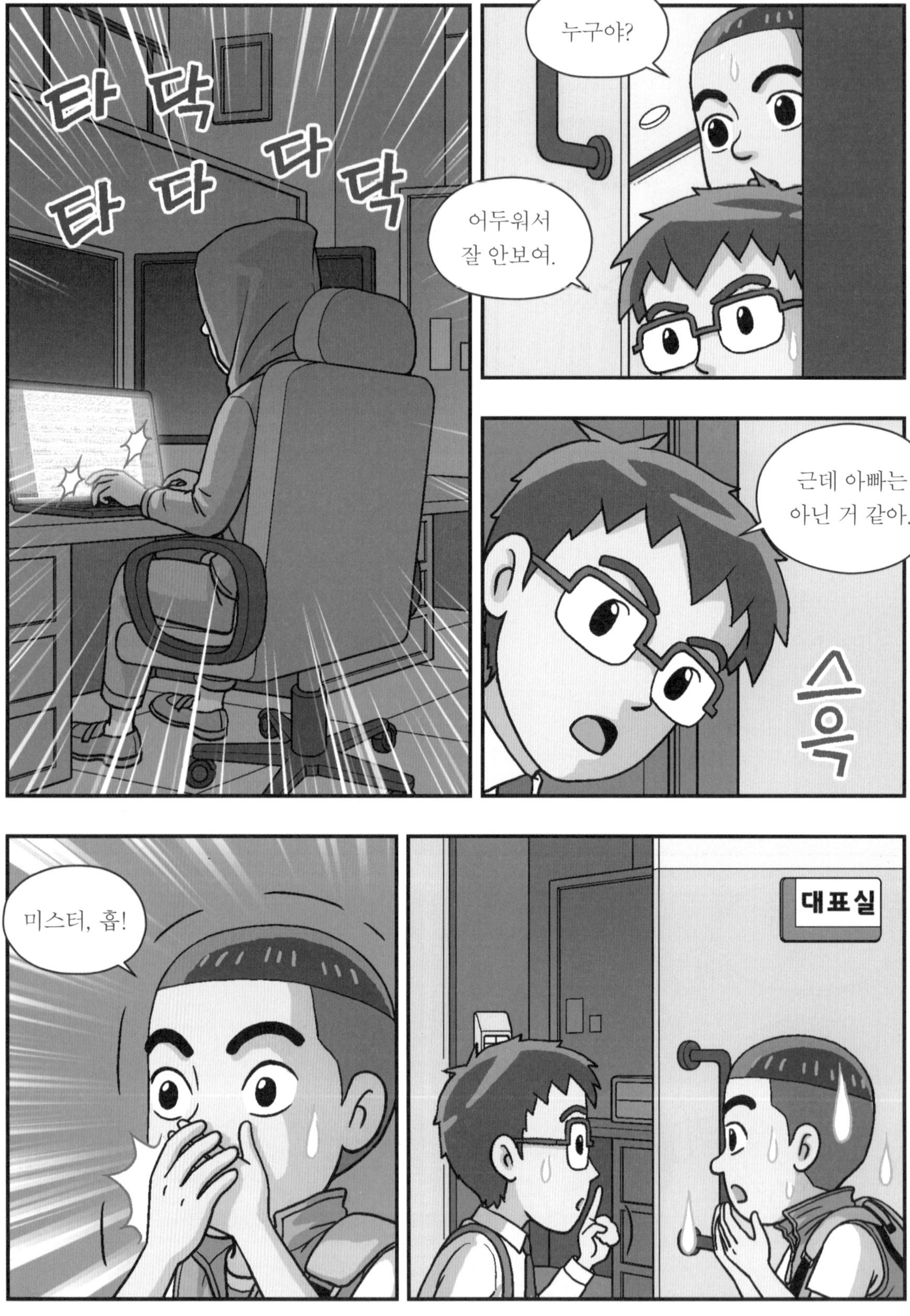
타 닥
타 다 다 닥
누구야?
어두워서 잘 안보여.
근데 아빠는 아닌 거 같아.
스윽
미스터, 흡!
대표실

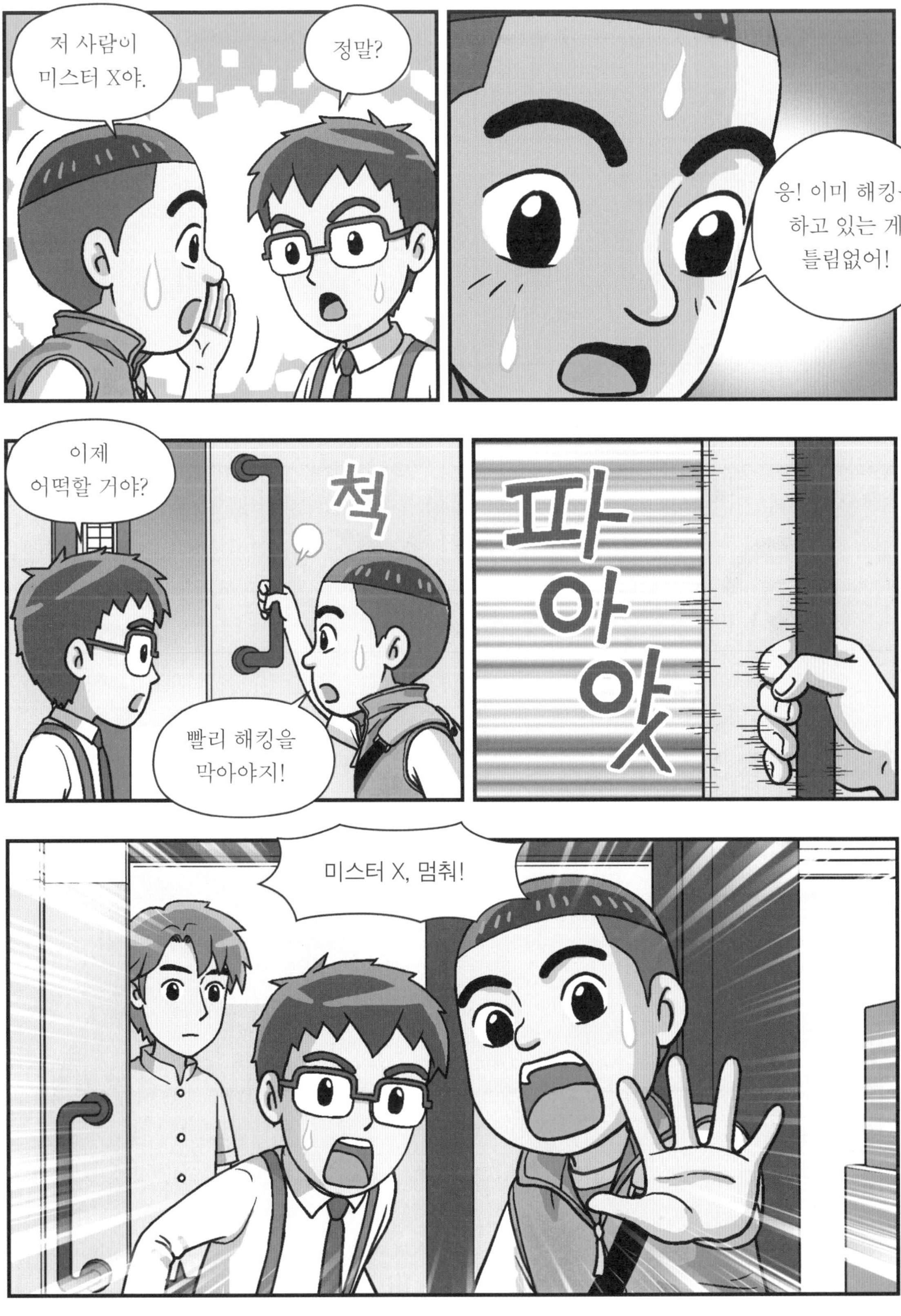
저 사람이 미스터 X야.
정말?
응! 이미 해킹을 하고 있는 게 틀림없어!
이제 어떡할 거야?
척
빨리 해킹을 막아야지!
파아앗
미스터 X, 멈춰!

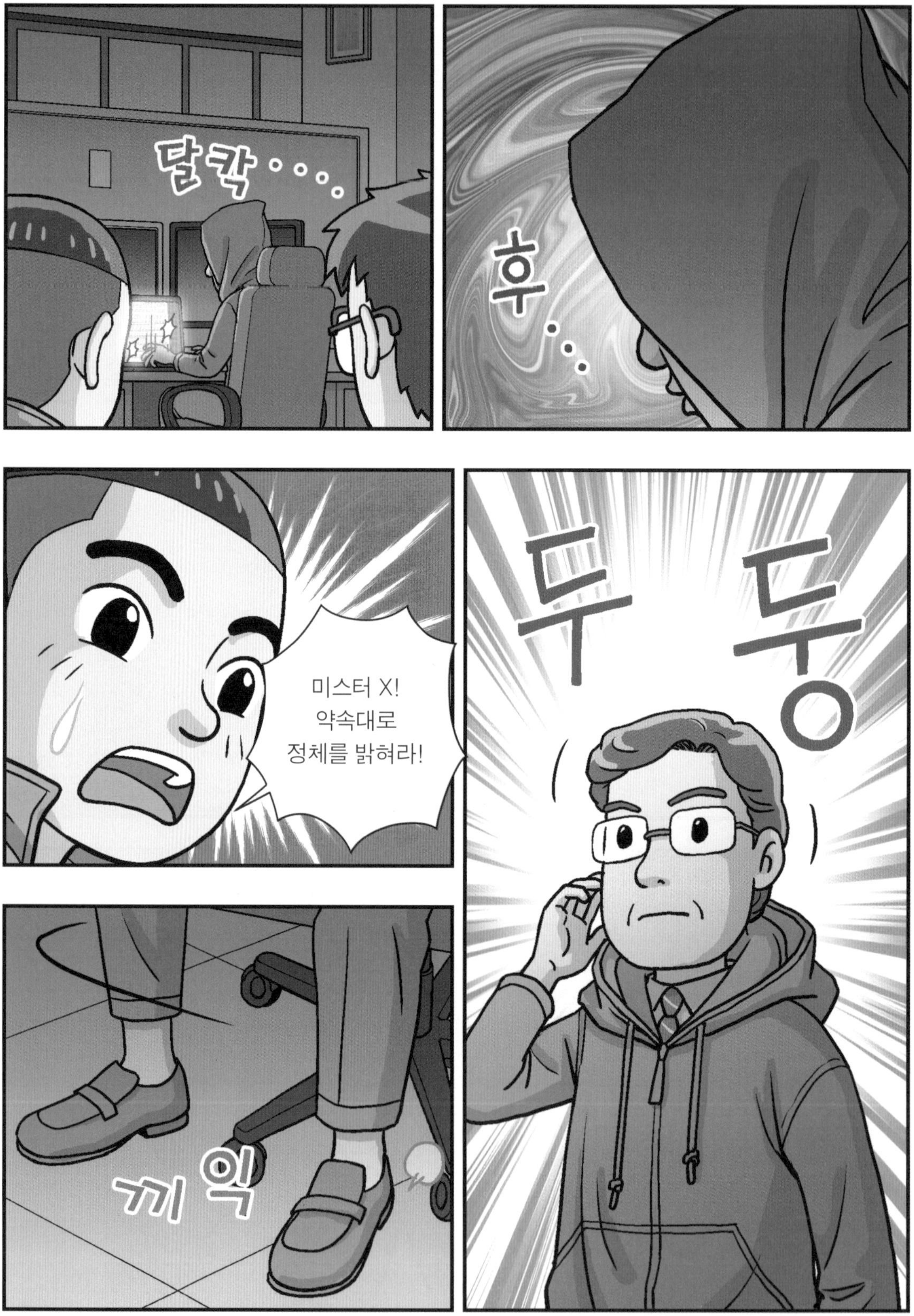
달칵....
후...
미스터 X!
약속대로
정체를 밝혀라!
끼익
두 둥

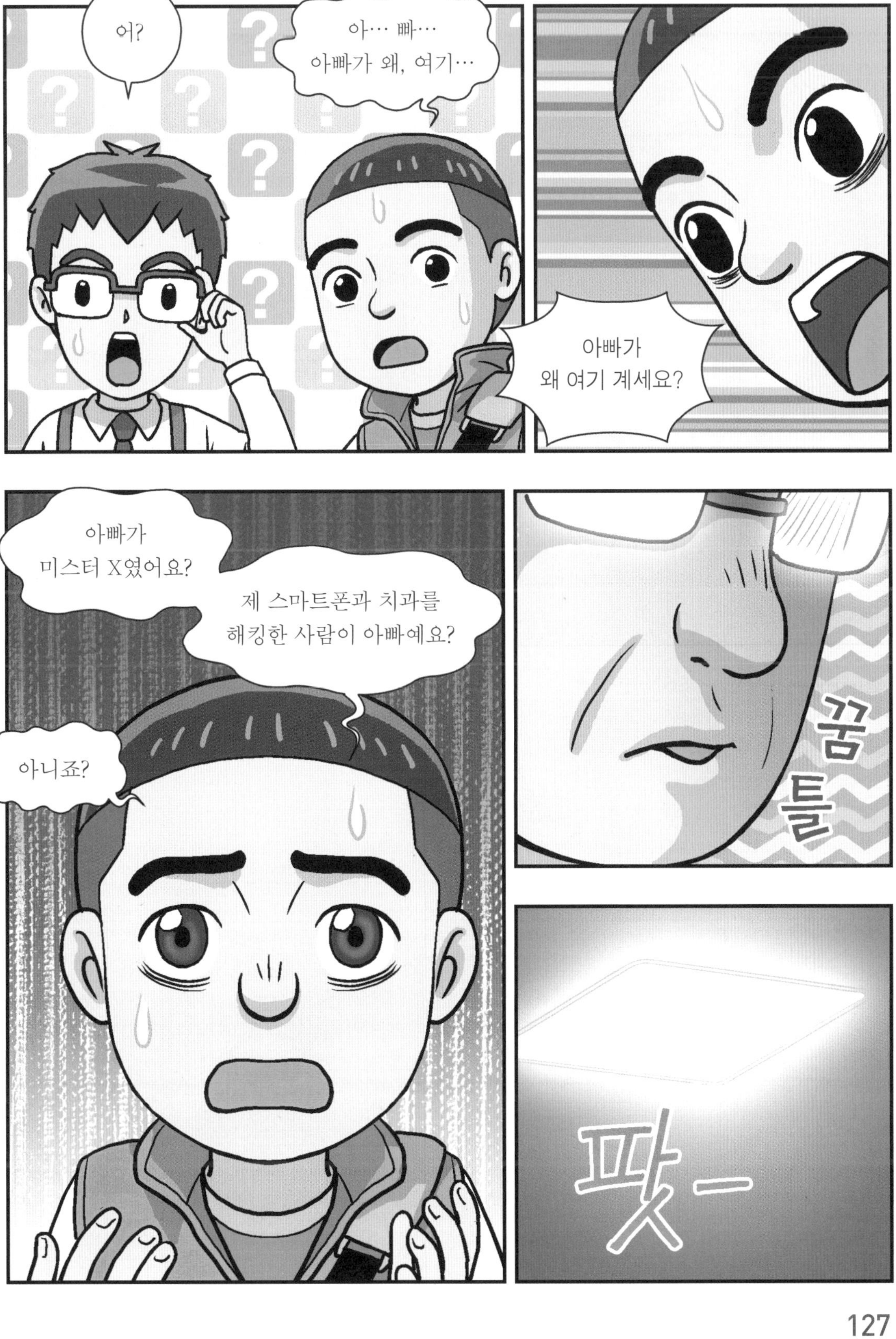

어?
아… 빠…
아빠가 왜, 여기…
아빠가
왜 여기 계세요?
아빠가
미스터 X였어요?
제 스마트폰과 치과를
해킹한 사람이 아빠예요?
아니죠?
꿈틀
팟ー

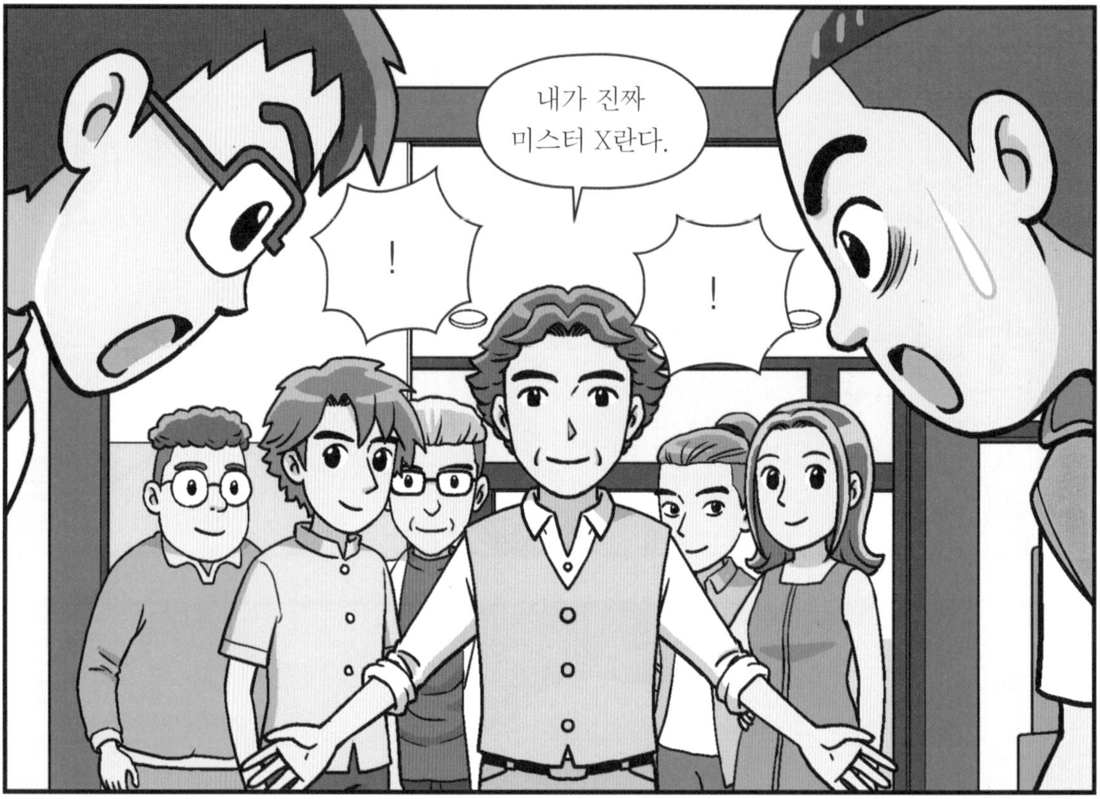
내가 진짜
미스터 X란다.
!
!

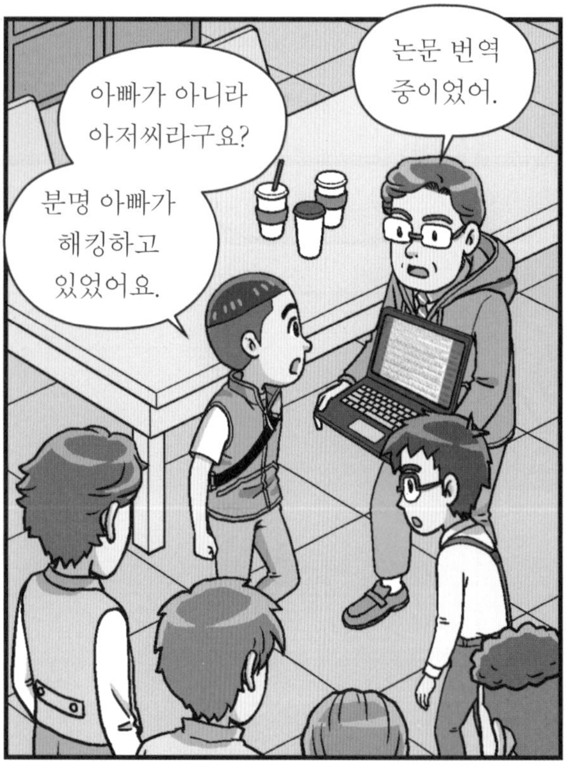
아빠가 아니라
아저씨라구요?
분명 아빠가
해킹하고
있었어요.
논문 번역
중이었어.

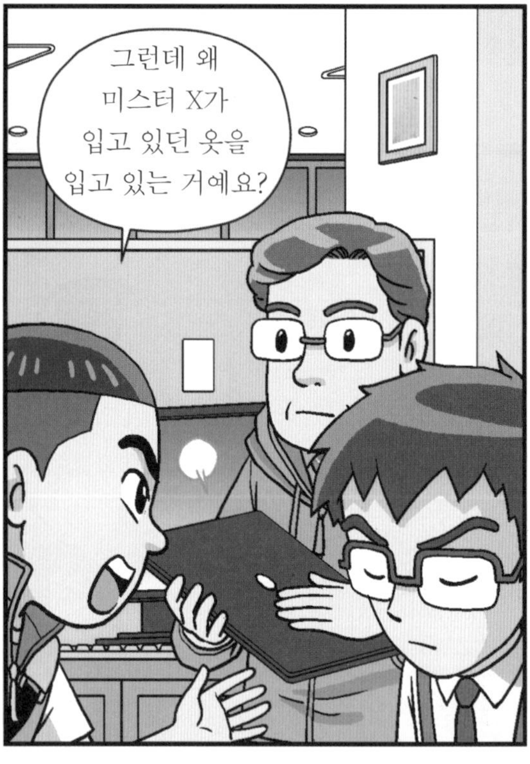
그런데 왜
미스터 X가
입고 있던 옷을
입고 있는 거예요?

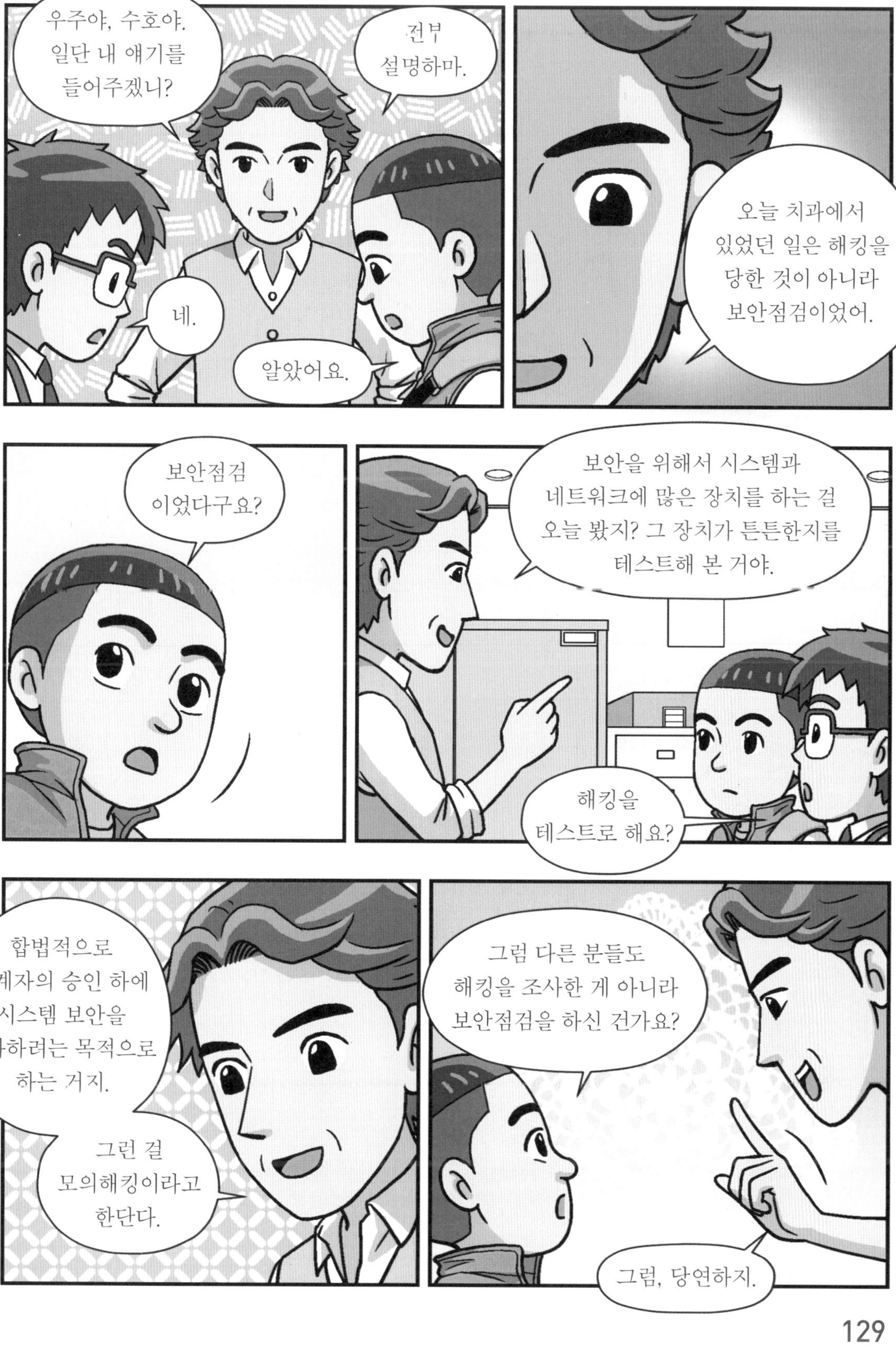
우주야, 수호야. 일단 내 얘기를 들어주겠니?
전부 설명하마.
네.
알았어요.
오늘 치과에서 있었던 일은 해킹을 당한 것이 아니라 보안점검이었어.
보안점검 이었다구요?
보안을 위해서 시스템과 네트워크에 많은 장치를 하는 걸 오늘 봤지? 그 장치가 튼튼한지를 테스트해 본 거야.
해킹을 테스트로 해요?
합법적으로 관계자의 승인 하에 시스템 보안을 강화하려는 목적으로 하는 거지.
그런 걸 모의해킹이라고 한단다.
그럼 다른 분들도 해킹을 조사한 게 아니라 보안점검을 하신 건가요?
그럼, 당연하지.

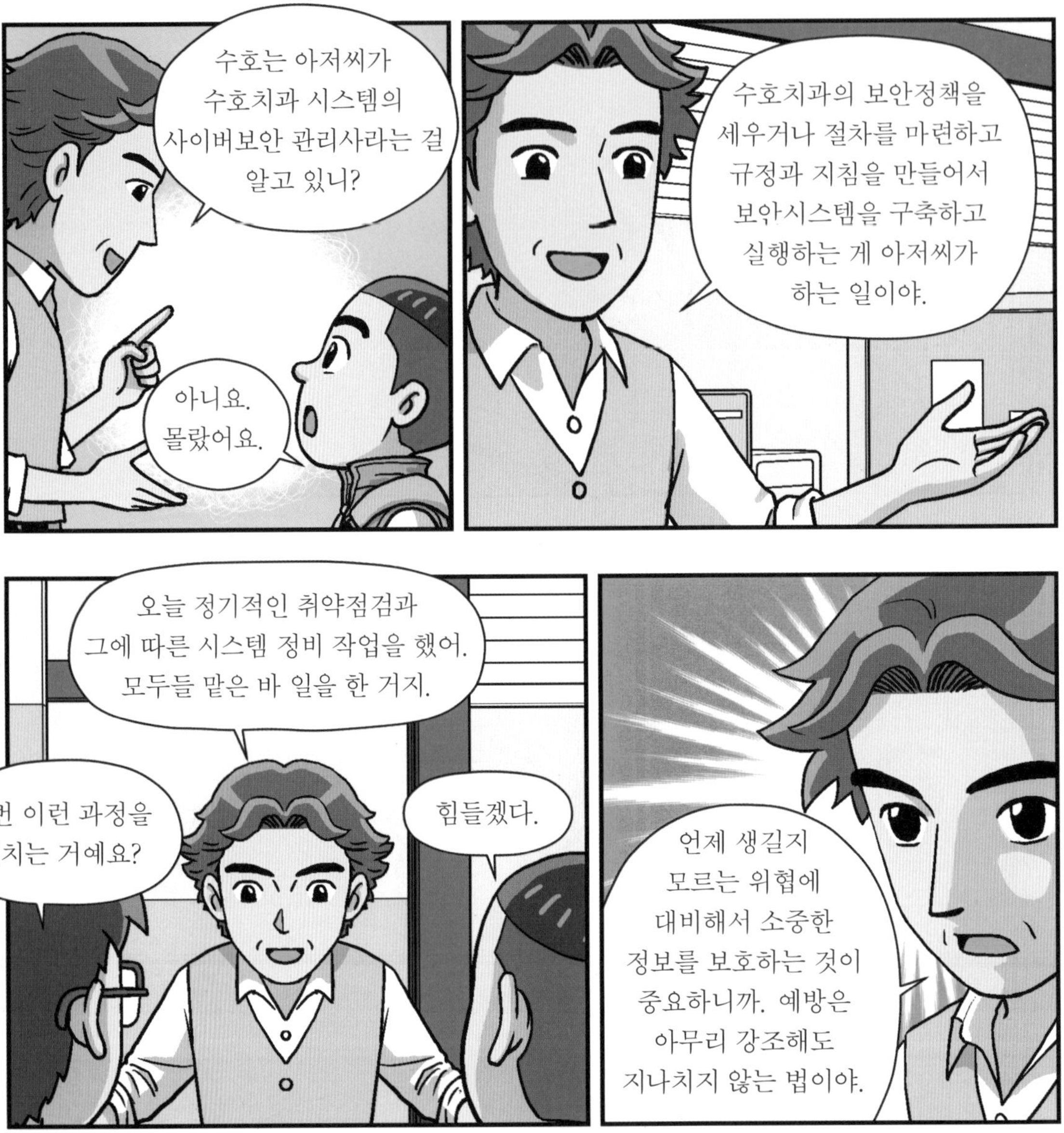

수호는 아저씨가 수호치과 시스템의 사이버보안 관리사라는 걸 알고 있니?
아니요. 몰랐어요.
수호치과의 보안정책을 세우거나 절차를 마련하고 규정과 지침을 만들어서 보안시스템을 구축하고 실행하는 게 아저씨가 하는 일이야.
오늘 정기적인 취약점검과 그에 따른 시스템 정비 작업을 했어. 모두들 맡은 바 일을 한 거지.
매번 이런 과정을 거치는 거예요?
힘들겠다.
언제 생길지 모르는 위협에 대비해서 소중한 정보를 보호하는 것이 중요하니까. 예방은 아무리 강조해도 지나치지 않는 법이야.

사이버보안 관리사

정보시스템과 네트워크에서 발생하는 각종 공격을 예방하고 대처하는 전문가입니다. 해킹 및 바이러스 침해가 발생하지 않도록 보안 대책을 세워서 보안시스템을 구축하고, 실제 어떤 위협이 있는지 감시하는 것뿐 아니라 문제가 발생하면 피해를 줄이고 문제해결과 보완, 그리고 예방하는 일을 합니다.

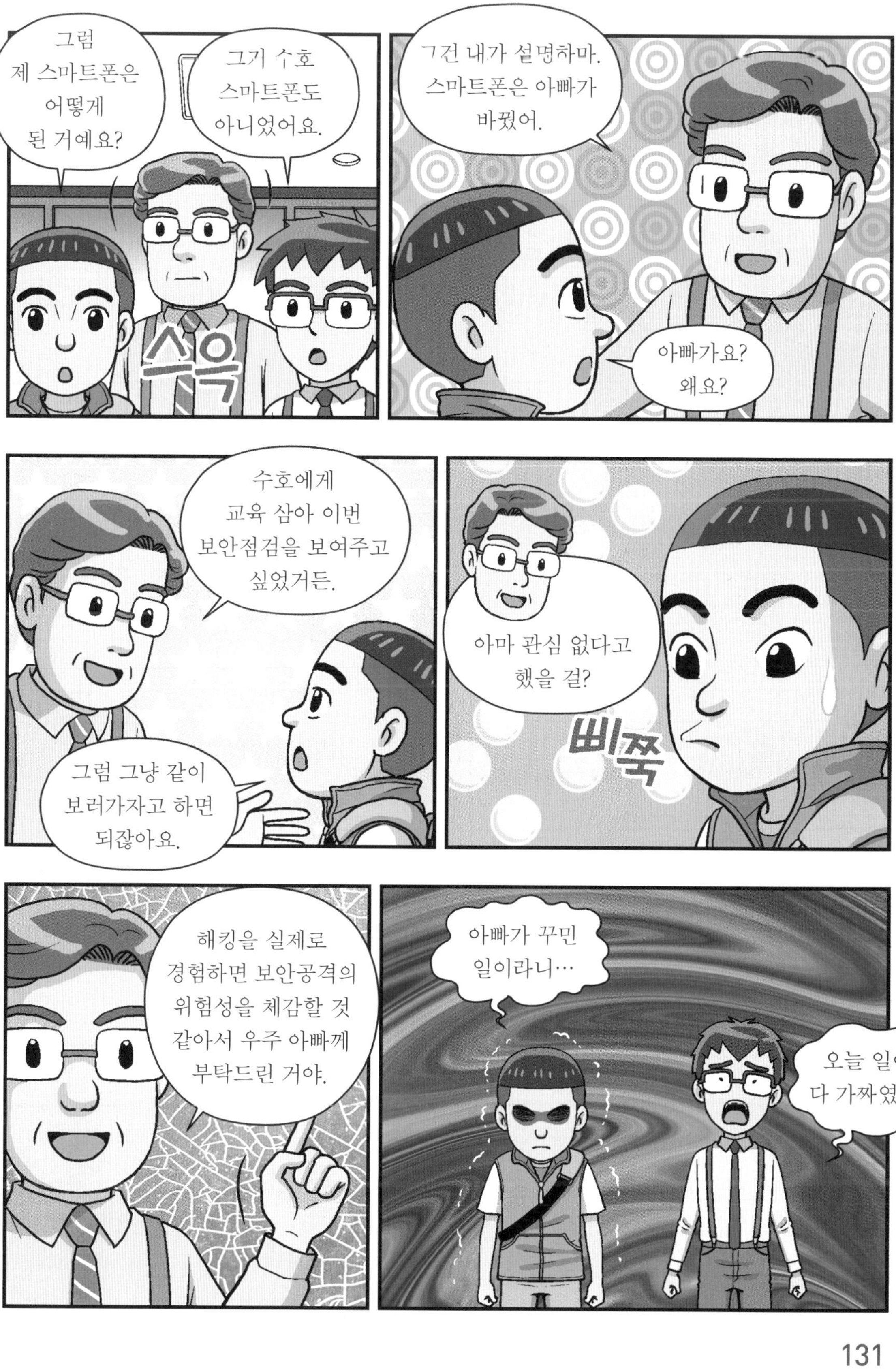
그럼 제 스마트폰은 어떻게 된 거예요?
그게 수호 스마트폰도 아니었어요.
스윽
그건 내가 설명하마. 스마트폰은 아빠가 바꿨어.
아빠가요? 왜요?
수호에게 교육 삼아 이번 보안점검을 보여주고 싶었거든.
그럼 그냥 같이 보러가자고 하면 되잖아요.
아마 관심 없다고 했을 걸?
삐쭉
해킹을 실제로 경험하면 보안공격의 위험성을 체감할 것 같아서 우주 아빠께 부탁드린 거야.
아빠가 꾸민 일이라니…
오늘 일이 다 가짜였어.

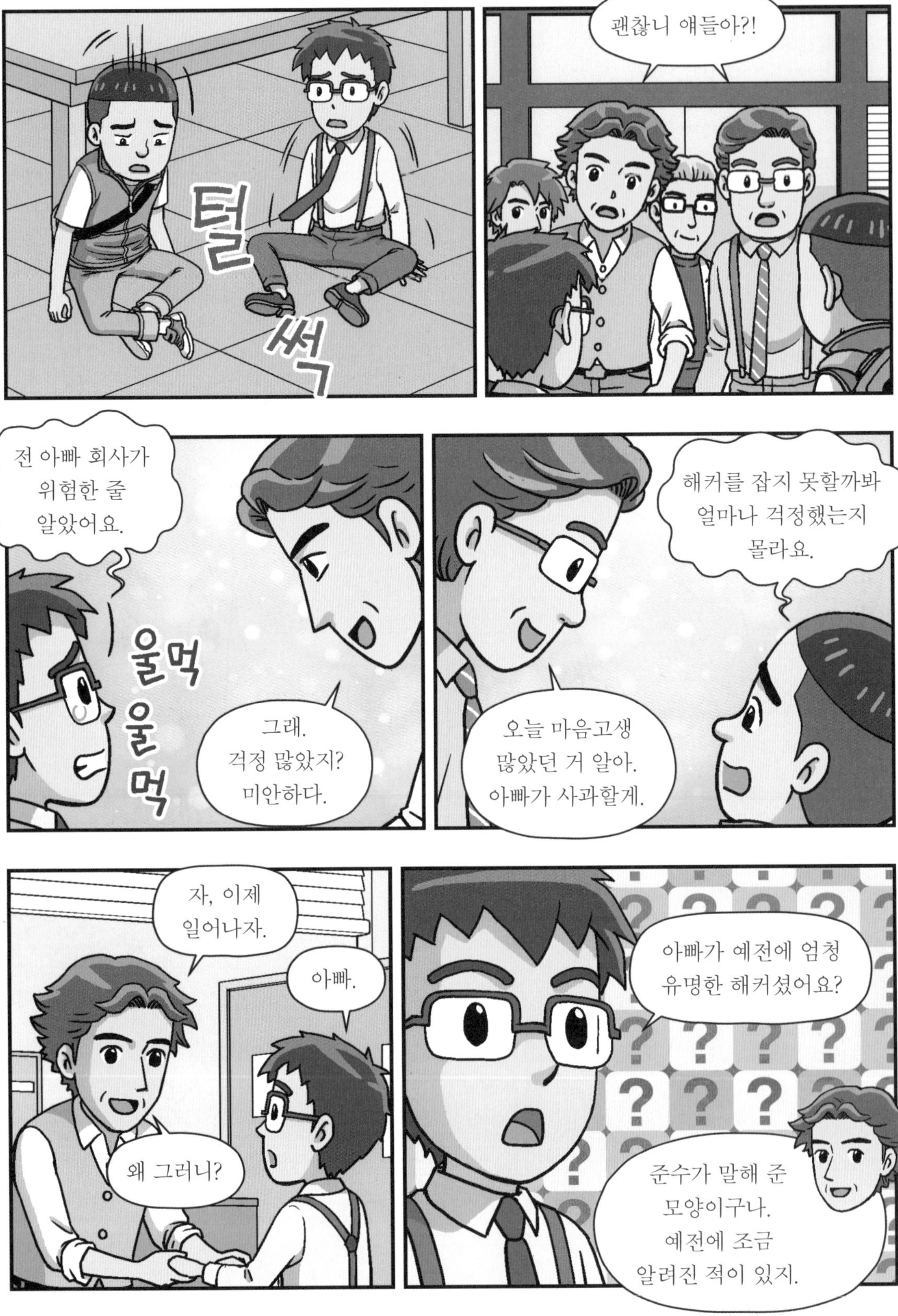
털
썩
괜찮니 얘들아?!
전 아빠 회사가 위험한 줄 알았어요.
울먹 울먹
그래. 걱정 많았지? 미안하다.
해커를 잡지 못할까봐 얼마나 걱정했는지 몰라요.
오늘 마음고생 많았던 거 알아. 아빠가 사과할게.
자, 이제 일어나자.
아빠.
왜 그러니?
아빠가 예전에 엄청 유명한 해커셨어요?
준수가 말해 준 모양이구나. 예전에 조금 알려진 적이 있지.

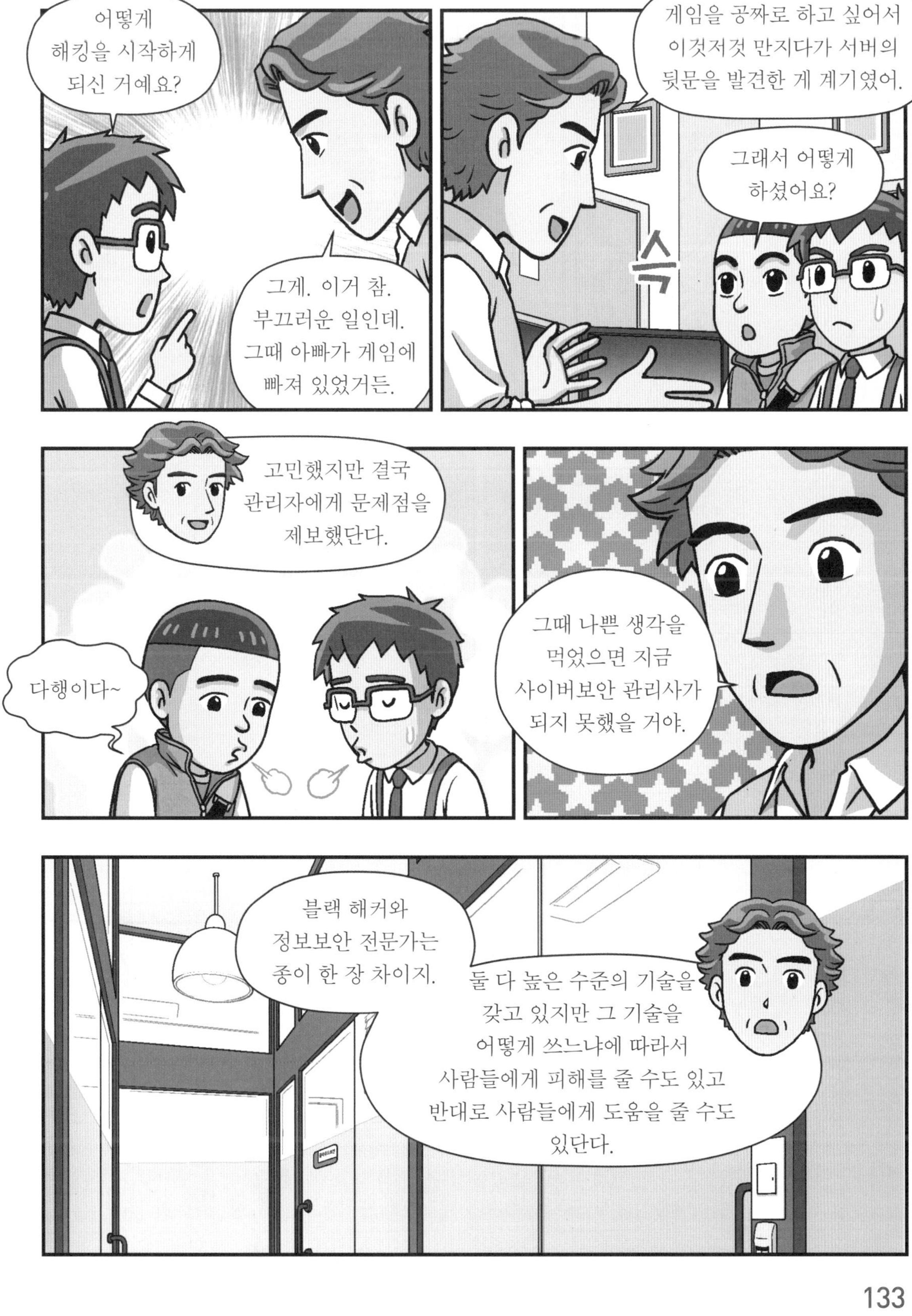
어떻게 해킹을 시작하게 되신 거예요?
그게. 이거 참. 부끄러운 일인데. 그때 아빠가 게임에 빠져 있었거든.
게임을 공짜로 하고 싶어서 이것저것 만지다가 서버의 뒷문을 발견한 게 계기였어.
슥
그래서 어떻게 하셨어요?
고민했지만 결국 관리자에게 문제점을 제보했단다.
다행이다~
그때 나쁜 생각을 먹었으면 지금 사이버보안 관리사가 되지 못했을 거야.
블랙 해커와 정보보안 전문가는 종이 한 장 차이지.
둘 다 높은 수준의 기술을 갖고 있지만 그 기술을 어떻게 쓰느냐에 따라서 사람들에게 피해를 줄 수도 있고 반대로 사람들에게 도움을 줄 수도 있단다.

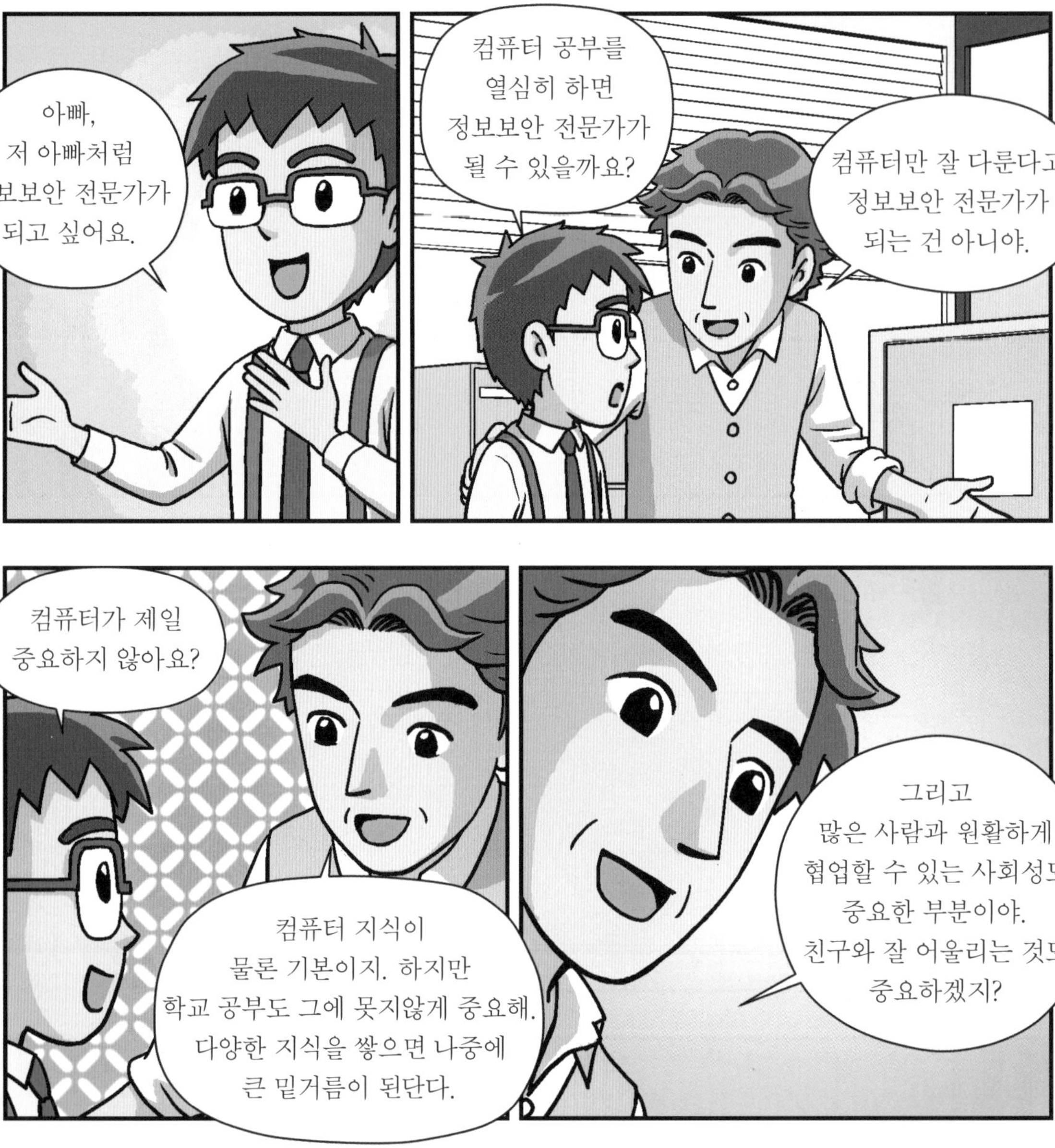
아빠, 저 아빠처럼 정보보안 전문가가 되고 싶어요.
컴퓨터 공부를 열심히 하면 정보보안 전문가가 될 수 있을까요?
컴퓨터만 잘 다룬다고 정보보안 전문가가 되는 건 아니야.
컴퓨터가 제일 중요하지 않아요?
컴퓨터 지식이 물론 기본이지. 하지만 학교 공부도 그에 못지않게 중요해. 다양한 지식을 쌓으면 나중에 큰 밑거름이 된단다.
그리고 많은 사람과 원활하게 협업할 수 있는 사회성도 중요한 부분이야. 친구와 잘 어울리는 것도 중요하겠지?

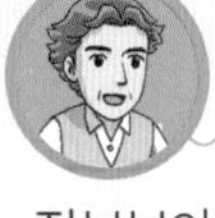

정보보안 전문가의 윤리성

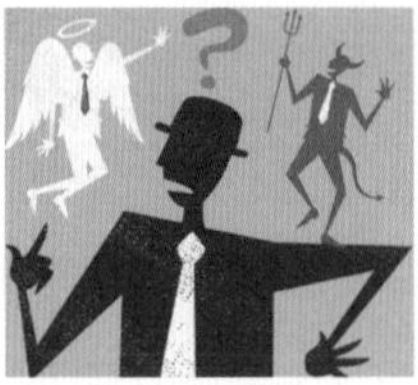

정보보안 전문가는 컴퓨터를 다루는 기술이 아주 뛰어나기 때문에 범죄에 빠지기도 쉽습니다. 보안 분야는 양날의 검과 같은 양면성이 있기 때문에 잘 쓰면 다른 사람을 유익하게 하지만 잘못 사용하면 다른 사람에게 피해를 입히게 됩니다. 정보보안 전문가는 인성이 중요하고 무엇보다 윤리의식이 강해야 합니다.

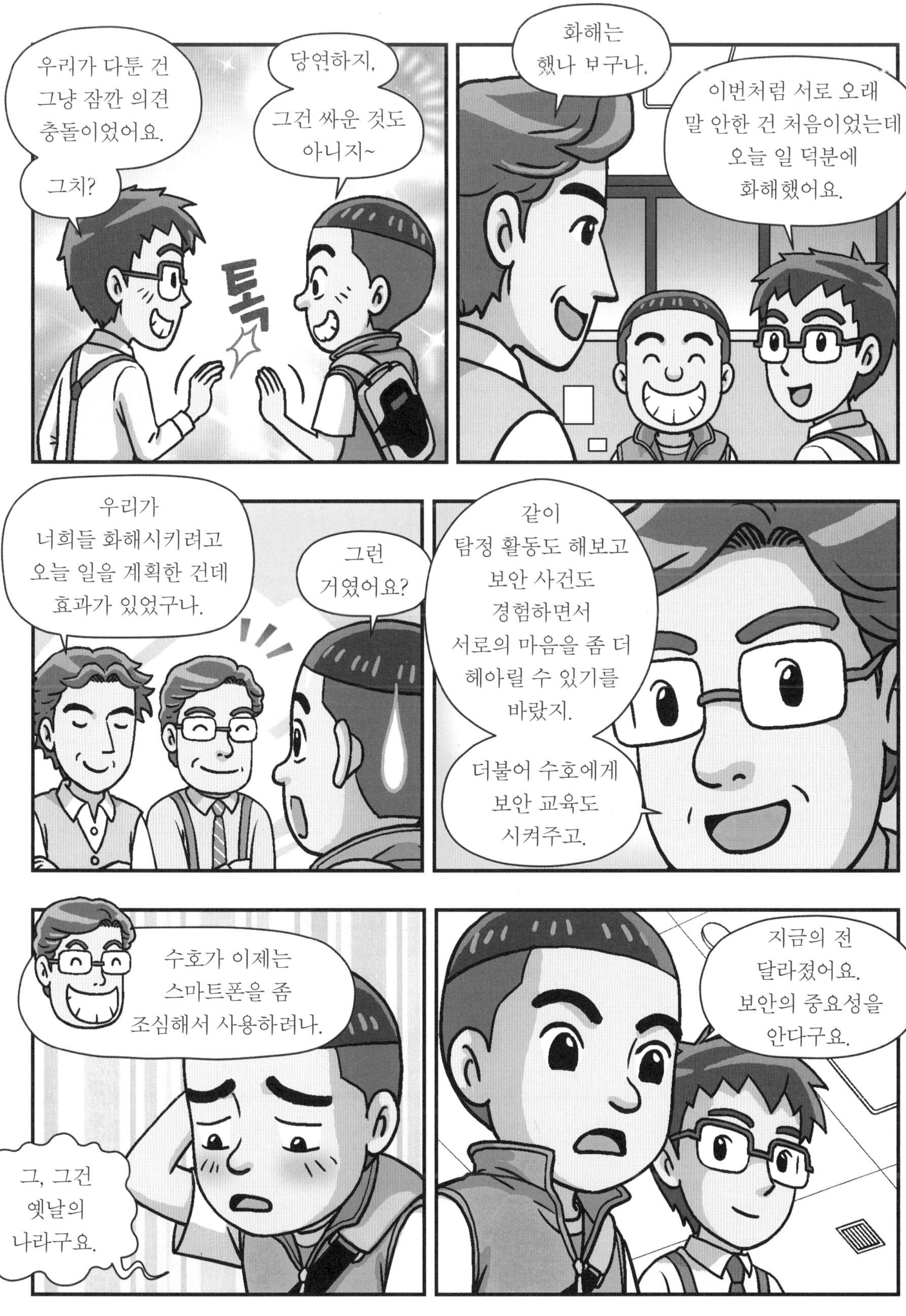

우리가 다툰 건 그냥 잠깐 의견 충돌이었어요.
그치?
당연하지.
그건 싸운 것도 아니지~
톡
화해는 했나 보구나.
이번처럼 서로 오래 말 안한 건 처음이었는데 오늘 일 덕분에 화해했어요.
우리가 너희들 화해시키려고 오늘 일을 계획한 건데 효과가 있었구나.
그런 거였어요?
같이 탐정 활동도 해보고 보안 사건도 경험하면서 서로의 마음을 좀 더 헤아릴 수 있기를 바랐지.
더불어 수호에게 보안 교육도 시켜주고.
수호가 이제는 스마트폰을 좀 조심해서 사용하려나.
그, 그건 옛날의 나라구요.
지금의 전 달라졌어요. 보안의 중요성을 안다구요.

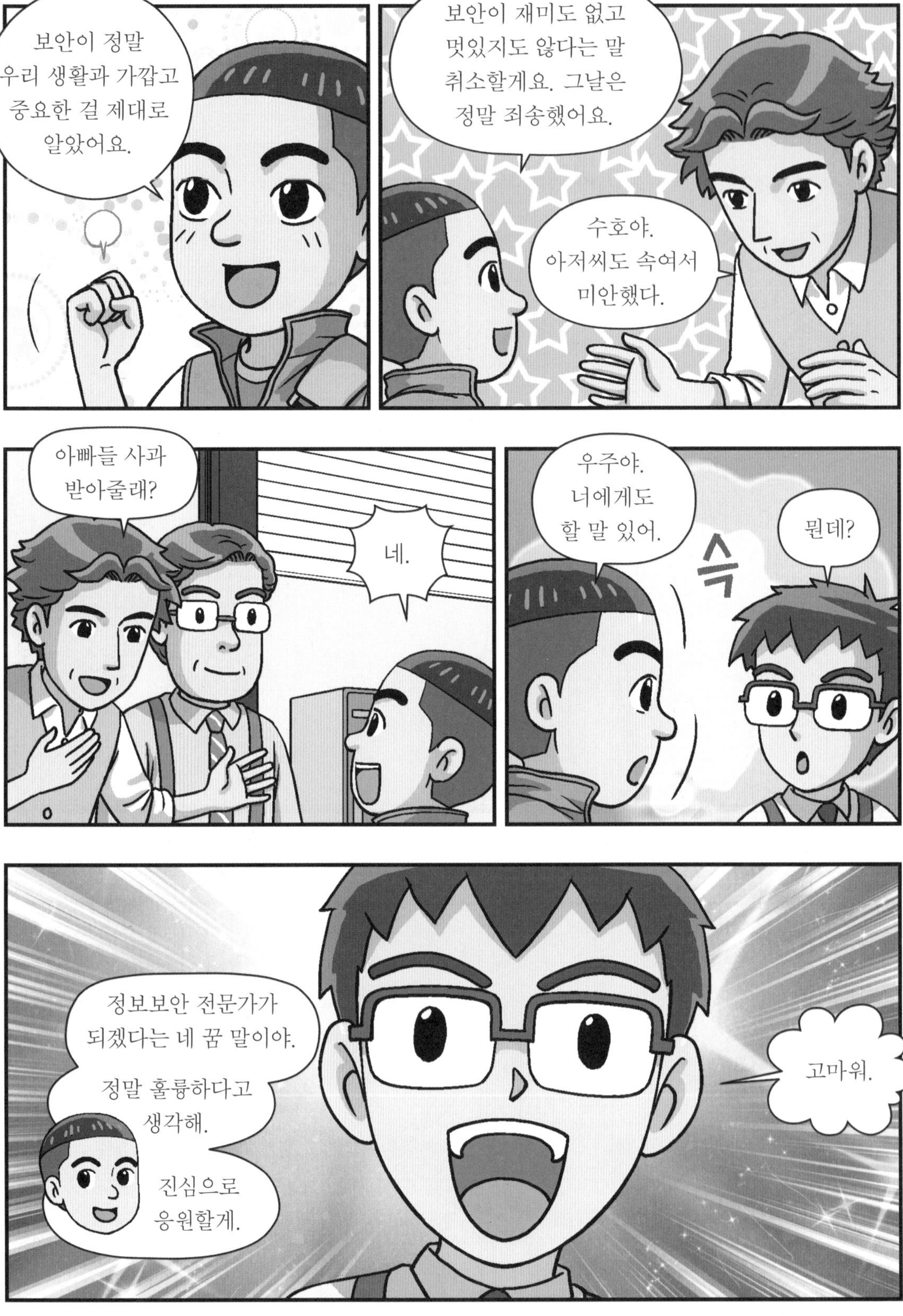
보안이 정말 우리 생활과 가깝고 중요한 걸 제대로 알았어요.
보안이 재미도 없고 멋있지도 않다는 말 취소할게요. 그날은 정말 죄송했어요.
수호야. 아저씨도 속여서 미안했다.
아빠들 사과 받아줄래?
네.
우주야. 너에게도 할 말 있어.
슥
뭔데?
정보보안 전문가가 되겠다는 네 꿈 말이야.
정말 훌륭하다고 생각해.
진심으로 응원할게.
고마워.

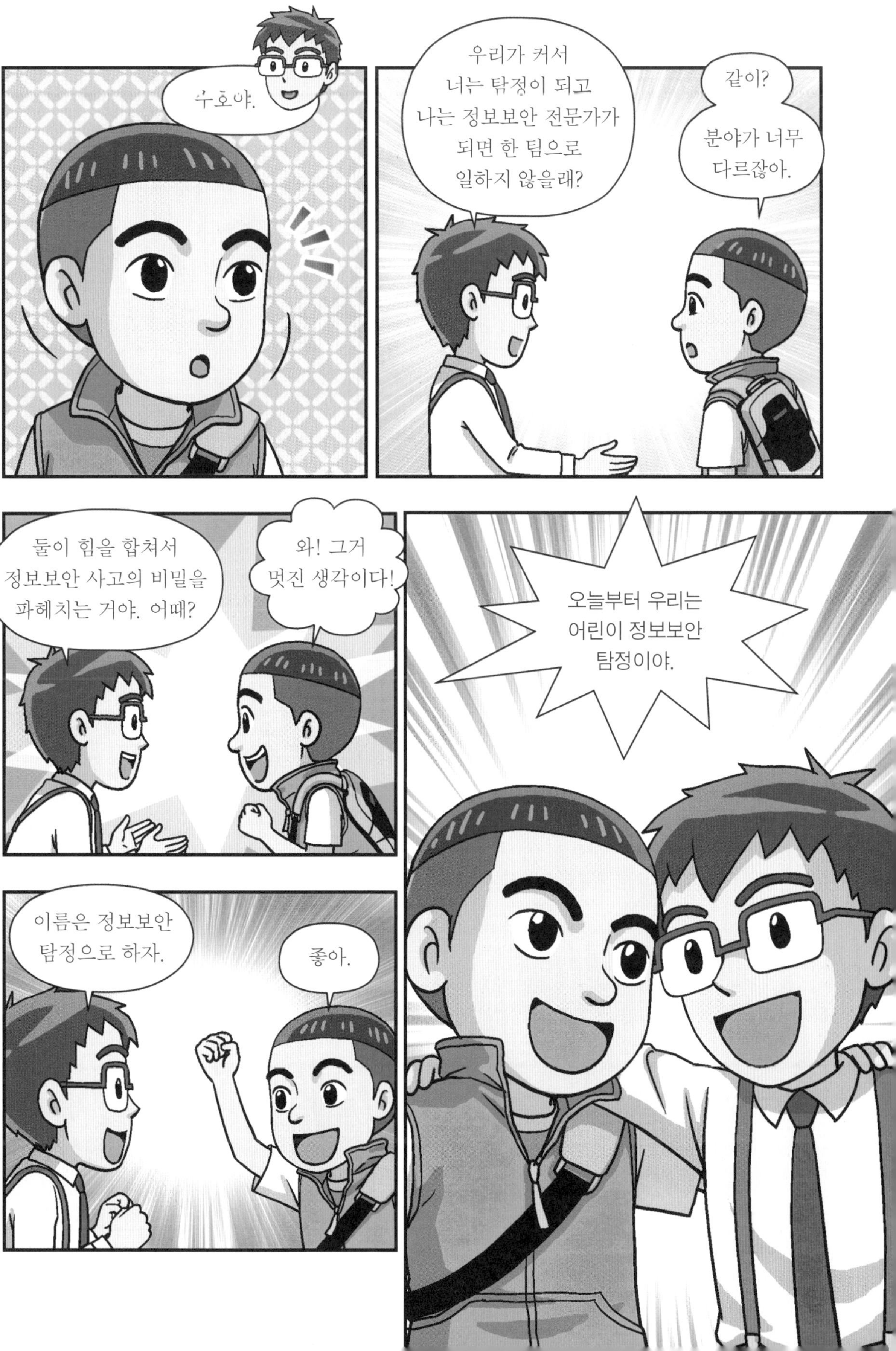
수호야.
우리가 커서 너는 탐정이 되고 나는 정보보안 전문가가 되면 한 팀으로 일하지 않을래?
같이?
분야가 너무 다르잖아.
둘이 힘을 합쳐서 정보보안 사고의 비밀을 파헤치는 거야. 어때?
와! 그거 멋진 생각이다!
이름은 정보보안 탐정으로 하자.
좋아.
오늘부터 우리는 어린이 정보보안 탐정이야.

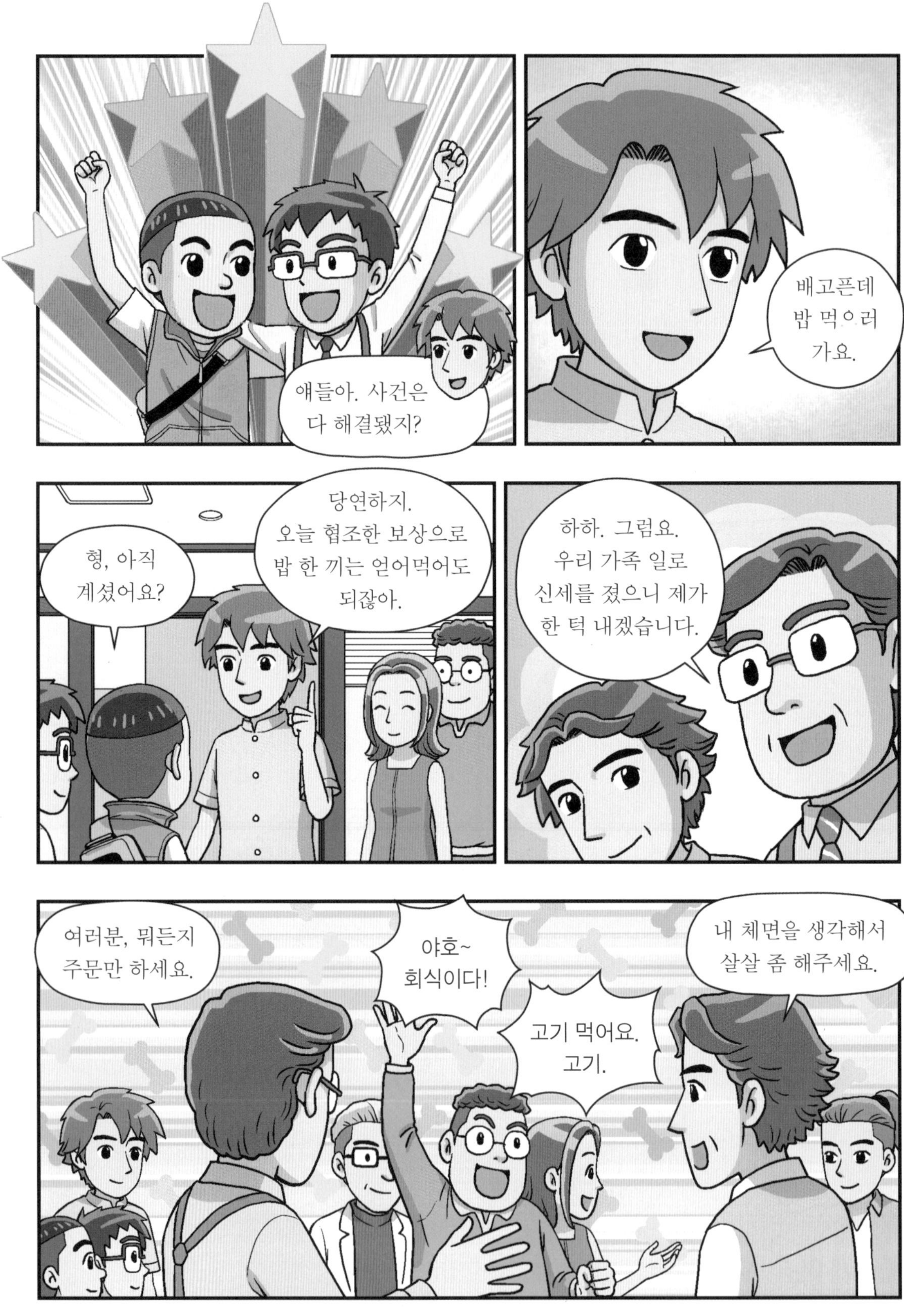

얘들아. 사건은 다 해결됐지?
배고픈데 밥 먹으러 가요.
형, 아직 계셨어요?
당연하지. 오늘 협조한 보상으로 밥 한 끼는 얻어먹어도 되잖아.
하하. 그럼요. 우리 가족 일로 신세를 졌으니 제가 한 턱 내겠습니다.
여러분, 뭐든지 주문만 하세요.
야호~ 회식이다!
고기 먹어요. 고기.
내 체면을 생각해서 살살 좀 해주세요.

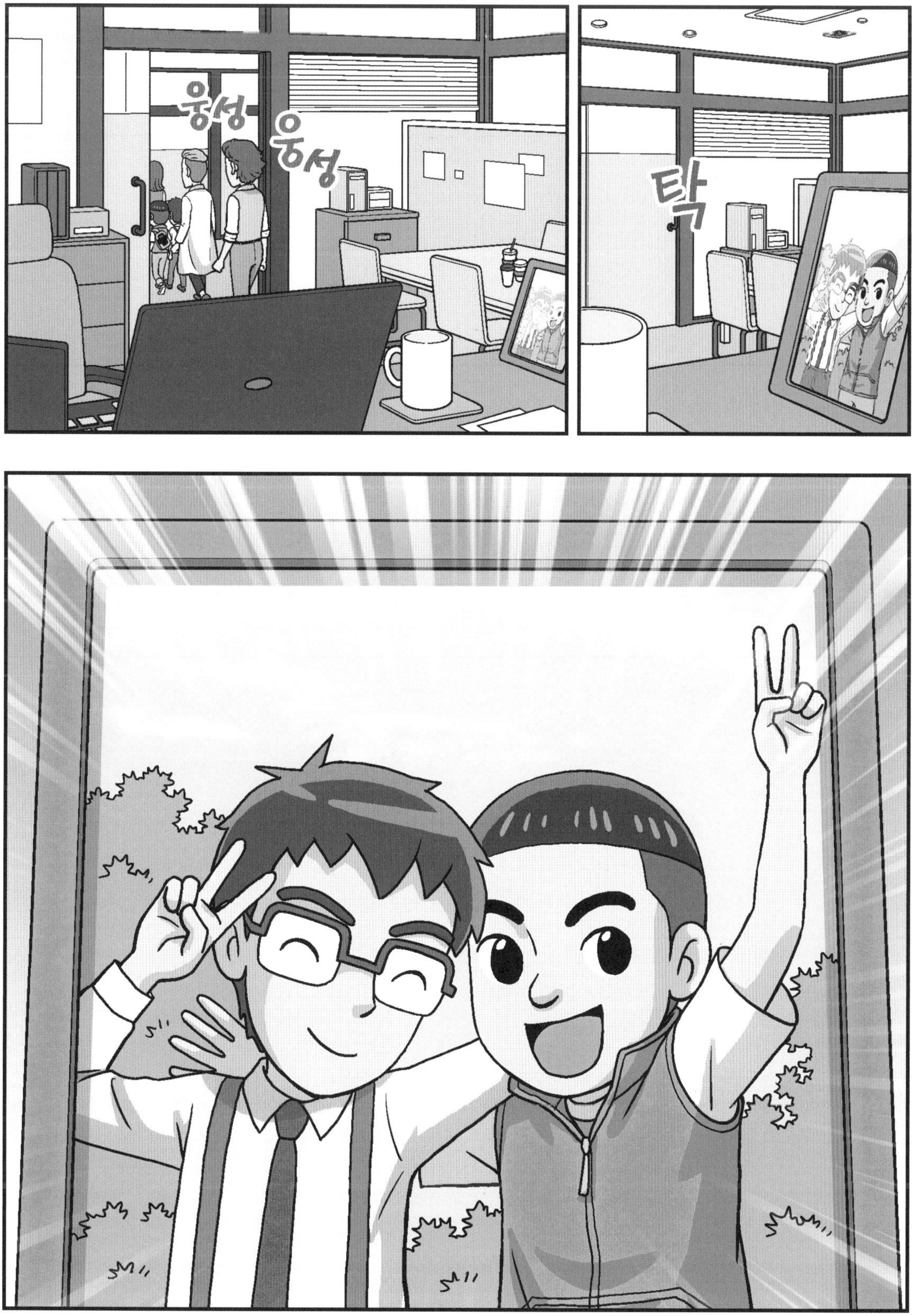
웅성 웅성
탁

우리나라의 천재 화이트 해커

일반적으로 '해커'는 부정적으로 인식되지만 해커가 모두 나쁜 일을 하는 것은 아닙니다. 남의 정보를 가로채거나 다른 시스템을 방해하는 '블랙 해커'가 있는 반면, 공공의 이익을 위해 해킹을 하는 사람도 있어요. 그들을 '화이트 해커'라고 부르지요. 이들은 좋은 목적으로서의 해킹뿐만 아니라 시스템이 안전한지 검사하거나 블랙 해커의 공격을 방어할 수 있는 안전장치를 마련하는 역할도 해요. 우리나라를 대표하는 화이트 해커에 대해 알아볼까요?

● 박찬암

2018년 포브스 선정 '2018 아시아의 영향력 있는 30세 이하 30인' 중 한 명으로 선정된 박찬암은 화이트 해커이자 사업가예요.

중학교 2학년 때 처음 나간 중고생 해킹 경진대회에서 입상한 것을 시작으로 각종 해킹 대회에서 수상했으며, 2007년 고교생 해킹 챔피언쉽에서도 우승했어요. 그 후 2015년 스틸리언이라는 정보보호 회사를 창업하고 운영하고 있는데, 보안업계에선 이미 유명 인사예요. 스틸리언은 '외계인(alien)의 기술력을 훔친다(steal)'의 뜻을 지닌 합성어예요.

그는 "초등학생 때 해커가 멋있어 보였고, 코딩 등 관련 책들을 읽었는데 재미있었어요. 그렇게 쭉 재미있게 하다 보니 세계대회에서 우승도 하고 대학도 가고 직업도 갖게 됐어요"라고 화이트 해커가 된 계기를 설명했어요.

● 이정훈

1994년에 태어난 이정훈은 'lokihardt'라는 아이디로 활동하는 세계 최고의 화이트 해커예요. 그가 컴퓨터 공부를 시작한 것은 중학교 2학년 때였어요. 할머니 집에 삼촌이 두고 간 컴퓨터 프로그래밍 언어인 C언어 책을 보면서 혼자 공부를 했다고 해요. 이후 한국게임과학고등학교에 진학하여 게임 개발에 대해 공부했어요. 그는 고등학교 2학년 때부터 수많은 해킹대회에 출전하여 높은 성적으로 수상을 했어요.

특히 PWN2OWN 대회에 개인 단위로 출전하여 전무후무한 성적을 남겼어요. PWN2OWN은 보안 콘퍼런스에서 해마다 개최되는 해킹 대회예요. 이정훈은 2015년에 대회 최초로 3대 메이저 브라우저를 모두 해킹하였고, 2016년에는 PWNFEST 대회에서 상금 29만 달러를 획득했어요.

2015년에는 다니던 대학교를 휴학하고 삼성SDS에 입사했는데, 2016년 세계적 기업인 구글로 이직하여 프로젝트 제로팀에도 참여했어요.

Job? 09
나는 정보보안 전문가가 될 거야!

초판 1쇄 발행 · 2020년 9월 25일
초판 3쇄 발행 · 2021년 9월 10일

지은이 · 강지선
그린이 · 시소
펴낸이 · 이종문(李從聞)
펴낸곳 · 국일아이

등 록 · 제406-2008-000032호
주 소 · 경기도 파주시 광인사길 121 파주출판문화정보산업단지(문발동)
영업부 · Tel 031)955-6050 | Fax 031)955-6051
편집부 · Tel 031)955-6070 | Fax 031)955-6071

평생전화번호 · 0502-237-9101~3

홈페이지 · www.ekugil.com
블 로 그 · blog.naver.com/kugilmedia
페이스북 · www.facebook.com/kugilmedia
E-mail · kugil@ekugil.com

• 값은 표지 뒷면에 표기되어 있습니다.
• 잘못된 책은 구입하신 서점에서 바꿔드립니다.

ISBN 979-11-87007-72-2(14300)
979-11-87007-97-5(세트)

워크북

Job?
나는 정보보안 전문가가 될 거야!

꿈일아이

목차

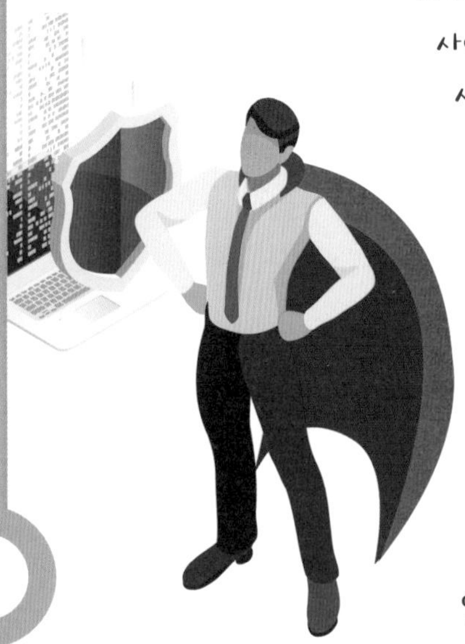

워크북 활용법

직업 탐험 각 기관의 대표 직업(네 가지)이 하는 일, 필요한 지식, 자질 등에 관한 정보뿐만 아니라 관련 직업에 관한 정보를 얻어요.

직업 놀이터 다른 그림 찾기, 숨은그림찾기, 미로 찾기, 색칠하기, OX 퀴즈 등 재미있는 놀이 요소를 통해 직업 상식을 알아봐요.

직업 톡톡 직업 윤리나 직업과 관련한 이야기로 자신의 생각을 표현하며 직업을 간접 체험해요.

NCS
(국가직무능력표준)

국가직무능력표준(NCS, National Competency Standards)이란 국가가 현장에서 직무를 수행하는 데 필요한 지식, 기술, 태도 등을 산업별, 수준별로 표준화한 것을 말한다. 대분류 24개, 중분류 79개, 소분류 253개, 세분류 1,001개로 표준화되었으며 계속 계발 중이므로 더 추가될 예정이다.

국가직무능력표준(NCS)에 따른 24개 분야의 직업군

01 사업 관리

02 경영·회계 사무

03 금융·보험

04 교육·자연 사회 과학

05 법률·경찰 소방·교도·국방

06 보건·의료

07 사회 복지·종교

08 문화·예술 디자인·방송

09 운전·운송

10 영업·판매

11 경비·청소

12 이용·숙박·여행 오락·스포츠

13 음식 서비스

14 건설

15 기계

16 재료

17 화학

18 섬유·의류

19 전기·전자

20 정보 통신

21 식품 가공

22 인쇄·목재 가구·공예

23 환경·에너지·안전

24 농림·어업

등장인물의 특징 알아보기

《job? 나는 정보보안 전문가가 될 거야!》에는 강수호, 정우주, 강박사, 정준수, 정대표 등이 등장한다. 각 인물을 떠올리며 빈칸을 채워보자.

인물	특징
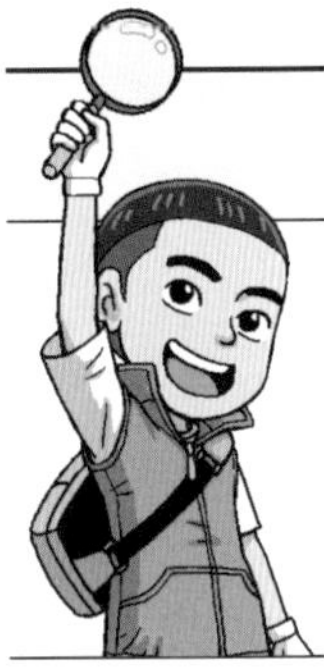 강수호	커서 탐정이 되고 싶은 초등학교 5학년 남자아이이다. 늘 탐정에 대한 생각뿐이라 친구 우주의 말도 대충 흘려듣다가 말다툼을 하게 된다. 그런데 갑자기 수호의 스마트폰이 이상하게 작동한다. 그때 미스터 X라는 수수께끼의 사람에게 전화가 오는데….
정우주 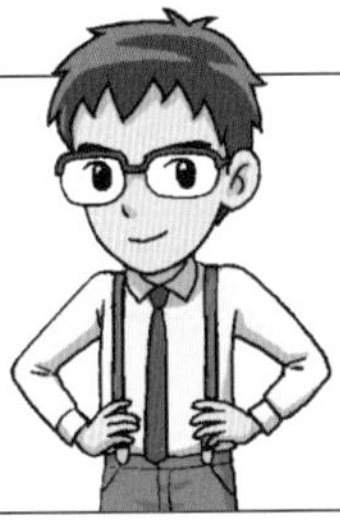	__________에 관심이 많은 초등학교 5학년 남자아이로 수호와 같은 반 친구다. 아빠처럼 정보보안 전문가가 되고 싶어서 정보보안에 대한 공부를 많이 한다. 수호와 다퉜지만 금방 화해하고 미스터 X의 사건을 해결하기 위해 수호를 적극적으로 돕는다.
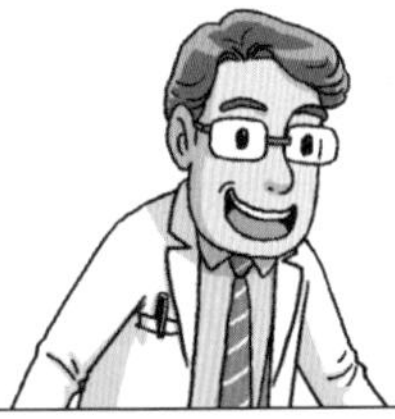 강박사	치과의사이며 수호의 아빠다. 수호가 보안에 대해 무관심한 채 스마트폰을 다루는 것을 염려하고 있다. 운영하는 치과의 시스템 보안을 위해 정보보안 전문가의 도움을 받던 중 아이들이 치과에 방문하는데….
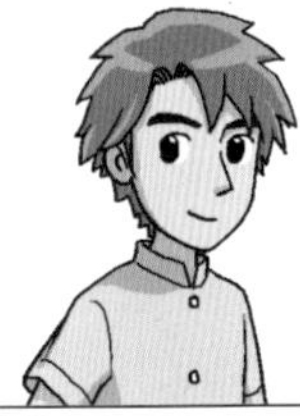 정준수	우주의 사촌형으로 ____________________다. 수호와 우주에게 디지털증거를 조사하는 과정을 보여주고 수호의 스마트폰을 분석해준다. 사이버포렌식으로 미스터 X에 대한 실마리를 찾도록 도와준다.
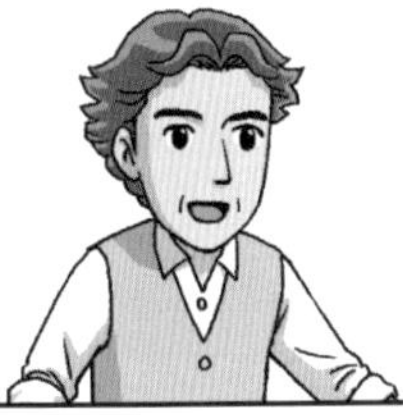 정대표	우주의 아빠로 ________________다. 여러 분야의 정보보안 전문가들이 소속된 회사를 경영하고 있다. 수호와 우주가 정보보안 때문에 다투는 것을 보고 아이들에게 정보보안의 중요성에 대해 가르쳐 주기 위한 비밀스러운 계획을 세운다.

궁금해요, 정보보안

여러 가지 위협으로부터 정보를 보호하는 것을 정보보안이라고 한다. 다음 중 정보보안에 대해 바르게 설명한 것을 찾아보자. (정답은 세 개)

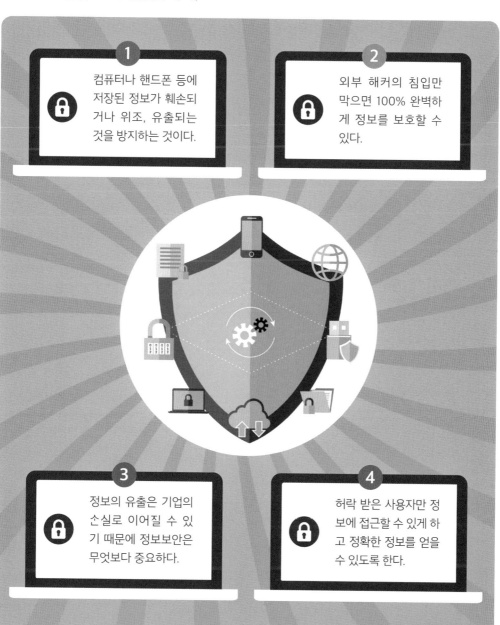

1 컴퓨터나 핸드폰 등에 저장된 정보가 훼손되거나 위조, 유출되는 것을 방지하는 것이다.

2 외부 해커의 침입만 막으면 100% 완벽하게 정보를 보호할 수 있다.

3 정보의 유출은 기업의 손실로 이어질 수 있기 때문에 정보보안은 무엇보다 중요하다.

4 허락 받은 사용자만 정보에 접근할 수 있게 하고 정확한 정보를 얻을 수 있도록 한다.

사이버보안 관리사는 무슨 일을 할까?

사이버보안 관리사는 사이버상의 보안 위협과 침해사고에 대응하고 이를 관리한다. 사이버보안 관리사가 하는 일에 대한 문제를 읽고 그 답을 따라 미로를 빠져 나가보자.

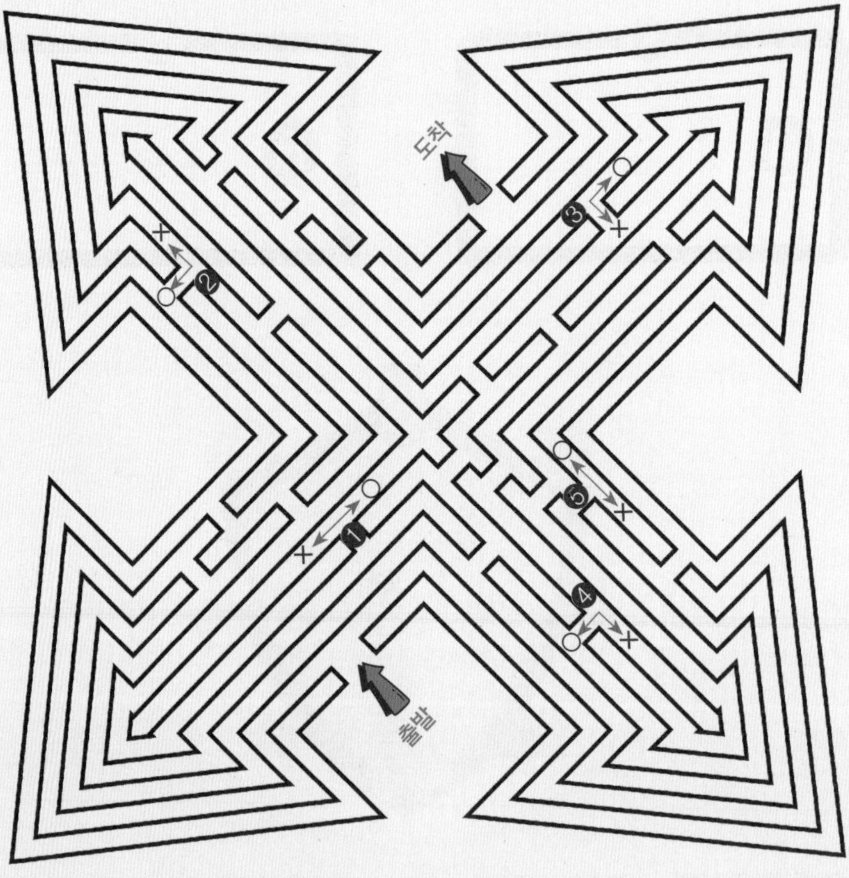

도착
출발

❶ 해커의 공격을 방어하며 사회 안전망을 유지한다.	○ ✕
❷ 해커가 침투하는 방식과 경로를 추적해 근원지를 밝혀낸다.	○ ✕
❸ 해킹 관련 국내 상황만 살펴보고 해외 해킹 사건은 찾아보지 않는다.	○ ✕
❹ 해킹 관련 사건 사고를 정리하고 새로운 공격 패턴이 보이면 분석한다.	○ ✕
❺ 해킹당한 시스템을 복구하고 재정비한다.	○ ✕

사이버보안 관리사에게 필요한 능력은 무엇일까?

정보화 사회에서는 모든 일처리가 컴퓨터를 중심으로 전산화되면서 사이버보안이 더욱 강조되고 있다. 사이버보안 관리사에게 필요한 능력을 가진 친구는 누구인지 찾아보자. (정답은 세 개)

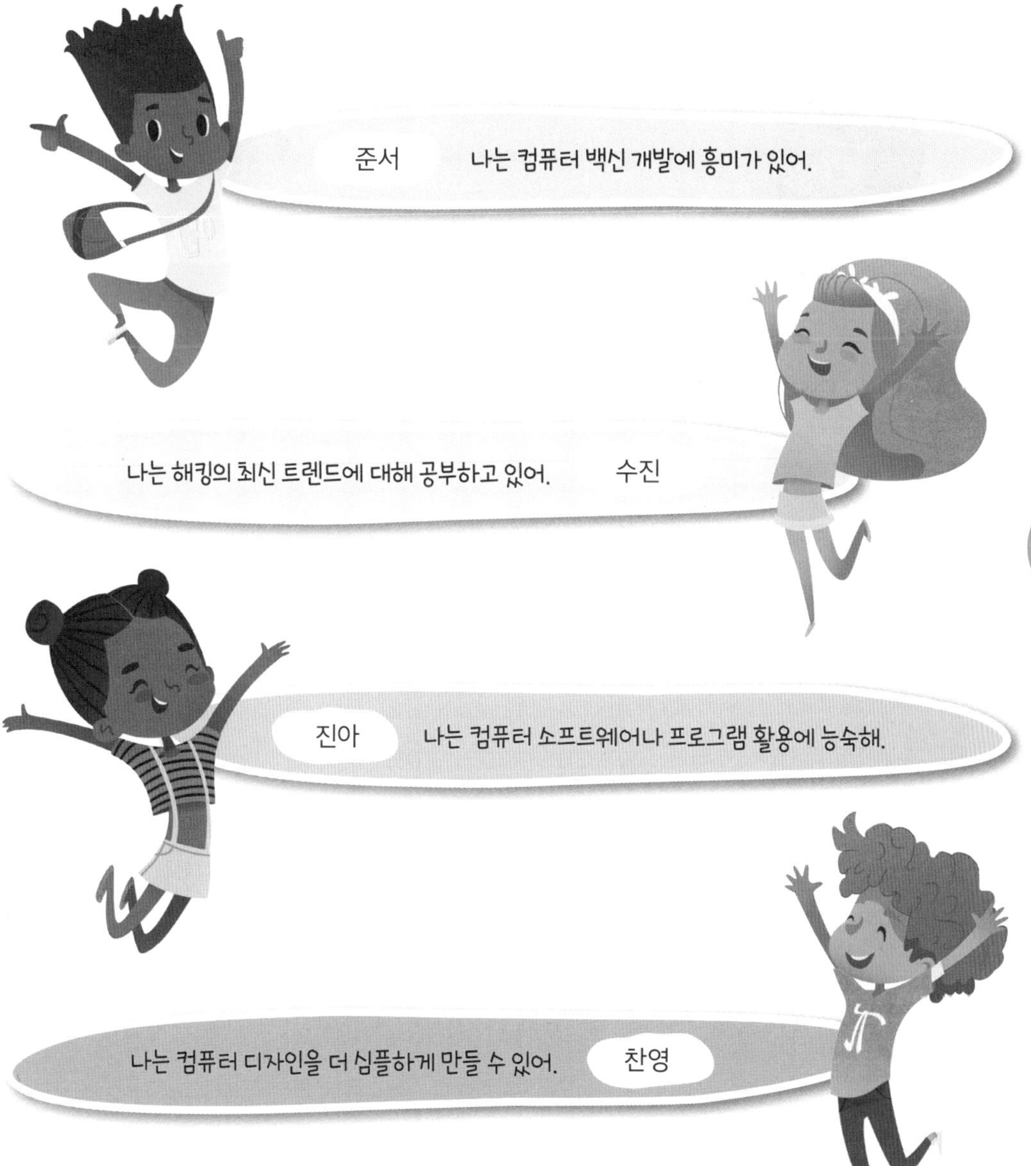
준서
나는 컴퓨터 백신 개발에 흥미가 있어.
나는 해킹의 최신 트렌드에 대해 공부하고 있어.
수진
진아
나는 컴퓨터 소프트웨어나 프로그램 활용에 능숙해.
나는 컴퓨터 디자인을 더 심플하게 만들 수 있어.
찬영

사이버포렌식 전문가는 무슨 일을 할까?

사이버포렌식은 범죄 용의자의 유죄나 무죄를 판단할 수 있는 중요한 증거 자료를 찾아내는 수사 기법이다. 다음 중 사이버포렌식 전문가가 하는 일에 대해 바르게 설명한 친구를 찾아보자. (정답은 세 개)

서윤

PC나 노트북, 휴대폰 등 각종 저장매체 또는 인터넷 상에 남아 있는 디지털 정보를 수집하고 분석해서 범죄 단서를 찾아.

훈이

범죄자가 나쁜 의도로 숨기거나 훼손한 데이터를 복원하여 법적인 증거 자료로 만들어.

동민

사이버포렌식 범죄와 관련한 상담이나, 사전 예방조치를 위한 교육을 해.

소희

고객이 요구하는 정보보호 제품을 기획하고 설계해서 만들어.

사이버포렌식 전문가에게 필요한 자질은 무엇일까?

사이버포렌식 전문가는 경찰이나 검찰 등 모든 수사기관에서 필요로 하는 사람이다. 다음 중 사이버포렌식 전문가가 되기 위한 자질 중 괄호 안에 들어갈 말을 〈보기〉에서 찾아 적어 보자.

범죄와 관련된 데이터가 용의자의 것임이 타당하다고 증명해야 하기 때문에 체계적이고 (   )으로 사고하는 능력이 중요하다.

숨겨져 있거나 원래 모습과 다른 데이터에서 증거를 찾아야 하기 때문에 새롭고 (   )인 방식으로 수사에 필요한 정보를 찾는 것이 필요하다.

찾아낸 디지털 정보나 자료가 범죄와 연관성이 있는지를 증명해야 하기 때문에 어떤 것에 대해 깊게 탐구하는 과정을 즐기며, (   ) 사고를 하는 사람에게 적합하다.

피해자의 시선에서 사건을 접근하고 사명감을 갖고 일을 해야 하기 때문에 타인의 감정에 공감할 줄 알고 (   )이 투철한 사람에게 적합하다.

보기

창의적, 논리적, 봉사정신, 합리적

소영이의 꿈은 무엇일까?

다음은 소영이가 하고 싶은 일을 적은 것이다. 소영이가 꿈꾸고 있는 직업은 무엇인지 〈보기〉에서 찾아 보자.

다양한 해킹 방법을 조사하고, 시스템 보안 상태를 점검하기 위한 시험도구(Test Tool)를 개발해.

해커의 해킹으로부터 인터넷 및 컴퓨터의 보안을 유지하기 위한 프로그램을 개발해.

악성 프로그램을 분석하여 치료할 방법을 개발하고 예방법을 연구해.

보기

보안프로그램 개발자, 사이버포렌식 전문가, 빅데이터 분석가, 드론 개발자

모의해킹 전문가에 대해 알아보자

사람들의 개인 정보를 유출해 사이버 범죄를 일으키는 사람을 '블랙 해커'라고 부른다. 이에 대응하는 '화이트 해커'가 모의해킹 전문가다. 모의해킹 전문가에 대한 설명을 읽고 그에 맞는 글씨를 적어 어떤 단어가 나오는지 알아보자.

1 웹이나 서버를 모의해킹 해보고 발생할 수 있는 모든 해킹에 대비하여 취약점을 분석해.
(맞으면 모, 틀리면 아)

2 다양한 해킹 방법을 연구하고 그것을 방어할 수 있는 해결 기술을 익히는 것이 중요해.
(맞으면 의, 틀리면 다)

3 기업의 서버나 네트워크 등에 방화벽을 구축하면 해킹을 예방할 수 있으므로 모의해킹 전문가는 기업에서 필요로 하지 않아.
(맞으면 국, 틀리면 해)

4 네트워크 기초와 라우터, 스위치를 배워야 해. 프로그래밍 언어 중에서는 C언어, 자바를 다룰 수 있어야 해.
(맞으면 킹, 틀리면 도)

완성한 단어:

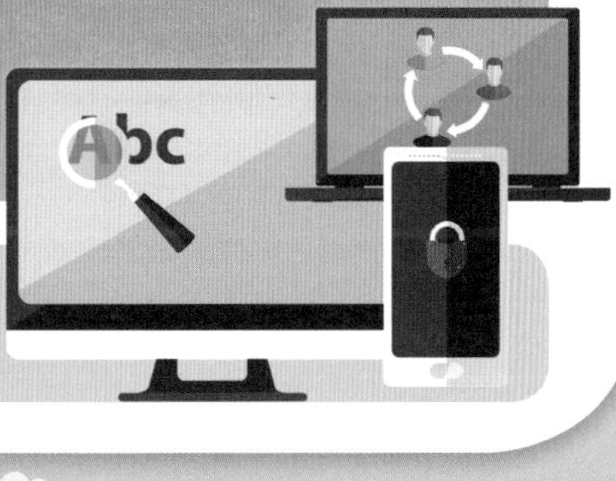
Abc

누구일까?

〈보기〉에서 소개하는 사람은 정보보안 전문가 중 한 사람이다. 누구에 관한 설명인지 그 직업을 맞혀 보자.

보기

❶ 전산망에 침입한 해킹을 추적하거나 역으로 공격한다.

❷ 침입자의 접속을 차단하고 피해범위를 파악하며 보안사고 원인을 분석한다.

❸ 훼손된 시스템을 즉시 복구하고 보안을 강화한다.

❹ 보안사고가 또다시 발생하지 않도록 예방대책을 세운다.

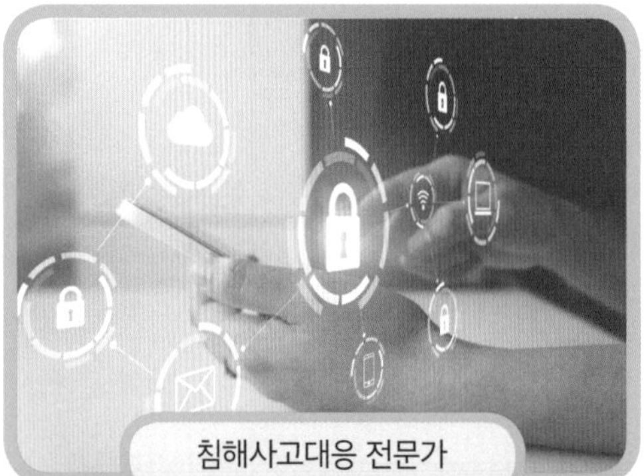

침해사고대응 전문가

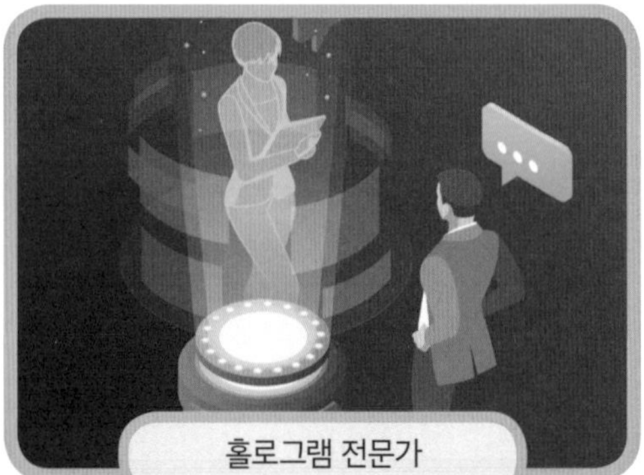

홀로그램 전문가

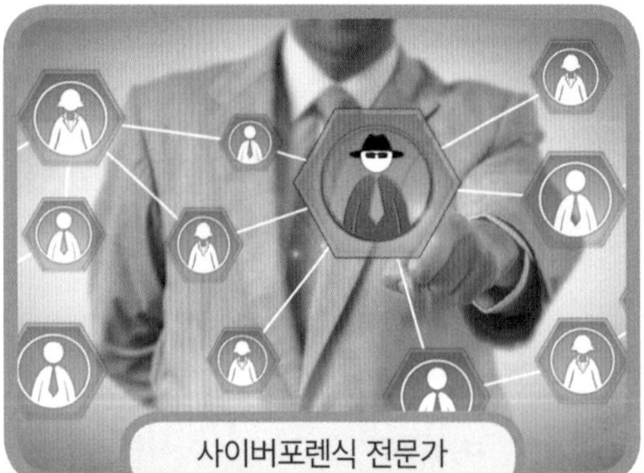

사이버포렌식 전문가

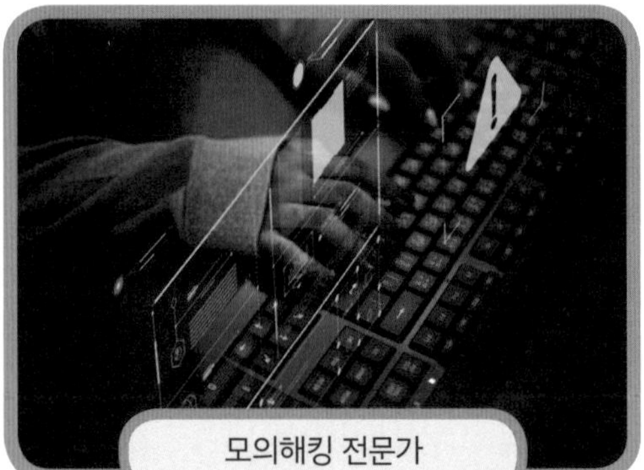

모의해킹 전문가

정답:

클라우드보안 전문가는 무슨 일을 할까?

클라우드보안 전문가는 클라우드 시스템의 안정적인 운영을 위해 보안문제를 다루는 일을 한다. 클라우드보안 전문가가 하는 일에 대해 〈보기〉를 참고하여 빈칸에 알맞은 말을 넣어 보자.

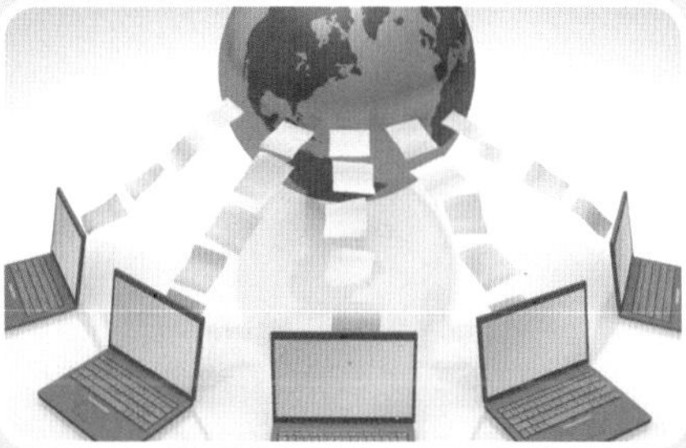

1. (   ) 환경에서 발생하는 각종 보안문제를 수집하고 분석하여 대안방법을 제안한다.

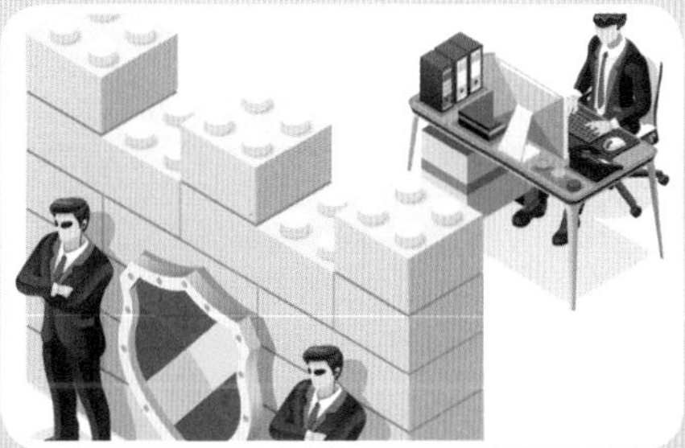

2. (   )를 위하여 인가되지 않은 방식의 정보와 소프트웨어의 접근을 막고 데이터의 정확성과 안정성을 확보한다.

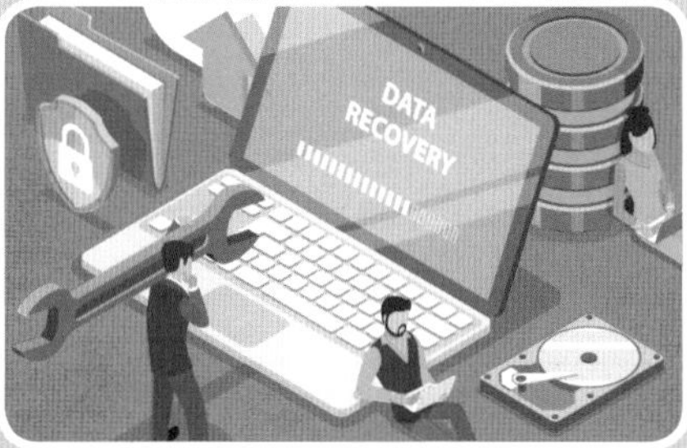
DATA RECOVERY

3. 사고 발생 시 (   )를 위해 위험 요소를 제거하고 시스템을 복구한다.

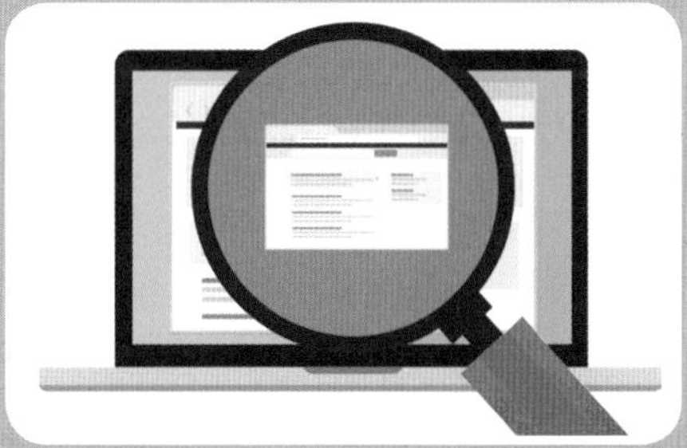

4. (   ) 및 위험 평가를 통해 보안 취약점과 위협을 예방한다.

보기

데이터 유출 방지, 데이터 보호, 모의 테스트, 클라우드

악성프로그램 치료사는 무슨 일을 할까?

악성프로그램 치료사는 컴퓨터 사용을 방해하는 악성프로그램을 분석하고 그에 맞는 치료방법을 개발한다. 다음 중 악성프로그램 치료사가 하는 일에 대해 바르게 말한 진짜 악성프로그램 치료사는 누구일까? (정답은 두 개)

정민 사용자가 원하지 않은 프로그램이 자동으로 설치되거나 무분별한 광고가 노출되도록 만드는 악성프로그램이 있는지 찾아.

범죄자가 나쁜 의도로 숨기거나 쓰지 못하게 변형시킨 데이터를 복구하여 법적인 증거 자료로 만들어. **환희**

태호 악성프로그램을 삭제하고 치료하는 프로그램을 개발해.

악성프로그램을 개발하여 개인 정보를 유출해. **지석**

국가 사이버 안전요원은 무슨 일을 할까?

국가 사이버 안전요원은 나라의 주요한 전산망을 위협하는 요인을 사전에 차단하고 예방하는 업무를 한다. 다음 중 국가 사이버 안전요원이 하는 일에 대해 잘못 말한 번호를 찾아 미로를 빠져나가보자.

❶ 국방부나 경찰청 등과 협력하여 일한다.

❷ 사이버테러가 발생하면 전산망이 빠르게 복구될 수 있도록 대응한다.

❸ 사이버테러가 재발하지 않도록 보안기술을 지원한다.

❹ 사이버 침해 사고가 나면 해커를 검거하기 위해 사건 현장으로 바로 출동한다.

❺ 국가기관 시설에 대해 사이버안전측정을 실시하여 해킹 취약성을 진단한다.

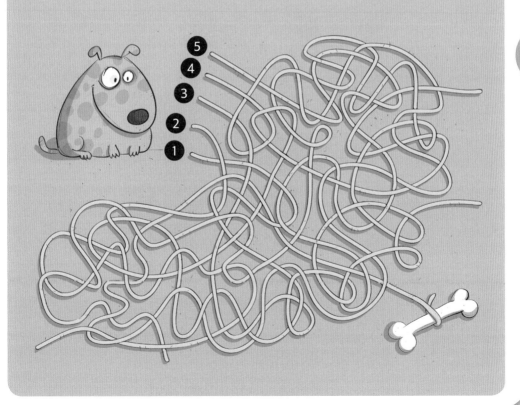

정보보안 전문가가 하는 일은?

정보보안의 중요성이 더욱 커지면서 정보보안 전문가는 앞으로 더욱 많은 분야에서 역할을 담당하게 될 것이다. 각각의 정보보안 전문가와 하는 일을 바르게 연결해 보자.

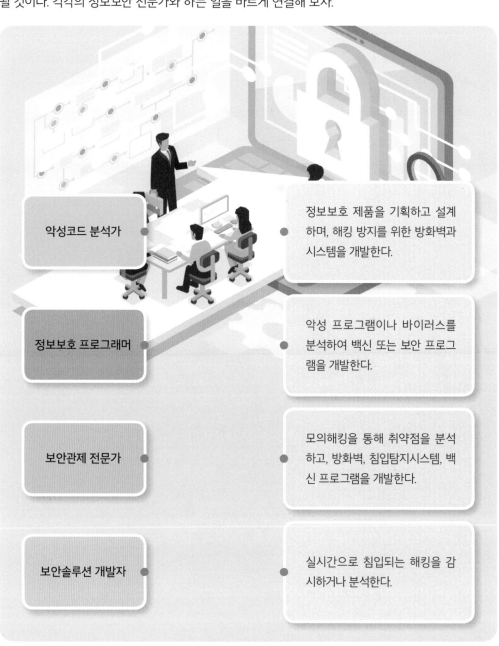

악성코드 분석가

정보보호 프로그래머

보안관제 전문가

보안솔루션 개발자

정보보호 제품을 기획하고 설계하며, 해킹 방지를 위한 방화벽과 시스템을 개발한다.

악성 프로그램이나 바이러스를 분석하여 백신 또는 보안 프로그램을 개발한다.

모의해킹을 통해 취약점을 분석하고, 방화벽, 침입탐지시스템, 백신 프로그램을 개발한다.

실시간으로 침입되는 해킹을 감시하거나 분석한다.

16

정보보안 전문가를 찾아라

〈보기〉에서 정보보안 전문가로만 나열한 알파벳을 찾아 색칠하고 완성된 그림이 무엇인지 확인해 보자.

보기

B	사이버 수사관, 오감 인터랙션 개발자, 아트디렉터
W	국가 사이버 안전요원, 사물인터넷 개발자, 스마트센서 개발자
K	플랫폼 설계자, 정보보호 프로그래머, 드론 조종사
E	사이버포렌식 전문가, 보안프로그램 개발자, 모의해킹 전문가
F	악성프로그램 치료사, 로봇공학자, 생명공학자

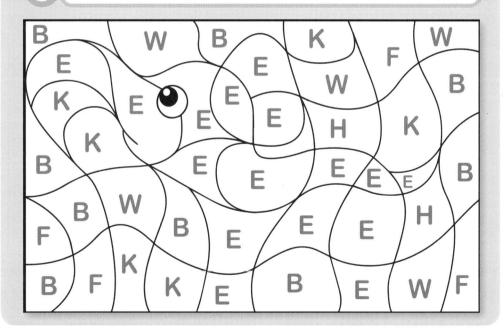

완성한 그림:

알쏭달쏭 OX 퀴즈

해커로 인한 피해가 커지면서 정보보안의 중요성도 점점 커지고 있다. 정보보안 전문가가 하는 일에 대한 설명이 맞으면 O, 아니면 X에 표시해 보자.

○× 퀴즈

1	컴퓨터 바이러스와 해커의 침입에 대비하여 보안정책을 세운다.	○	×
2	컴퓨터 바이러스 백신 프로그램을 개발한다.	○	×
3	바이러스에 감염된 데이터를 복구한다.	○	×
4	컴퓨터와 전자공학, 수학, 보안에 대한 지식이 필요하다.	○	×
5	고객이 원하는 것은 법에 위반하는 일이라도 한다.	○	×

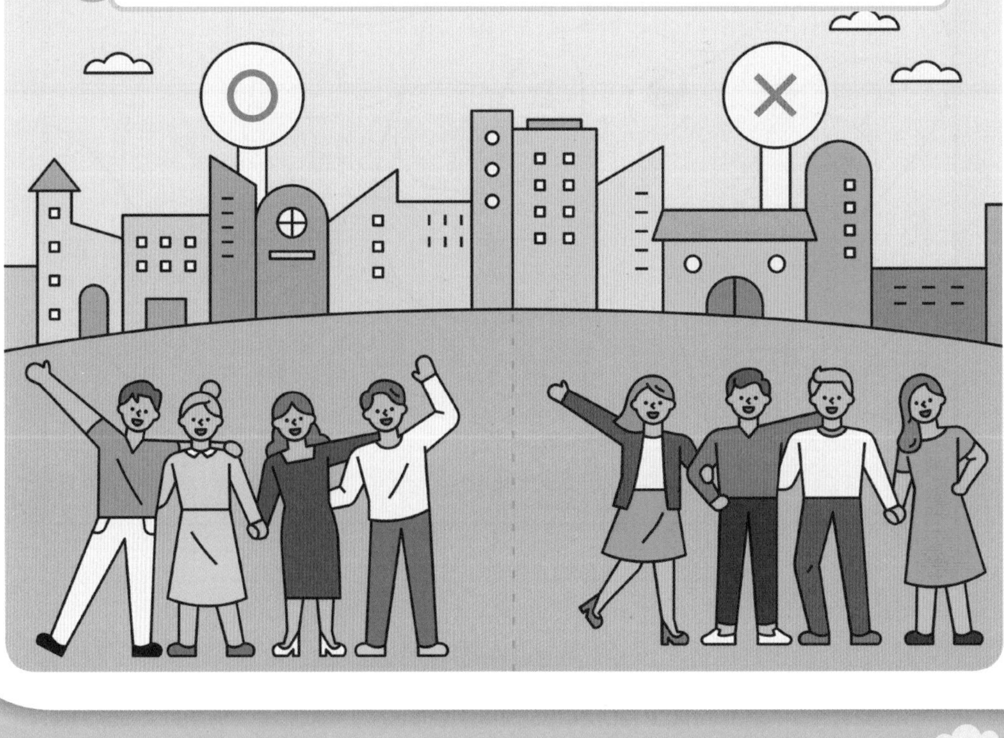

정보보안의 특징

보안은 안전한 현대사회를 유지하기 위해서 무척 중요하다. 일상적인 금융이나 전자상거래에서는 필수불가결한 요소이고 국가 안보와도 관련이 높다. 정보보안의 특징을 설명한 그림을 찾아 색칠해 보자. (정답은 다섯 개)

무결성

기밀성

신뢰성

가용성

음악성

책임성

나도 정보보안 전문가가 될 수 있을까?

정보보안 전문가는 나의 소질과 적성에 맞을까? 아래의 질문에 답하며 나의 소질과 적성을 확인한 후 정보보안 전문가가 될 수 있을지 알아보자.

	그렇다 - 5점, 보통이다 - 3점, 아니다 - 1점
1. 프로그램 개발하는 것을 좋아한다.	( )
2. 집중력이 뛰어나다.	( )
3. IT를 공부하는 것이 즐겁다.	( )
4. 어떤 사실을 정확하게 파악하려고 한다.	( )
5. 최신 기술을 공부하는 것이 재미있다.	( )
6. 개인 정보를 보호하기 위해 비밀번호를 수시로 바꾼다.	( )
7. 비밀번호와 암호를 푸는 것에 흥미가 있다.	( )
8. 컴퓨터 공학과 정보보안학에 관심이 있다.	( )
9. 문제가 생기면 새로운 방식으로 해결하려고 노력한다.	( )
10. 정보 유출의 심각성을 잘 알고 있다.	( )
합계:	( )

40점 이상	정보보안 전문가가 적성에 딱 맞아요!
30점 이상	정보보안 전문가가 되기 위한 자질이 있어요!
20점 이상	정보보안 전문가가 되고 싶다면 미래를 위해 조금 더 노력해 보세요!
19점 이하	지금은 정보보안 전문가로 일할 소질이나 적성이 부족해요. 먼저 정보보안에 관심을 가져 보세요!

정보보안은 왜 중요할까?

해킹으로 인적사항이 유출되고 그로 인한 사이버피싱 피해가 늘어나고 있다. 왜 해킹을 막아야 하는지 내 생각을 적어보자.

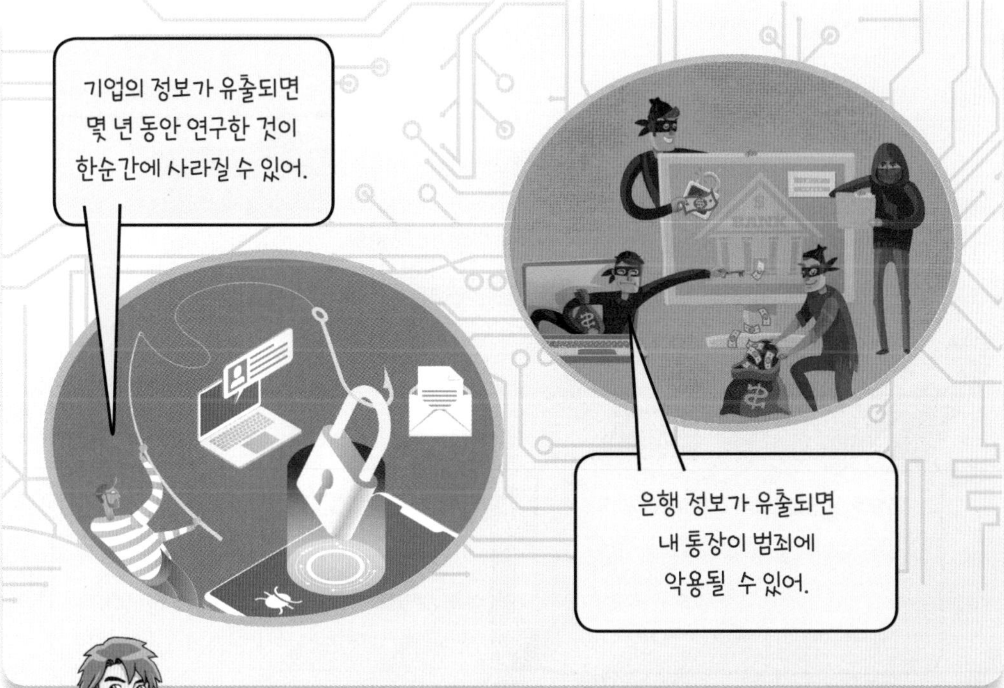

기업의 정보가 유출되면 몇 년 동안 연구한 것이 한순간에 사라질 수 있어.
은행 정보가 유출되면 내 통장이 범죄에 악용될 수 있어.

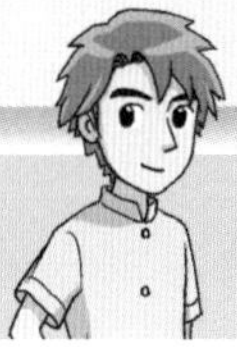

나는 해킹을 막아야 한다고 생각한다.

왜냐하면

때문이다.

찬성 VS 반대

어떤 범죄 용의자의 스마트폰을 해킹하여 그 사람이 범인임을 밝히고, 그 사람이 저지른 또다른 범죄를 밝힌 사건이 있다. 범죄 용의자의 스마트폰을 해킹한 것에 대한 의견을 읽고 자신의 생각과 그렇게 판단한 이유를 말해 보자.

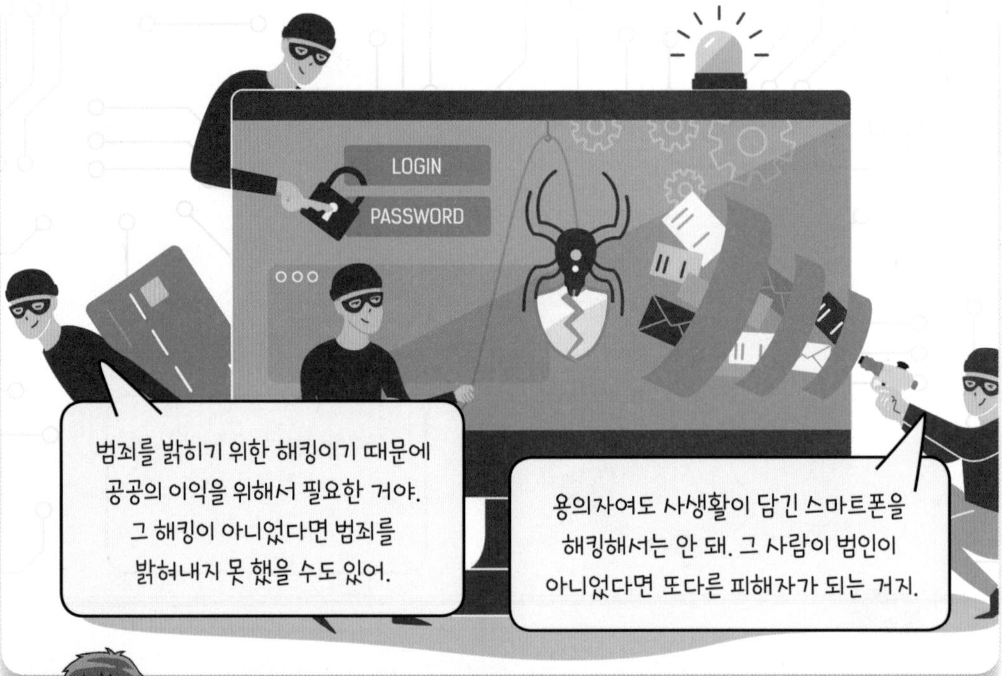
LOGIN
PASSWORD
범죄를 밝히기 위한 해킹이기 때문에 공공의 이익을 위해서 필요한 거야. 그 해킹이 아니었다면 범죄를 밝혀내지 못 했을 수도 있어.
용의자여도 사생활이 담긴 스마트폰을 해킹해서는 안 돼. 그 사람이 범인이 아니었다면 또다른 피해자가 되는 거지.

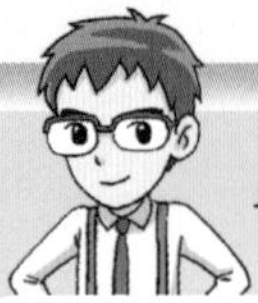

용의자의 스마트폰을 해킹한 것에 대해 나는 이렇게 생각해.

나는 이렇게 할 거예요

버락 오바마, 빌 게이츠 등 미국 유명인사들의 트위터 계정이 대규모 해킹 당하는 초유의 사태가 발생했다. 해커가 트위터의 관리자 계정의 내부 시스템에 접근해 유명인사들의 계정으로 가상화폐를 요구한 사건이다. 또 많은 연예인의 SNS 계정이 해킹을 당하여 사라지기도 하고 사생활이 노출되기도 한다. 이런 해킹 피해를 방지하기 위해 나는 어떻게 할 것인지 생각해보자.

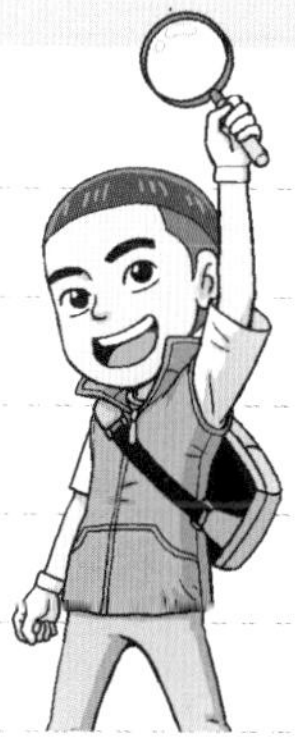

의심되는 링크는 누르지 않아요.

보낸 사람에게 연락해서 "이거 네가 보낸 거 맞아?"하고 물어볼 거예요.

비밀번호를 자주 바꿀 거예요.

해답

4. 정보보안, 사이버포렌식 전문가, 사이버보안 관리사
5. ①, ③, ④
6. ○, ○, ×, ○, ○

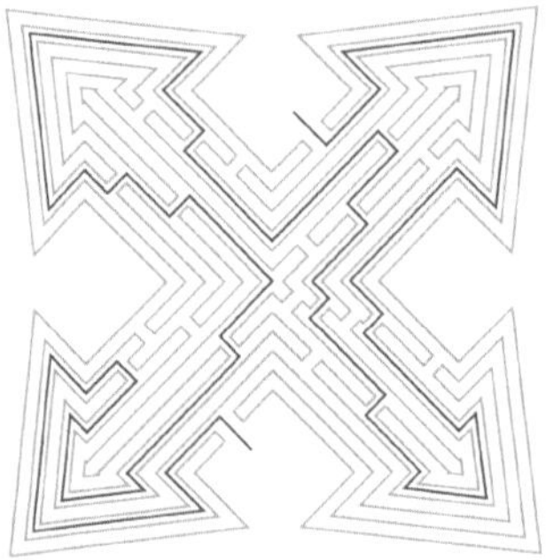

7. 준서, 수진, 진아
8. 서윤, 훈이, 동민
9. 논리적, 창의적, 합리적, 봉사정신
10. 보안프로그램 개발자
11. 모의해킹
12. 침해사고대응 전문가
13. 1-클라우드, 2-데이터 유출 방지, 3-데이터 보호, 4-모의 테스트
14. 정민, 태호
15. ④
16.

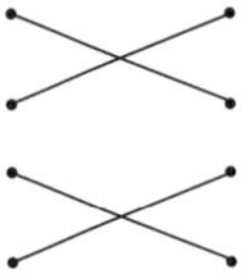

17. E, 코끼리
18. ○, ○, ○, ○, ×
19. 무결성, 기밀성, 가용성, 신뢰성, 책임성

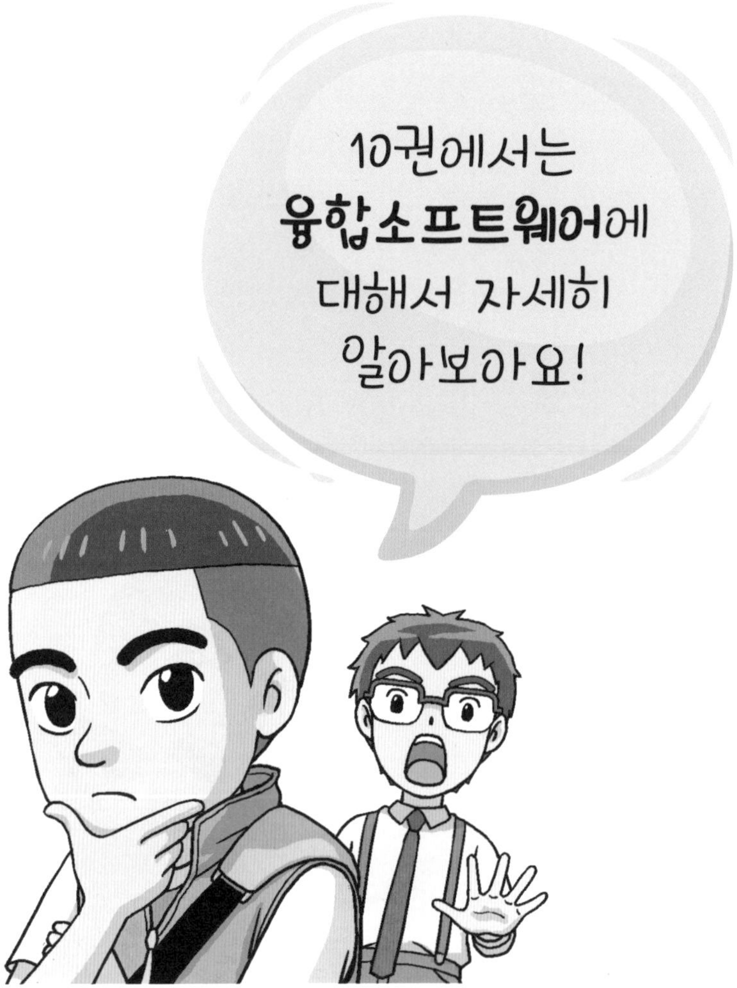
10권에서는
융합소프트웨어에
대해서 자세히
알아보아요!